Wilhelm Pahls

Lebt er noch? – Schlagt ihn tot!

Widmung

Dieses Buch ist in erster Linie unsern Kindern
Karina, Daniel, Christa und Martin
und ihren Familien gewidmet.

Dabei denke ich ganz besonders
und in großer Dankbarkeit
an unsere elf Enkelkinder:
Annbritt,
David,
Janne,
Manuel,
Marilen,
Nadine,
Nicola,
Patric,
Soeren,
Tim
und Viola.

Ich denke an unsere Schwiegerkinder,
Schwiegereltern und Verwandten
und ganz besonders
an meine liebe Frau Johanna,
die mich immer wieder zum Schreiben ermutigt hat.

Wilhelm Pahls

Lebt er noch? Schlagt ihn tot!

Wilhelm Pahls erzählt aus seinem bewegten Leben

Die Autobiografie, Teil 1

BRUNNEN
VERLAG BASEL · GIESSEN

ABCteam-Bücher erscheinen in folgenden Verlagen:

Aussaat Verlag Neukirchen-Vluyn
R. Brockhaus Verlag Wuppertal
Brunnen Verlag Basel und Gießen
Christliches Verlagshaus Stuttgart
Oncken Verlag Wuppertal und Kassel

Bibliografische Information der Deutschen Bibliothek
Die Deutsche Bibliothek verzeichnet diese Publikation in der Deutschen Nationalbibliografie; detaillierte bibliografische Daten sind im Internet über http://dnb.ddb.de abrufbar.

Die Bibelstellen sind der Lutherbibel 1999 (mit neuer deutscher Rechtschreibung) entnommen.

Umschlag: Michael Basler, Lörrach
Foto Umschlag: Wilhelm Pahls
Satz: Bertschi & Messmer AG, Basel
Druck: Johannis, Lahr
Printed in Germany

ISBN-10: 3-7655-1388-1
ISBN-13: 978-3-7655-1388-6

Ein Wort des Dankes

Wie gern hätte ich Margrit, meine erste Frau, teilnehmen lassen an meinem Bericht über unsere zum Teil gemeinsame Geschichte. Doch sie ist schon viele Jahre in der Ewigkeit.

Wie gern hätte ich meinen Eltern einige Kapitel vorgelesen; aber auch sie sind schon lange verstorben.

Auch von meinen fünf Geschwistern – die natürlich ebenfalls einen großen Raum in meinem Leben eingenommen haben – leben drei schon seit vielen Jahren nicht mehr. Wie dankbar bin ich, dass sie alle meine bewegte Geschichte so sehr mitgeprägt haben.

Ich denke an unser Dorf, in dem ich so behütet aufgewachsen bin und die schönsten Jahre meiner Kindheit verbracht habe. Ich denke aber auch an meine vielen Schulkameraden, mit denen ich so viele gemeinsame Abenteuer erleben durfte.

Ich denke an die vielen Menschen, die mich auf dem langen Weg begleitet haben, an die echten Freunde, die mich ermutigt haben, an die früheren und heutigen Mitarbeiter der BRUDERHAND, die ich so sehr schätze, und an die Gemeindeglieder in Wienhausen, die mir so viel bedeuten.

Wie gern würde ich jedem von ihnen dieses Buch, meine Erinnerungen, persönlich in die Hand drücken.

Von Herzen dankbar bin ich Johanna – meiner zweiten Frau –, die mich aus meiner Einsamkeit herausgeholt und neuen Schwung in mein Leben gebracht hat. Immer wieder hat sie mich gebeten, meine Lebensgeschichte aufzuschreiben. Ohne ihre ständigen Erinnerungen wäre dieses Buch wohl nie entstanden.

Ein ganz großer Dank geht auch an Karina, unsere älteste Tochter, die mir in unzähligen Stunden bei den Korrekturen geholfen und mir viele wertvolle Tipps gegeben hat.

Allen, die dieses Buch lesen, wünsche ich Gottes Segen und einen ganz persönlichen Gewinn.

Wilhelm Pahls

Inhaltsverzeichnis

Teil 3: Die totale Lebenswende (1956)

Teil 4: Völlig neue Interessen

Teil 5: Hochzeit und die erste Zeit zu zweit (1959)

Teil 6: Ein Missionswerk entsteht (1959–1960)

Teil 7: Familie und Dienst (1960–1965)

Teil 8: Unsere Jahre in der Schweiz (1963–1965)

Teil 9: Zurück in die Heimat (1965)

Vorwort

Es waren schreckliche Minuten.

»Lebt er noch? Schlagt ihn tot!«, rief ein wütender Bauer, als ich nach einem furchtbaren Sturz – bei hoher Geschwindigkeit mit meinem Motorrad – unverletzt aus einer Hecke kroch. Sie hatte mir das Leben gerettet, die Hecke: am Straßenrand einer lang gezogenen Kurve mitten im Dorf. Seitdem liebe ich Hecken, Sträucher und Blumen noch viel mehr. Wie oft habe ich mich inzwischen gefragt, warum an den meisten Straßen so dicke Bäume stehen. Wie vielen haben sie einen frühen Tod gebracht.

Damals gab es noch keine Geschwindigkeitsbegrenzung, und das nutzte ich richtig aus, wenn ich abends wie ein Rennfahrer durch die Ortschaften raste. Manche Dorfbewohner hassten mich regelrecht.

Damals gab es auch noch keine Sturzhelme. Aber es gab eine Gruppe schneller Motorradfahrer, die gelegentlich die Mitbürger in Schrecken versetzte. Ich glaube, ich war der Schlimmste. Meist trug ich auf dem Motorrad eine rassige Lederjacke und eine schwarze Baskenmütze.

»Holt die Kinder von der Straße!«, rief eine besorgte Mutter, »der wilde Pahls muss jeden Augenblick kommen!«

Meist stimmten die Warnungen.

Ich hatte eins der schnellsten Motorräder in unserer Gegend. Auf dem Scheinwerfer hatte ich eine kleine Windschutzscheibe befestigt. Schon bald nach dem Kauf hatte ich mir statt des Originalsattels eine durchgehende Sitzbank auf meine Maschine montiert. Kurz darauf prangte auf beiden Seiten je eine weithin sichtbare Fanfare, die ich auch gern benutzte, um mir eine freie Bahn zu verschaffen. Meist lag ich – wenn ich durch die Dörfer raste – geduckt hinter der Scheibe auf meinem Feuerstuhl. Es war eine atemberaubende Zeit.

Meine Kindheit war eigentlich sehr schön, und meine Jugend war unheimlich spannend. Aber es gab beides. Auch in meinem Leben gab es Dornen und Disteln, Trauer und Tränen und manche Not. Auch darüber will ich in diesem Buch erzählen.

Aber im Rückblick »rieche« ich förmlich den Duft der wunderbaren Blumen, die Gott in seiner Liebe an meinem Lebensweg wachsen ließ.

Blumen am Weg

Ja, so sollte der Titel dieses Buches eigentlich heißen, doch dann wurde ich gewarnt.

»Das Buch werden nur Frauen kaufen«, meinten einige.

Das war aber gar nicht meine Absicht. Natürlich wünsche ich, dass viele Frauen es lesen, aber ebenso auch viele Männer und vor allem viele junge Leute, Bibelschüler und Bibellehrer, Theologiestudenten und Professoren und vor allem junge Mitarbeiter. So kam es dann, dass zwei der ersten Sätze dieses Vorworts auch zum Buchtitel wurden.

Teil 1:
Meine Kindheit
(1936–1950)

Wie alles anfing

Je älter ich werde, umso öfter gehen meine Gedanken zurück zu den Anfängen meiner vielen Erinnerungen.

Meine Kindheit erlebte ich in einem kleinen Dorf auf einem großen Bauernhof. Etwas Besseres kann einem ja kaum passieren. Und dass ich in genau *dem* Dorf und in *der* Familie geboren und aufgewachsen bin, war sicher eine besonders gute Führung Gottes. Unsere große Familie kommt mir im Rückblick manchmal vor wie ein wunderschöner Blumenstrauß.

Mein Papa

Hermann Pahls, sen. (1897–1974) war ein richtiger Bauer! Seine Familie, seine Knechte und Mägde – wie man damals sagte –, seine Tagelöhner, seine Tiere, seine Felder, sein Dorf: für alle und alles hat er sich vorbildlich eingesetzt. Ich erinnere mich aber auch an ein Gespräch mit Mama, in dem sie mir hinter vorgehaltener Hand erzählte, dass Papa, wenn er nicht Hoferbe gewesen wäre und wenn er die Möglichkeit dazu gehabt hätte, gern Lehrer oder Pastor geworden wäre. Das konnte ich mir gut vorstellen, denn er war genauso streng wie unser Lehrer, er war überaus korrekt und sehr gottesfürchtig. Aber nun war er Bauer, und das mit ganzer Hingabe.

Er hatte sehr verschiedene Seiten. Ich werde es nie vergessen, wie mein Vater – und nicht nur einmal – viele Nachtstunden an meinem Krankenbett verbrachte, liebevoll meine Hand streichelte und mir bei Halsschmerzen, Fieber und anderen Plagen Hoffnung machte mit der Erklärung, dass man an so einer Krankheit nicht gleich stirbt. Das hat mich ungemein getröstet, denn ich hatte damals ziemliche Angst vor dem Tod. Sobald ich wieder schlucken konnte, verwöhnte er mich gern mit den besten Sachen aus der Küche.

Andererseits hatte ich oft den Eindruck, mein Vater sei der strengste Vater in ganz Europa. Ich erinnere mich noch heute an einige »Behandlungen«. Dafür musste ich manchmal selbst einen Stock suchen, mit dem ich dann so kräftig »versohlt« wurde, dass ich es noch nach Stunden spürte. Doch das ist jetzt kein Vorwurf. Wahrscheinlich hatte ich es sogar verdient. Und ich habe nicht den Eindruck, dass es mir geschadet hat.

Papa bekleidete auch immer wieder verschiedene öffentliche Ämter. Sowohl als Bürgermeister wie auch als Kirchenvorsteher usw. wurde er einige Male wiedergewählt. Und in allen Ämtern gab er – wie auf dem Bauernhof – immer sein Bestes.

Papas beste Entdeckung

Auf einen Bauernhof gehört auch eine tüchtige Bäuerin. Aber die muss man erst einmal finden. Ich weiß nicht, wie lange Papa nach ihr gesucht hat. Aber das weiß ich: Er hat sie gefunden in Meta Knief, einer fleißigen Bauerntochter. Sie war fünf Jahre jünger und nur wenige Dörfer von Oppershausen entfernt, in Sandlingen, aufgewachsen.

Eine Geschichte, die Mama uns einmal mit strahlenden Augen erzählte, ist mir noch lebhaft in Erinnerung. Kurz nach der Verlobung wollte Papa seine Braut besuchen – nach Feierabend, müde und natürlich zu Fuß. Nach dem langen Marsch, kurz vor dem Wohnhaus seiner Zukünftigen, bemerkte er, dass er seinen Verlobungsring zu Hause gelassen hatte. Kurz entschlossen drehte er um und machte den ganzen Weg noch einmal, um den vergessenen Ring zu holen, denn er wollte seine Braut nicht enttäuschen. – Das find ich gut.

Meine Mama

Unsere Mama (1902–1983) war irgendwie ganz anders: Sie hätte nie ein öffentliches Amt übernehmen können. Ihre zurückhaltende, liebevolle, dienende, auf Versöhnung bedachte Art hat uns allen so gut getan. Sie war die liebste Mama im ganzen Ort.

Ich weiß nicht, woran es lag: Ich glaube, sie hat mir – auch in späteren Jahren –, soweit es ihr möglich war, fast jeden Wunsch erfüllt.

Sie hatte so viele Stärken, zum Beispiel auch eine ganz ausgeprägte Ordnungsliebe. Wie oft hat sie uns eingetrichtert:

> »Ein jedes Ding an seinen Ort,
> spart viel Arbeit, Müh' und Wort!«

Immer wieder habe ich in meiner Berufsausbildung und auch später an ihren weisen Rat gedacht. Und ich wünschte, ich hätte mich einfach immer daran gehalten. Damit hätte ich mir selbst und auch anderen manchen Ärger erspart.

Viele Erlebnisse meiner frühen Kindheit haben sich ganz tief eingeprägt. Damals hatte man noch kein Auto, kein Motorrad, nicht einmal ein Fahrrad. Kirchenbesuche ins Nachbardorf, Verwandtenbesuche und ähnliche Vorhaben erledigte man auf Schusters Rappen.

Einmal im Jahr, meist kurz vor Weihnachten, fuhren wir mit dem Pferdewagen in die Stadt[1], um einen Großeinkauf für die ganze Familie zu machen. Fast alles, was wir an Kleidern, Schuhen und ähnlichem nötig hatten, wurde an diesem Tag eingekauft. Das Geld für den Großeinkauf musste Mama aber am Morgen erst einmal einnehmen. Sie hatte dafür eine gute Methode. Und die funktionierte wirklich.

Auf einem großen Bauernhof ist Platz für allerlei Getier. Ganz wichtig war's für Mama, möglichst viele Mastgänse zu haben. Weil Gänse das Wasser so lieben, mussten wir sie oft am Aller-Kanal hüten. Dort war auch frisches Gras in Hülle und Fülle. Und zu Hause wurden sie ebenfalls mit dem besten Futter verwöhnt. Gegen Weihnachten hatten die Gänse dann einen ansehnlichen Umfang und ein erstaunliches Gewicht. Das war wichtig, denn Mama hatte einige Stammkunden in der Stadt, die sich schon auf den fetten Weihnachtsbraten freuten. Am Schlachttag halfen sogar einige andere Frauen aus dem Dorf, denn das Rupfen von Hand war eine Riesenarbeit.

Dann ging es mit der frischen Ware in die Stadt, und Mama machte schnell ein gutes Geschäft. Auch die Federn, die wir nicht selbst brauchten, wurden in einem Bettengeschäft zu Geld gemacht.

Wenn wir uns danach zum Einkaufen in den verschiedenen Läden aufhielten, kam ich oft in ziemliche Verlegenheit. Mama sprach nämlich auch im Geschäft nur Plattdeutsch mit uns. Manchmal wurden wir von den Verkäuferinnen ganz erstaunt angesehen. Ich denke, vieles haben sie gar nicht verstanden. Ich habe mich dann immer furchtbar geschämt. Heute – wo unsere schöne plattdeutsche Muttersprache am Aussterben ist – schäme ich mich darüber, dass ich damals so dumm war.

Meine Abendgebete

Mama und Papa waren sehr gottesfürchtige Leute. Jeder im Dorf wusste es. Am Haus stand sogar ein Spruch aus der Bibel: »Wir haben hier keine bleibende Stadt, sondern die zukünftige suchen wir.« Sie waren die fleißigsten Kirchgänger. Sicher wurde Papa darum auch – nicht nur als Bürgermeister, sondern auch als Kirchenvorsteher – einige Male wiedergewählt.

Mama sorgte dafür, dass ich keinen Kindergottesdienst versäumte. Und wenn ich abends zu Bett ging, sagte sie oft: »Schlaap schöne; aber vergitt nich tau bäen!« (»Schlaf gut; aber vergiss nicht zu beten!«) Oft kam sie mit ins Zimmer. Sie blieb stehen und hörte zu, während wir unsere Abendgebete verrichteten. Genauso machte sie es auch im Mädchenzimmer. Ich erinnere mich noch heute an die Reihenfolge:

»Ich bin klein, mein Herz mach rein;
soll niemand drin wohnen als Jesus allein.
Jesus im Herzen, Christus im Sinn;
in Gottes Namen leg ich mich hin.
Alles, was Odem hat, lobe den Herrn!

Müde bin ich, geh zur Ruh,
schließe beide Äuglein zu.
Vater, lass die Augen dein
über meinem Bette sein.

Hab ich Unrecht heut getan,
sieh es, lieber Gott, nicht an.
Deine Gnad und Jesu Blut
macht ja allen Schaden gut.

Alle, die mir sind verwandt,
Gott, lass ruhn in deiner Hand.
Alle Menschen groß und klein,
sollen dir befohlen sein.

Breit aus die Flügel, beide,
o Jesu, meine Freude,
und nimm dein Küchlein ein!

Will Satan mich verschlingen,
so lass die Englein singen:
Dies Kind soll unverletzet sein.

Lieber Gott, behüte unsern lieben Führer Adolf Hitler!
Amen.«

In der Bibel steht ja, dass Christen für die Obrigkeit beten sollen. Mama hatte es auch damit ernst genommen. Doch nach einer gewissen Zeit stellte sie etwas um, und schließlich ließ sie den letzten Satz ganz weg. Nachdem Papa wegen einer kritischen Bemerkung sogar einmal abgeholt wurde, begann bei uns eine seltsame Geheimnistuerei. Sie hatten das gottlose System früh durchschaut, aber sprachen – wohl aus Furcht – lange nicht offen mit uns darüber. Ich war noch zu klein, um das alles zu verstehen. Es war eine schlimme Zeit.

Die vielen Verwandten

In besonders guter Erinnerung sind mir die jährlichen Geburtstagsfeiern – ich meine die von Mama und Papa. Dann kamen die vielen Verwandten aus den umliegenden Dörfern. Sie mussten nicht eingeladen werden, denn es war selbstverständlich, dass man sich zum Geburtstag gegenseitig besuchte. Die Feier begann mit dem Kaffeetrinken und endete in der Regel spät abends mit einem deftigen Abendbrot.

Wir mussten meist schon früher ins Bett. Einmal ist es mir gelungen – nachdem ich mich von allen Gästen verabschiedet hatte und die anderen ihre Gute-Nacht-Runde machten –, unbemerkt unter den Tisch zu krabbeln. Dort saß ich dann und hörte mindestens eine Stunde lang unheimlich spannende Geschichten. Das ganze Dorf wurde durchgenommen. Manches verstand ich zwar gar nicht, zum Beispiel, dass ein Mädchen aus dem Nachbardorf »heiraten musste« und dass eine Familie »eineiige Zwillinge« hatte. Jemand erzählte, dass sogar eine Kuh Zwillinge bekommen hätte. Entdeckt wurde ich erst, nachdem ich unter dem Tisch eingeschlafen war und ein Bein ausstreckte.

Papa hatte fünf verheiratete Schwestern. Um sich die Reihenfolge und die Namen besser merken zu können, hatte jemand aus der Verwandtschaft einen lustigen Vers »gedichtet«; jedenfalls reimte er sich, so dass man sich den Spruch und damit auch die Namen und die Reihenfolge gut merken konnte:

»Line, Lies, Marie, Martho,
Hermann un Elso sin uk noch do!«
(»Line, Lies, Marie, Martha,
Hermann und Elsa sind auch noch da!«)

Ich hatte so viele Cousins und Cousinen – sie waren alle viel älter als ich –, dass ich ihre Namen oft gar nicht richtig zuordnen konnte.

Unser Bauernhof

Heute machen Familien gern Ferien auf dem Bauernhof. Besonders in der Lüneburger Heide. So gesehen waren wir immer in den Ferien. Denn genau da bin ich ja geboren (1936) und aufgewachsen. Dort habe ich die ersten fünfzehn Jahre meines Lebens verbracht.[2]

Aber ein Bauernhof bietet nicht nur viele wunderbare Möglichkeiten zu abenteuerlichen Spielen. Es gibt auch unheimlich viel zu tun. Da war Papa froh über uns Kinder als zusätzliche Arbeitskräfte.

Wir waren ursprünglich sechs Geschwister. Meta, die Älteste, wurde 1928 geboren, war also acht Jahre älter als ich. Schon ein Jahr später bekamen meine Eltern die zweite Tochter, Gerda. Leider wurde Gerda nur fünf Jahre alt. Sie starb an einer Blinddarmentzündung und anschließenden Komplikationen. Ich kenne sie nur von ein paar Kinderfotos.

Hermann, der Stammhalter, wurde 1932 geboren, vier Jahre später dann ich, nach vier weiteren Jahren kam meine kleine Schwester Ingrid, und der Jüngste, Gerhard, dann im Jahr 1942.[3]

Papa war wirklich nicht zimperlich. Er selbst war ein ungewöhnlich fleißiger Mann. Und dasselbe erwartete er auch von anderen – auch von uns Kindern. Ich weiß, dass sogar manche Leute im Dorf darüber sprachen.

»Pahls Kinner, dä mütt helpen, dä mütt mit ran« (»Pahls Kinder, die müssen helfen, die müssen mit ran«), sagten sie manchmal.

Ich ging noch nicht zur Schule, da konnte ich schon gut mit der Mistgabel umgehen – mit der Forke, wie wir das Arbeitsgerät nannten.

Ich lernte sehr früh das Melken, und ich weiß nicht, wie viele, viele hundert Liter Milch ich mit meinen beiden Händen gemolken habe. Damals gab es ja noch keine Melkmaschinen.

Aber wir wurden nicht lieblos ausgenutzt. Wie andere Kinder tobten auch wir uns bei mancherlei Spielen aus, und wie alle anderen besuchten wir die Schule und machten unsere Schularbeiten.

Ein Bauernhof hat auf Schulkinder einfach eine besondere Anziehungskraft. Ich glaube, einige meiner Spielkameraden waren in ihrer Freizeit mehr bei uns als zu Hause. Für mich waren sie vor allem willkommene »Hilfskräfte«. Wir hatten ja jeden Tag eine ganze Menge Arbeiten zu erledigen. Bevor die Freunde richtig zum Spielen kamen, mussten sie mir auf dem Hof, im Stall, in der Scheune und auf dem Heuboden helfen. Jeden Tag mussten große Stroh- und Heumengen transportiert werden. Es gab auch viel Arbeit mit den Rüben und dem Wasser. Aber mit meiner motivierten Mannschaft ging das recht gut. Dabei war ich richtig streng. Wie Papa. Trotzdem kamen die Freunde immer wieder. Manfred, Friedhelm, Carl und Helmut waren fast jeden Tag bei uns.

Am meisten Zeit habe ich wohl mit Horst verbracht. Wir waren fast unzertrennlich. Längere Zeit hat er fast jeden Tag bei uns mitgegessen und mir dann bei der vielen Arbeit geholfen. Oft sprachen wir über die Zukunft. Wir hatten beide den Wunsch, einmal Automechaniker zu werden. Beide träumten wir von schnellen Motorrädern.

Unsere Dorfschule

Damals bediente sich auch unser Dorfschullehrer gelegentlich eines anderthalb Meter langen Haselnussstocks. Von Zeit zu Zeit musste der ersetzt werden, wenn er auf einem strammgezogenen Hosenboden zersplittert war. Für Ersatz mussten wir Schüler selbst sorgen.

An eine »Sonderbehandlung« erinnere ich mich heute noch recht gut. Aber viel schlimmer als der schmerzende Hintern war das Gekicher der Mädchen, die natürlich zusahen, wenn wieder einmal ein in Ungnade gefallener Schüler vorn vor der ganzen Klasse stand. Ich höre den Lehrer heute noch brüllen: »Mach dich krumm!«, und dann sauste der Haselnussstock aus über zwei Meter Höhe auf das bedauernswerte Hinterteil. Wahrscheinlich brauchte Lehrer Gade diese scharfen Maßnahmen, um seiner schweren Aufgabe, alle Schüler des Dorfes – alle Klassen in einem einzigen großen Raum – zu unterrichten, gewachsen zu sein. Und wir haben tatsächlich eine ganze Menge bei ihm gelernt.

Der Krieg

Ich war erst neun Jahre alt, als der grauenvolle Zweite Weltkrieg mit etlichen Millionen Toten endlich zu Ende ging. An viele schreckliche Erlebnisse erinnere ich mich, als wären sie gestern geschehen. Im Garten hatten wir einen selbstgebauten Bunker, den man gebückt durch einen Graben erreichen konnte. Einmal verbrachten wir in großer Angst eine ganze Nacht in dem Erdbunker, während draußen ein schrecklicher Kampf tobte. Als wir am Morgen wieder ans Tageslicht kamen, wurde unser Versteck erst einmal von amerikanischen Soldaten durchsucht. Sie waren freundlich zu uns und machten uns Geschenke. Damals habe ich zum ersten Mal im meinem Leben Schokolade gesehen. Aber noch etwas anderes hat sich tief bei mir eingeprägt: Mehrere Bauernhöfe standen in Flammen, und sechs deutsche Soldaten fanden den Tod. Es war so furchtbar. Heute erinnert eine Grabstätte in unserm Dorf sehr eindrücklich an jene Schreckensnacht.

Während des Krieges waren fast alle Männer irgendwo im Einsatz. Die meisten sind nie wieder heimgekehrt. Auch daran erinnert eine Stätte in unserm Dorf. Das Gefallenendenkmal ist ein stummer Zeuge jenes Wahnsinns. Auch aus unserer Verwandtschaft sind mehrere Väter und Söhne gefallen oder für immer verschollen.

Papa war schon im Ersten Weltkrieg Soldat gewesen und auch verwundet worden. Er war Jahrgang 1897 und gehörte somit im Zweiten Weltkrieg bereits zu den Älteren. Aber auch diese Jahrgänge wurden nach und nach zu allerlei Diensten herangezogen. Wegen der großen Familie mit den kleinen Kindern und wegen des großen Betriebes wurde Papa auf einen Antrag hin längere Zeit zurückgestellt. Er musste zwischendurch aber immer wieder antreten, um wichtige Brücken zu bewachen.

Wie froh und dankbar waren wir, dass wir als Familie alle überleben durften.

Knechte und Mägde

Während viele Männer fern der Heimat ihren »Dienst« taten, wurde die Arbeit auf den Höfen weitgehend von Knechten und Mägden erledigt. In den meisten Fällen waren es Kriegsgefangene. Ich erinnere mich noch gut an einige Polen und Franzosen, die eine Zeit lang unter Mamas Anleitung die Arbeit machten. Sie durften laut Verordnung nicht mit uns zusammen an einem Tisch sitzen. Es stand aber nicht darin, wie weit die Tische auseinander stehen sollten. So standen dann in unserer Küche zwei Tische dicht zusammen; und es sah so aus, als wäre es ein langer Tisch.

Ich denke, unsere Helfer waren froh, dass sie überlebt hatten. Auf unserm Hof hatten sie es verhältnismäßig gut. Das war wohl auch der Grund dafür, dass kein einziger der Gefangenen nach Kriegsende sich an unserer Familie gerächt hat.

Die Flüchtlingsströme

Wenn ich heute manche herzzerreißenden Bilder von Flüchtlingsströmen sehe, gehen meine Gedanken zurück in jene Monate, als die kilometerlangen Flüchtlingstrecks mit Pferdewagen aus dem Osten kamen. Unsere Dörfer waren plötzlich überfüllt. Wo sonst nur eine Familie wohnte, wurden damals eine oder sogar zwei zusätzliche untergebracht. Auch unser Haus wurde zu einer überfüllten Herberge für Heimatvertriebene. Zu ihnen gehörte auch eine alleinstehende Frau aus Königsberg in Ostpreußen. Wir nannten sie nur Oma Lehmann. Obwohl sie einige Verwandte in Westdeutschland hatte, zog sie es vor, für immer bei uns zu bleiben. Sie bezog nur eine ganz kleine Rente. Bei uns hatte sie Familienanschluss, wie eine richtige Oma. Sie war bis zu ihrem Lebensende eine ganz große Hilfe in unserm Haus.

Die Jahre nach dem Krieg

Wir waren fünf Geschwister. Und trotzdem hatten wir es im Vergleich zu den Flüchtlingskindern eigentlich sehr gut, denn wir konnten uns immer satt essen. Wir hatten zwar noch nie Bananen oder Orangen oder andere Südfrüchte gesehen, wir kannten lange keine Schokolade oder andere Leckereien; aber wir hatten auf unserm Bauernhof immer genügend Kartoffeln und Brot und Butter und auch Fleisch.

Wie vielen Notleidenden konnte Mama damals helfen. Manche machten weite Wege, um sich in den Dörfern etwas Essbares zu erbetteln. Auch lange nach dem Krieg war die Not noch sehr groß.

Aber Not macht erfinderisch. Weil man keine Uniformen im Haus haben durfte, wurden gegen Kriegsende viele Soldatenhosen und Jacken und Mäntel gut verpackt im Garten vergraben. Diese ausgedienten Soldatenuniformen waren nach dem Krieg sehr begehrt. Sie wurden gefärbt und zu neuen Kleidungsstücken verarbeitet.

Wir Kinder wurden ja – wie schon erwähnt – sehr früh zur Mitarbeit herangezogen. Nicht nur das Großvieh, auch die Kälber und Schafe, die Gänse und Hühner mussten versorgt werden.

Die Schafe wurden einmal im Jahr geschoren. Dann wurde die Wolle gesponnen, und daraus wurden allerlei schöne Wollsachen gestrickt.

Trotz mancherlei Entbehrungen hatten wir eine schöne Kindheit.

Papa hatte einen ausgeprägten Gerechtigkeitssinn und ein weites Herz für andere und hat für unser Dorf – auch für die vielen Flüchtlinge – im Rahmen seiner Möglichkeiten viel Gutes getan.

Ein Mädchen brennt lichterloh

Ich war wieder einmal mit unserer großen Gänseherde am Kanal. Plötzlich hörte ich ein Mark und Bein durchdringendes Geschrei. Ein kleines Mädchen aus unserer Nachbarschaft kam lichterloh brennend aus dem Dorf angelaufen. Später erfuhren wir, dass sie allein zu Hause gewesen war und wohl in Abwesenheit der Mutter versucht hatte, im Küchenherd Feuer anzuzünden. Dabei müssen ihre Kleider Feuer gefangen haben. Das Mädchen rannte in seiner Verzweiflung so schnell es konnte zum nahe gelegenen Kanal und sprang vor meinen Augen hinein. Das Feuer war sofort erloschen. Kurz darauf lag das Mädchen wimmernd am Kanalufer. Ich kannte das Mädchen so gut, weil es oft bei uns auf dem Hof gespielt hatte, während seine Mutter uns bei der Feldarbeit half. Trotz größter ärztlicher Bemühungen starb es kurz darauf im Krankenhaus.

Das Erlebnis hat mich unheimlich erschüttert. Ich glaube, ich habe mit keinem Menschen über meine Gefühle gesprochen; aber ich weiß heute noch, dass mich seitdem der Tod und das Danach sehr stark beschäftigt haben.

Erste Begegnung mit Frommen

Mit den vielen Flüchtlingen, die damals aus dem Osten gekommen waren, hatte es auch einige ganz entschiedene Christen in unsere Gegend verschlagen. Einer von ihnen, Siegfried Röseler, ein junger Mann, spielte einige Musikinstrumente. Für mich war das etwas ganz Neues. Siegfried war bereit, mir und einigen anderen Jungs das Blockflötespielen beizubringen. Wir spielten nur christliche Lieder und machten in unsern Übungsstunden schnell erstaunliche Fortschritte. Doch keiner von uns Jungs kannte Siegfrieds eigentlichen Plan.

Als wir in der Lage waren, so vier bis fünf Lieder einigermaßen fehlerfrei zu spielen, sagte Siegfried: »Jetzt müsst ihr doch mal zeigen, was ihr gelernt habt.« Und dann nahm er uns mit in eine kleine christliche Versammlung. Ich glaube, die Gruppe bestand fast nur aus Flüchtlingen.

Wir saßen in einem kleinen Raum – in einer etwas umgebauten Waschküche – und durften während der Versammlung alle Lieder, die gesungen wurden, mit unsern Blockflöten begleiten.

Hauptprogrammpunkt war natürlich eine feurige Predigt. Nie zuvor hatte ich so etwas Aufregendes gehört. Immer wieder kamen die Sätze aus der Bibel: »Ihr müsst von neuem geboren werden.« – »Wer nicht von neuem geboren ist, kann das Reich Gottes nicht sehen.«

Ich fing an zu zittern. Zum ersten Mal habe ich irgendwie gefühlt, dass Gott gar nicht mit meiner Lebensweise zufrieden war. Aber das wollte ich nicht wahrhaben. Fluchtartig verließ ich schließlich die fromme Versammlung. Auch die Flötengruppe habe ich danach nie mehr besucht. Ich wollte alles möglichst schnell für immer vergessen. Erst viele Jahre später habe ich verstanden, warum ich damals so ergriffen gewesen bin.

Mein Hund »Prinz«

Zu einem richtigen Bauernhof gehört auch ein richtiger Hund. Aber Pahls hatten keinen. Dabei habe ich mich so oft danach gesehnt. Irgendwann hatte ich meine Eltern, besonders Mama, doch dazu überredet.

Es gibt Kindheitserlebnisse, die so tief gehen, dass man sie nie vergisst. Dazu gehört auch dieses. Eines Tages durfte ich zu meinen Verwandten gehen und mein Geschenk abholen. Sie wohnten am andern Ende des Dorfes und hatten auch einen Bauernhof. Ihre Hündin hatte einige Junge geworfen, und die waren jetzt in einem Alter, in dem man sie gut weggeben konnte. Ich durfte mir den allerschönsten Hund aussuchen. Oh, wie glücklich bin ich damals mit ihm nach Hause geeilt. Er bekam dann auch den schönsten Namen: »Prinz«.

Wir verstanden uns gut. Prinz hat sich schnell an die neue Umgebung gewöhnt und sich auf unserm Hof eingelebt und wohlgefühlt. Ich war sicher, dass Prinz mir später beim Kühe-Treiben eine große Hilfe sein würde.

Manchmal staunte ich darüber, dass Prinz beim Wasserlassen immer so eine komische Figur machte. Bei der Auswahl hatte ich nur auf sein Aussehen, aber nicht auf sein Geschlecht geachtet. Und nun musste ich feststellen, dass mein Prinz in Wirklichkeit eine Prinzessin war. Den Namen haben wir aber nie geändert. Sie hieß immer noch Prinz, auch nachdem sich schon Nachwuchs in der Hundehütte tummelte.

Beim Kühe-Treiben war Prinz wirklich eine echte Hilfe. Auch sonst haben wir viel Zeit miteinander verbracht.

Eines Tages stand ich auf der Kanalbrücke und beobachtete, übers Geländer gelehnt, die großen Fische im Wasser. Prinz stand hinter mir auf der Brücke. Plötzlich kam ein Auto über die Brücke gebraust und erwischte Prinz am Hinterteil. Das Schmerzensgeheul war schrecklich und der Todeskampf ganz furchtbar. Während das Auto sich entfernte, wollte ich mich um Prinz kümmern, aber in ihrem Schmerz biss sie mir klagend und Hilfe suchend noch kräftig in den Oberschenkel – und starb.

Ich veranstaltete dann einen Leichenzug und fuhr Prinz auf der Schubkarre nach Hause. Schließlich wickelte ich sie in ein Tuch und begrub sie unter Tränen hinten in unserm Garten. Ihr Hundeleben war kurz, viel zu kurz gewesen.

Wir hatten später noch weitere Hunde. Sie hießen auch Prinz. Aber keiner ist mir je wieder so ans Herz gewachsen.

Teil 2: Der Ernst des Lebens (1950–1956)

Fast ertrunken

Längere Zeit gab es auf unserm Bauernhof nur ein Fahrrad, ein Damenfahrrad, Marke »Wanderer«. Das durfte der benutzen, der abends die Kühe von der weit entfernten Weide zum Melken nach Hause treiben musste. An jenem Abend war ich dran. Es klingt beinahe unmöglich, aber so ist es geschehen: Ich hatte die Weide fast erreicht und sah die Kühe schon von weitem, als ich über eine Kanalbrücke fuhr und plötzlich irgendwie vom Weg abkam und mit großem Tempo mit dem Fahrrad in den randvollen Kanal stürzte. Ich konnte noch nicht schwimmen, und ich denke heute noch, dass ich damals eine wunderbare göttliche Bewahrung erlebt habe. Ich weiß nicht, wie ich aus dem tiefen Wasser durch das hohe Schilf allein wieder ans Ufer gekommen bin. Dort erwartete mich Prinz, der sich sicher über meinen Ausflug gewundert hatte.

Ein richtiger Bauernjunge hat natürlich ein Taschenmesser bei sich. Damit habe ich dann erst einmal eine dünne Birke am Straßenrand »gefällt« und mir einen langen Haken angefertigt und schließlich das im Schilf hängende Fahrrad an die Oberfläche befördert. Mit Fahrrädern kannte ich mich damals schon recht gut aus, so dass ich es bald wieder flott hatte.

Wieder einmal war ich ziemlich brutal mit dem Tod konfrontiert worden. Zum ersten Mal habe ich – noch am selben

Abend – mit meiner Schwester sehr offen über meine Todesängste gesprochen. Doch schnell hatte mich auch diesmal der Alltag wieder.

Der Sturz vom hohen Ross

Sonntags hatten auch unsere Pferde Feiertag. Wir hatten eine Wiese am Kanal außerhalb des Dorfes, zu der wir sie in den Sommermonaten schon vor dem Kirchgang am Sonntagmorgen brachten. Erst am Abend holten wir sie wieder nach Hause. Weil es damals kaum Autos gab und die Dorfstraße sonntags meist leer war, setzten wir uns am Abend einfach auf den Pferderücken – ohne Sattel, ohne Zügel und Zaumzeug –, vergruben beide Hände in der langen Mähne und galoppierten in großem Tempo durchs Dorf nach Hause. Die Pferde kannten ja den Weg, und es machte richtig Spaß, sie zu Höchstleistungen anzutreiben.

An einem denkwürdigen Abend hatte ich Lotte gewählt. Ich glaube, die Stute war das spritzigste, wildeste Tier, das wir je gehabt hatten.

Nun kann ich nicht erklären, woran es lag, dass Lotte kurz vor unserm Hof in vollem Galopp plötzlich scheute und ruckartig das Tempo verringerte, so dass ich im hohen Bogen nach vorn über das Pferd schoss und auf dem Straßenpflaster landete. Ich erinnerte mich nachher nur noch daran, dass ich irgendwann von der Straße aufgestanden war und etwas verwirrt vor einem großen Mann stand, der ganz fürchterlich mit mir schimpfte. Lotte war natürlich längst auf und davon, ich taumelte ganz benommen hinterher. Außer ein paar Hautabschürfungen und ziemlichen Kopf- und Gliederschmerzen hatte der gefährliche Sturz keine weiteren Folgen.

Wieder einmal war ich gerade so knapp dem Tode entronnen.

Meine Konfirmation

Schon im Religionsunterricht in der Schule hatten wir ungewöhnlich viele Bibelverse, ja ganze Kapitel aus der Bibel und jede Menge Lieder aus dem Gesangbuch auswendig gelernt.

Mit zwölf Jahren – der Krieg war längst zu Ende – begann der zweijährige Konfirmandenunterricht. Da ging das Büffeln weiter. Der Pastor war unheimlich streng. Damals ärgerte ich mich oft darüber.

Doch heute bin ich so froh. Oh, wie viele herrliche Lieder, besonders manche von Paul Gerhardt, kann ich heute noch auswendig von der ersten bis zur letzten Strophe.

Mit vierzehn wurde ich konfirmiert. Auch so ein unvergesslicher Tag. Ich »erbte« den Anzug von Hermann. Zum ersten Mal ging ich in einem Anzug, mit einer richtigen langen Hose, zur Kirche. Vor der Konfirmation trugen Jungs nur kurze Hosen. Natürlich trug ich in den Wintermonaten lange Wollstrümpfe. Die wurden mit Bändern festgehalten. Um den Bauch trug man ein so genanntes Leibchen, an dem die Strumpfbänder befestigt waren. Ich glaube, alle Jungs waren damals mit dieser lustigen Unterwäsche ausgestattet.

Am Konfirmationstag durfte ich erstmals mit einem Hut zur Kirche gehen. Endlich war ich »ein richtiger Mann«. Ich durfte zum ersten Mal am Abendmahl teilnehmen. Ich weiß noch, dass ich mir damals sagte: »Jetzt bin ich ein richtiger Christ.«

An zwei Geschenke erinnere ich mich noch sehr gut: ein Gesangbuch von meinem Patenonkel und eine Taschenuhr von meiner Patentante. Die Uhr lief leider nur eine knappe Woche. Vielleicht hätte man sie umtauschen können, aber der Weg in die Stadt war viel zu weit. So verschwand das schöne Geschenk in einer Schublade als Andenken an einen besonderen Tag.

Für die ganze Zubereitung des Festessens war vor allem Mama zuständig. Aber beim Essen saß sie mit an der Festtafel. Wir hatten etliche Gäste, und es gab unheimlich viele leckere Sachen. Vor dem Essen musste ich zum ersten Mal im Leben stehend laut ein Tischgebet sprechen. Eigentlich war es ja eine Ehre für mich. Es fiel mir unglaublich schwer, aber ich konnte meine Eltern nicht enttäuschen. Die saßen beim Essen links und rechts neben mir. An diesem Tag war ich ein Mal die wichtigste Person in der Familie.

Es gab so viele Gänge, und es dauerte schrecklich lange. Ich hatte schon Bauchschmerzen, obwohl die Nachspeise noch gar nicht in Sicht war. Einige Male fragte ich Mama, ob ich nicht schon aufstehen dürfte. Die Gespräche um mich herum langweilten mich; sie waren für mein Alter nicht sonderlich interessant. Wieder sah ich meinen Freund winken, er wartete auf dem Flur. Da stand er in seinem schicken Konfirmandenanzug; er hatte das üppige Mahl schon lange hinter sich und wollte dringend etwas mit mir unternehmen. Schließlich gab Mama grünes Licht.

Als ich dann mit dem Freund über die Diele Richtung Hof ging, griff er in die eine Jackentasche, zog eine Schachtel Zigaretten aus seinem Konfirmandenanzug heraus und sagte: »Jetzt sind wir konfirmiert, jetzt sind wir Männer, jetzt wird erst mal eine geraucht.«

»Wo hast du die denn her?«, fragte ich, und er machte eine entsprechende Handbewegung, die mir zeigte, dass er sie zu Hause gestohlen hatte. Dann zog er mit derselben eindeutigen Handbewegung aus der anderen Jackentasche eine Schachtel mit Zündhölzern heraus: »Zapzarab, jetzt sind wir Männer!«

Wir gingen dann hinter den Schweinestall und setzten uns auf einen Strohhaufen. Bald hatten wir beide eine Zigarette im Mund. Wie ein richtiger Raucher warf er, nachdem er sich mit einem kräftigen Zug eine angezündet hatte, das Zündholz im hohen Bogen auf die Seite. Während er mir dann beim Anzünden behilflich sein wollte, sahen wir mit großem Entsetzen, dass das Stroh hinter uns brannte.

Wir schrien um Hilfe. Hätten nicht einige Konfirmationsgäste sofort eingegriffen, wäre an dem Tag vielleicht der ganze Bauernhof in Flammen aufgegangen. Oh Schreck! Zwei Stunden vorher war ich zum ersten Mal mit Anzug und Hut aus der Kirche geschritten. Ich hatte mich so wohlgefühlt und bei mir gedacht: »Jetzt bin ich konfirmiert, jetzt bin ich ein richtiger Christ und ein richtiger Mann!« Ich dachte sogar, alle meine Sünden seien mir vergeben, weil ich das erste Mal am Abendmahl teilnehmen durfte. Welch eine Täuschung! An dem Tag habe ich Mama und Papa wohl den größten Kummer gemacht.

Mein letzter Schultag

An meine Schulzeit denke ich nicht so gern zurück, obwohl mir das Lernen gar nicht schwer fiel. Ehrlich: Ich bin eigentlich nie gern hingegangen. Mein letzter Schultag war deshalb mein glücklichster.

Als Lehrer Gade in der letzten Schulstunde eine rührselige Rede hielt und über den nun beginnenden »Ernst des Lebens« sprach, fingen einige Mädchen an zu weinen. Ich saß da und dachte bei mir: »Typisch Mädchen! Oh, diese dummen Puten. Endlich ist es so weit. Die Plage ist vorbei. Jetzt sind wir frei. Jetzt beginnt das wirkliche Leben.«

Soll ich Bauer werden?

Wenn es nach meinem Vater gegangen wäre, dann wäre auch ich Landwirt geworden. Viele Male versuchte er, mich für diesen Weg zu gewinnen. Nach seiner Meinung gab es damals überhaupt keinen besseren Beruf.

Melken konnte ich ja bereits. Wie oft hatte ich schon auf der Mähmaschine gesessen. Ich konnte mit der Sense mähen und auch mit den Pferden schon recht gut umgehen.

Als Hermann, mein älterer Bruder, die Landwirtschaftliche Schule besuchte, führte mein Vater mich in die Technik des Pflügens ein und ließ mich dann tagelang mit Pflug und Gespann allein auf dem Acker. Bald konnte ich mit dem Schwingpflug und meinem Gespann – mit Liese und Fanny – schnurgerade Furchen ziehen. Es hat mir auch richtig Spaß gemacht.

Aber wir hatten nur einen Bauernhof und waren doch drei

Söhne. Normalerweise erbt bei uns der Älteste den Hof. Doch das war für Papa kein Problem. Er rechnete mir vor, wie viele Bauern in den umliegenden Dörfern nur Töchter hatten. Sie alle warteten auf einen tüchtigen Schwiegersohn.

Das stimmte wohl. Aber sollte wirklich ich einer von ihnen werden? Ich war ziemlich unsicher. Außerdem lag mir etwas anderes viel mehr.

Ich war ständig am Basteln. Inzwischen hatten wir mehrere Fahrräder. Einmal nahm ich ein Fahrrad auseinander, obwohl es gar nicht kaputt war. Ich zerlegte es in seine Einzelteile, weil ich einfach mal wissen wollte, wie viele Teile so ein Fahrrad hat. Natürlich habe ich es auch wieder zusammengebaut.

Schon damals verlegte ich elektrische Leitungen und brachte Lampen an, wo meine Eltern gar keine haben wollten. Einige Leitungen musste ich nachher wieder wegnehmen.

Wie oft bat Mama uns am Sonntagnachmittag, in der Küche Platz zu nehmen. Dann drückte sie uns die alte Kaffeemühle zwischen die Knie und gab uns den Auftrag, die Kaffeebohnen zu mahlen. Das ärgerte mich jedes Mal, denn damals gab es ja schon elektrische Kaffeemühlen.

Wie viele Stunden plagten wir uns mit der Rübenschneidemaschine ab. Einer warf die Rüben oben hinein, der andere drehte mühsam an der Kurbel. Erst Jahre später gab Papa grünes Licht, und ich durfte einen Elektromotor an die Schneidemaschine anbauen.

Mir gefiel der Werbespruch auf der Stromrechnung so gut. Da hieß es immer:

»Strom kommt sowieso ins Haus. Nutz das aus!«

Papa sah das aber ganz anders.

Mit 15 in die Fremde

Ich wollte unbedingt Mechaniker werden. Am liebsten Automechaniker. Vielleicht noch Elektriker, aber wenn irgend möglich Automechaniker. Ich weinte mich sogar bei einigen Verwandten aus und bat sie, Papa zu überreden. Ich erinnere mich gut an einen Onkel, der zu Papa sagte: »Hermann, lass den Jungen was lernen, damit er dir nicht bis zum Lebensende Vorwürfe macht.«

Papa ließ sich überzeugen. Nach kurzer Zeit hatten wir eine Lehrstelle gefunden. Und dann ging es auf die Reise. Mit Pferd und Wagen brachte Papa mich mit meinen Siebensachen in die Fremde zu meinem Lehrmeister. Dort blieb ich dann dreieinhalb Jahre, um meinen »Traumberuf« zu erlernen.

Meine Himmelfahrtsnase

Mein Lehrmeister hatte zwei Töchter – etwa in meinem Alter. Weil ich sozusagen »Familienanschluss« hatte, saßen wir bei den Mahlzeiten fast immer zusammen am selben Tisch. Wir verstanden uns gut. Aber manchmal ärgerten die beiden mich, wenn sie sich über meine Nase lustig machten. Sie meinten nämlich, ich hätte eine »Himmelfahrtsnase«. Ich machte mir richtig Sorgen: »Ob wohl alle Mädchen so über meine Nase denken?«

Später habe ich mich deswegen mal richtig geschämt. Ich weiß ja nicht, wie der König David wirklich ausgesehen hat. Aber das weiß ich: Er war mit seinem Aussehen zufrieden. Er dankte Gott sogar dafür.[4]

Bei mir war das ganz anders. Manche Nacht schlief ich damals auf dem Bauch liegend, mit der Nase im Kissen – immer in der Hoffnung, meine Nasenspitze würde sich nach und nach etwas mehr nach unten hin ausrichten. Ich bin nicht sicher, ob es gewirkt hat. Jedenfalls hat mich später nie mehr jemand darauf angesprochen. Ich habe sogar eine wunderbare Frau gefunden, die sich richtig in meine Nase verliebt hat.

Ich werde Onkel

Während meiner ganzen Lehrzeit hatte ich nur alle vierzehn Tage – manchmal auch zweimal hintereinander – einen freien Sonntag. Dann zog es mich natürlich mit aller Macht nach Hause.

Meine ältere Schwester war, als ich das Elternhaus verließ, schon einige Zeit verheiratet. Als ich in der Fremde war, kam sie das erste Mal in Erwartung, aber das hatte ich gar nicht mitbekommen. Über so etwas sprach man bei uns zu Hause auch nicht.

Dann kam der Sonntag, an dem ich zu Hause mit den großen Neuigkeiten empfangen wurde: »Wilhelm, du bist Onkel geworden. Fahr doch mal hin, dann kannst du das Baby selbst sehen.«

Ich glaube, ich hatte noch nie so ganz aus allernächster Nähe und ganz bewusst ein Baby angesehen. Als ich dann vor dem Stubenwagen stand – ganz, ganz dicht dran – und das kleine Wesen sah, fiel ich fast in Ohnmacht. Ich konnte es nicht begreifen: Dieses kleine Baby war gerade noch im Leib meiner Schwester gewesen, und nun lag es da und sah mit seinen großen Kulleraugen in die Welt. Es hatte richtige Hände mit Fingern und Daumen; ja, ich entdeckte, dass sogar schon Fingernägel dran waren. Dann bewegte es die Finger und den Mund und die Augen, und anschließend gab es einige Laute von sich, als wollte es den Onkel begrüßen. Am meisten staunte ich darüber, dass der Kopf schon voller Haare war.

Ich bin danach noch öfter Onkel und sogar einige Male Vater geworden, aber nie hat mich der Anblick eines Neugeborenen mehr überwältigt als an dem Sonntagmorgen im Wohnzimmer meiner Schwester. Am Montagmorgen musste ich natürlich allen in der Werkstatt von meinem überwältigenden Erlebnis erzählen.

Ein Junge für alles

Nun war ich in der Fremde, in der Freiheit, in der Lehre, fast am Ziel. Aber ich hatte mich gründlich geirrt.

»Lehr-Jahre sind keine Herren-Jahre!«

Den Spruch hatte ich schon mal gehört. Und er bewahrheitete sich nun ganz brutal jeden Tag aufs Neue.

Ich wohnte ja bei meinem Lehrmeister. Er war noch strenger als unser Dorfschullehrer. Ich habe ihn nie mit seinem Namen angesprochen. Alle Lehrlinge mussten »Meister« zu ihm sagen. Ich hatte eine geregelte Arbeitszeit. Die sah so aus: Wenn andere Lehrlinge in anderen Betrieben Feierabend machten, durfte ich noch die Werkstatt aufräumen und die Tankstelle mit allem Nötigen versorgen. Meine Freunde, die einen Ausbildungsplatz in der Stadt gefunden hatten, hatten am Samstagnachmittag frei. Für mich begann dann der Großeinsatz: Werkstatt aufräumen, Hof säubern, die lange Straße fegen und die ESSO-Tankstelle auf Vordermann bringen. Oh, wie habe ich die Tankstelle gehasst!

Abends durfte ich mich nur selten von ihr entfernen. Fast jeden zweiten Sonntag hatte ich Tankdienst. Und wenn nachts jemand in Verlegenheit kam und Benzin brauchte, dann läutete die Glocke über meiner Schlafzimmertür. Ein Alptraum. Und ich kann mich kaum daran erinnern, dass mir mal jemand Trinkgeld gegeben hätte. Dabei bekam ich, weil ich ja »Kost und Logis« hatte, nur ein ganz winziges Taschengeld.

Damals hatten die Tanksäulen noch keinen elektrischen Antrieb. Das Benzin musste von Hand jeweils in 5-Liter-Gläser hochgepumpt und dann über einen Schlauch in den Auto- oder Motorradtank geleitet werden.

Weil die meisten Motorräder einen Zweitaktmotor hatten und darum ein Benzin-Öl-Gemisch brauchten, musste man das Benzin vor dem Einfüllen in eine Mischkanne leiten, mit der vorgeschriebenen Menge Öl mischen und dann in den

Tank gießen. Auch manche Autos hatten damals noch einen Zweitaktmotor.

Ich denke, ich hatte fast immer eine 50- bis 60-Stunden-Woche. Dazu kamen noch die Sonntage. An jedem zweiten Sonntag hatte ich ja »Tankdienst«. Wie habe ich mich jedes Jahr auf den Urlaub gefreut: zwölf Tage im Jahr.

Meine Meisterleute hatten neben ihrem Werkstattbetrieb auch eine kleine Landwirtschaft mit einigen Schweinen und zwei Kühen. Die Milch, die nicht im eigenen Haushalt benötigt wurde, wurde sogar bei der Molkerei abgeliefert. Schnell hatten sie mitbekommen, dass ich mit der Sense umgehen konnte. So durfte ich dann »nach Feierabend« die Spezialkarre[5] durch das ganze Dorf zur Wiese schieben, dort die benötigte Menge Gras mähen, aufladen, heimfahren und danach in den Kuhstall befördern.

Bald konnte ich mit dem kleinen Firmen-Motorrad umgehen. So erledigte ich oft heimlich den Grastransport mit Motorrad und Anhänger. Das war eigentlich nicht erlaubt, denn ich hatte ja noch gar keinen Führerschein. Ich denke, dass man einfach so getan hat, als hätte man es gar nicht bemerkt.

Wahrscheinlich wusste niemand, dass ich auch melken konnte. Sonst hätte ich da sicher auch noch für Entlastung sorgen dürfen.

Während der ganzen dreieinhalb Jahre habe ich mich immer in einem Flur mit kaltem Wasser gewaschen, weil es damals im ganzen Haus noch gar kein Badezimmer mit warmem Wasser gab.

Ich wollte Automechaniker lernen, aber in dem Dorf gab es nur vier oder fünf Autos. Und nicht alle Autobesitzer kamen in unsere Werkstatt. Aber es gab viele Motorräder, und dafür war unsere Werkstatt eine gute Adresse.

In der ersten Zeit reparierte ich hauptsächlich Fahrräder, dann mehr und mehr Motorräder und schließlich auch Autos.

Aber wir konnten noch mehr, wir konnten fast alles. Wir reparierten Wasserpumpen, Kochtöpfe, Milchkannen und Kinderwagen. Und wenn irgendwo die Wasserleitung oder die Stromversorgung nicht funktionierte, dann hatten wir eben

Außendienst. In vielen Kuhställen installierten wir Selbsttränken für die Kühe. Auf den Weiden bohrten wir nach Wasser und montierten Pumpen für die Wasserversorgung. Nach einiger Zeit kannte ich fast jeden Haushalt in der Gegend.

Mein Lehrmeister war nicht nur Schlossermeister, sondern auch Elektromeister. Oft nahm der Elektromonteur mich auf seinen Touren mit. Dabei habe ich nicht nur zugesehen. Bald konnte ich fast alle Elektrikerarbeiten selbständig erledigen.

Ein Erlebnis, bei dem ich zum Lebensretter wurde, hat sich mir besonders eingeprägt. Wegen einer größeren Reparatur mussten wir die Stromzufuhr in einem Ortsteil unterbrechen. Dazu wurden die so genannten Trennmesser an einem hohen Stahlmast aus den Verbindungslaschen herausgezogen. Nach getaner Arbeit mussten die Trennmesser wieder hineingeschoben werden. Wir stiegen beide auf den Stahlmast. Ich nur zum Zusehen. Dann passierte der schreckliche Unfall. Der Monteur kam – oben auf dem Stahlmast – mit seinem unbedeckten Kopf gegen eine stromführende Leitung, gab dann einen markerschütternden Schrei von sich und sackte bewusstlos zusammen. Seine Beine rutschten zwischen die Eisenstreben des Strommastes, und sein Körper fiel mir entgegen.

Wir waren beide nicht mit einem Gurt gesichert. Ich konnte ihn gerade noch unter seinem Arm ergreifen. Mit meinem anderen Arm hatte ich eine Eisenstrebe umklammert und schrie, so laut ich konnte, um Hilfe. Es schien, als hätte ich übermenschliche Kräfte. Es gelang mir sogar, einen Karabinerhaken an einer Winkelstrebe zu befestigen. So hing mein Kollege bewusstlos in der Luft mit den Beinen im Strommast. Schnell kamen uns einige Männer zu Hilfe und brachten den Verunglückten nach unten. Inzwischen war der alarmierte Arzt schon am Unfallort. Mein Kollege öffnete wieder die Augen. Er hat den Unfall ohne Schaden überstanden. Auch das war eine wichtige Lektion für mich.

Ich habe dort wirklich eine Menge gelernt. Wenn wir einen neuen Meißel brauchten, wurde einfach ein Stück Werkzeugstahl von der langen Stahlstange abgeschlagen, das Stück im Schmiedefeuer erhitzt und dann fachgerecht ausgeschmiedet und danach vorschriftsmäßig gehärtet und geschliffen. So ein selbstgemachter Meißel war unter Umständen besser als ein gekaufter.

Wie oft musste ich schmieden, schweißen, löten, feilen, bohren, drehen, Gewinde schneiden und vieles mehr.

Ja, das war die andere Seite. Ich habe unheimlich viel gelernt. In späteren Jahren war ich oft dankbar, dass ich gerade in diesem Betrieb meine Ausbildung machen konnte. Auf vielen Gebieten war ich meinen anderen Berufskollegen doch haushoch überlegen.

Später habe ich sogar mal einige Zeit als Tankwart und als Fernfahrer und als Handelsvertreter gearbeitet. Ich war immer dem Neuen zugewandt. Und überall habe ich wieder eine Menge hinzugelernt.

Bekanntschaft mit dem Alkohol

Als ich im ersten Lehrjahr war, wurde zu Hause, in meinem Heimatdorf, das traditionelle mehrtägige Schützenfest gefeiert. Damals wurde Papa der beste Schütze und somit Schützenkönig. Ich hatte nichts davon mitbekommen und erfuhr es voller Staunen erst, als ich am Samstagabend nach Hause fuhr und auf den Schützenfestplatz kam.

Ich wurde sogar ohne Eintrittskarte zum Festzelt gelassen und dort stolz vom Schützenkönig begrüßt. Er war sehr spendabel und schenkte mir fünf Mark. Das war mehr als mein Monatslohn! Ich war so begeistert und erwies mich auf der Stelle als genauso spendabel. Ich lud meinen Freund zur nächsten Würstchenbude ein. Genüsslich verdrückten wir die erste Bratwurst mit Senf und Brot. Dann kam die zweite Runde, dann die dritte, dann die vierte, dann die fünfte. Dann war das Geld weg, und wir waren richtig satt und zufrieden.

Ein Jahr später war alles anders. Wieder war Schützenfest, aber in einem anderen Dorf. Ich ging, im Besitze einer Eintrittskarte, mit einigen meiner Arbeitskollegen zum Festzelt, um mit ihnen zu feiern. Ich war sechzehn und hatte noch nie Bier getrunken. Ich wusste kaum, dass man davon betrunken werden kann. Ich dachte, es sei vor allem ein Getränk gegen den Durst.

Dann gab es eine Runde Freibier, und ich trank mein erstes Glas. Mein älterer Arbeitskollege zeigte sich sehr spendabel, und ich trank ein zweites Glas. Als mir das dritte angeboten wurde, sagte ich dankend: »Ich habe wirklich keinen Durst mehr.« Aber mein Kollege überredete mich, und ich trank. Dann musste ich mal raus. – Als mir die frische Luft um die Nase wehte, wurde mir ganz übel, und ich fiel einfach um. Als ich schließlich ins Festzelt zurückkam und es meinen Kollegen erzählte, gab es ein großes Gelächter, und ich merkte, dass sie genau das beabsichtigt hatten. Damals war ich noch gar nicht sehr sicher auf dem Tanzboden, aber nach einem weiteren Glas Bier war ich dann so mutig, dass ich ohne Scheu das eine oder andere Mädchen um einen Tanz bitten konnte. Es wurde eine ganz lustige Nacht.

Für all die negativen Nebenwirkungen dieser feuchtfröhlichen Volksfeste hatte ich damals noch gar keinen Blick.

Meine erste große Liebe

Das ist ein spannendes Thema. Ich weiß nicht, woran die meisten Leser bei dieser Überschrift gedacht haben. Aber es war nicht ein hübsches Mädchen, das mir die Augen verdreht hatte. Nein! Sondern? Es war mein erstes Motorrad. Eine 98er mit Sachs-Motor.

Ein ganzes Jahr lang hatte ich mich danach gesehnt. Aber ich hatte ja vor meinem sechzehnten Geburtstag noch keinen Führerschein. In der Werkstatt hatte ich ständig damit zu tun. Nachts habe ich davon geträumt. Dann endlich kam der große Tag, an dem ich mit meinem ersten Führerschein die Fahrschule verließ und zum ersten Mal – und dann noch mit dem eigenen Motorrad – mit einem guten Gewissen über die Straße brausen konnte. Das alte, nicht mehr fahrtüchtige Motorrad hatte ich mir für eine ganz kleine Summe gekauft und wieder flottgemacht. Das nötige Geld hatte ich mir zum Teil zusammengeliehen.

Oh, wie viele Sonntage habe ich mit meiner kleinen Maschine im Gelände in den Wäldern verbracht. Ich machte halsbrecherische Fahrten in hügeligen Gegenden und lernte dabei eine ganze Menge für meine spätere Motorrad-Ära.

Freude an Schlagern und an der Musik

Wie fast alle jungen Leute hatte ich eine große Liebe für die damals gängigen Schlager. Die meisten konnte ich auswendig. Nicht nur den ersten Vers. Mit sechzehn hatte ich den Tanzboden entdeckt. Und genau das war der Ort, wo man bei entsprechender Musik und der richtigen Stimmung stundenlang die neuen Liebeslieder singen konnte.

Als Teenager hatte ich ja mal einen Blockflötenkurs besucht und kurze Zeit in einer kleinen Gruppe gespielt. Ich spielte gern Mundharmonika und ein klein wenig auf der Ziehharmonika.

Jetzt bot sich eine Möglichkeit, in einer Blasmusik mitzumachen. Schnell hatte ich all die notwendigen Griffe auf der Trompete gelernt, und schon bald konnte ich in der Kapelle mitspielen.

Wir machten hauptsächlich Marschmusik, manchmal auch einfache Tanzmusik.

Die Faszination des Tanzbodens

Bei meinem zweiten Schützenfestbesuch war ich so richtig auf den Geschmack gekommen. Nur meine Unsicherheit bei manchen Tänzen hielt mich immer noch etwas zurück.

Dann wurde ein Tanzkurs angeboten. Ich war dabei. Ein zweiter. Ich war wieder dabei. Es kam eine Zeit, in der ich meine Füße fast nicht mehr stillhalten konnte, wenn irgendwo Tanzmusik ertönte. Es hatte mich richtig erwischt. Das war meine Welt!

Unvergesslich bleibt mir ein besonders abenteuerliches Schützenfest. Ich hatte nicht nur Dienst in der Feuerwehrkapelle, in der ich damals Trompete spielte; bei einigen Umzügen marschierte ich auch als »Soldat« mit Uniform und Holzgewehr in unserer Dorfarmee mit.

Am Donnerstag begann das große Volksfest mit dem Festumzug. Die erste Nacht verbrachte ich dann auf dem Tanzboden und tanzte bis zum Morgen. Am nächsten Tag war ich an meinem Arbeitsplatz. Ich muss wohl ziemlich zerknittert ausgesehen haben, als ein älterer Kollege, der gar nichts vom Schützenfest hielt, mit mir schimpfte und sagte: »Das hält doch kein Mensch aus. Schlaf dich endlich mal wieder richtig aus!« Er hatte ja Recht. Doch am Abend fand ich mein Zimmer überhaupt nicht attraktiv. Ich ging wieder zum Schützenfest und blieb bis zum Morgen.

An dem Samstag schlief ich dann bei der Arbeit ein, und zwar unter dem Auto. Ich wollte bei laufendem Motor einen Auspuff kontrollieren, und dabei fiel mir das Werkzeug aus der Hand. Nach einiger Zeit merkte ein Kollege, dass sich unter dem Auto nichts mehr rührte. Er bekam einen Schreck, dann fasste er mich bei meinen Füßen und zog mich ins Freie. Er dachte, ich hätte eine Kohlenoxidvergiftung. Aber es war keine Vergiftung. Es war nur ein tiefer Mittagsschlaf nach einer weiteren durchtanzten Nacht.

Ausgelassene Feier

Auch in der Berufsschule war ich nicht der Eifrigste. Oft habe ich mich über die vollen Ordner mancher Mitschüler gewundert. Ich war einfach kein Studiertyp.

Aber ich hatte keine Mühe mit all den Fächern und habe auch alle Prüfungen gut bestanden. Bei der Gesellenprüfung war ich sogar einer der Besten.

Mein Lehrmeister war gerade zu der Zeit Obermeister. Es wäre eine schlimme Blamage für ihn gewesen, wenn einer seiner Lehrlinge durchgefallen wäre.

Als ich nach bestandener Prüfung am Abend mit meinem Gesellenbrief in der Firma ankam, warteten alle schon auf mich. Ich sollte »einen ausgeben«. Das war so üblich. In manchen Fällen flossen richtige Mengen von Alkohol. Ich musste mir einen Vorschuss geben lassen, um die große Bierrechnung bezahlen zu können.

Einer Frau aus der Nachbarschaft, die auch an der Feier teilnahm, passierte am späten Abend ein furchtbares Missgeschick. Sie hatte etwas zu tief ins Glas gesehen und musste dann erleben, dass ihr Gebiss ins Plumpsklo fiel. Aber es konnte wieder rausgefischt werden.

Meine 400er Horex

Mein viertes Motorrad war ein wirkliches Schmuckstück und eins der schnellsten Motorräder in der ganzen Gegend. Weil ich dafür den Führerschein der Klasse 1 brauchte, musste ich auf alle Fälle bis zu meinem achtzehnten Geburtstag warten. Die Prüfung hatte ich längst bestanden, aber den Führerschein durfte ich erst an meinem Geburtstag abholen. Nun hatte ich endlich den »großen Führerschein«, aber das »große Motorrad« fehlte immer noch, denn dafür war eine bestimmte Summe als Anzahlung nötig. Wie glücklich war ich jedes Mal, wenn Walter, mein älterer Firmenkollege, mir seine 350er lieh. Ich durfte sogar weite Fahrten damit unternehmen.

Mit 18½ machte ich meine Gesellenprüfung. Endlich konnte ich Geld verdienen. Sechs Monate lang wurde fast jede Mark auf die Seite gelegt. Die Maschine war nicht billig. Doch mit dem Ersparten, einer Lohnvorauszahlung, einer kleinen Anzahlung und 36 Monatsraten wurde es möglich.

Endlich stand mein großer »Traum«, meine 400er Horex, in der Vertragswerkstatt zur Abholung bereit. Es war ein herrlicher, sonnendurchfluteter Tag. Mein neunzehnter Geburtstag. Als ich dann mit meinem Feuerstuhl nach Hause fuhr, war ich unbeschreiblich glücklich.

Zuerst führte ich die Maschine meinen Geschwistern und

den Eltern vor und danach noch vielen anderen. Dann studierte ich die spannende Betriebsanleitung. Immer wieder. Und noch einmal und noch einmal, bis ich sie fast auswendig kannte. Zwischendurch drehte ich wieder und wieder ein paar Runden. An dem Abend blieb ich bei den Eltern, aber ich konnte lange nicht einschlafen. Ich bin sogar in der Nacht aufgestanden, bin auf die Diele gegangen und habe meine Maschine noch einmal angetreten. Oh, so ein richtiger Viertaktmotor, das ist Musik! Ich stand daneben, und mein Herz jubelte.

Am Rande des Grabes

Die meisten Motorradunfälle wären gar nicht passiert, wenn die Fahrer ein paar Grundregeln beachtet hätten. Doch trotz größter Vorsicht kann es – sogar unverschuldet – leicht einmal zu einem Unfall kommen. In einer Schulung wurde uns nicht nur gezeigt, wie man richtig fährt, sondern auch, wie man – möglichst ohne Schaden – richtig stürzt. Ich erinnere mich noch gut an jene interessante Erklärung: Wenn Gefahr droht, immer vorn und hinten gleichzeitig bremsen, wenn möglich ausweichen und, so lange es geht, auf der Maschine bleiben. Wenn es nicht mehr möglich ist, dann abspringen, sich so klein wie möglich machen, den Kopf zwischen die Arme nehmen und sich – wenn irgend machbar – auf der Straße abrollen. Lieber sich zehn Mal die Arme brechen als ein einziges Mal den Schädel.

Das schoss mir vor meinem schlimmsten Unfall, als mir bei hoher Geschwindigkeit plötzlich ein kleiner Lieferwagen die Vorfahrt nahm, durch den Kopf. Im letzten Moment drückte ich meine Maschine zur Seite runter und sprang ab; ich machte mich ganz klein und nahm den Kopf zwischen die Arme. Und dann rollte und rutschte ich ein ganzes Stück auf der Straße entlang und landete schließlich in einer Hecke. Es war eine Meisterleistung. Aber nicht meine. Heute weiß ich, dass es ein Wunder Gottes war.

Doch während die Hecke mir das Leben rettete, wünschte

der Heckenbesitzer mir den Tod, als er zur Unfallstelle gelaufen kam und wutentbrannt die Worte schrie, die sich mir für immer unvergesslich eingeprägt haben:

»Lebt er noch? – Schlagt ihn tot!«

Es waren schreckliche Augenblicke. Nach einigen Minuten aber saß ich schon wieder auf meiner leicht beschädigten Maschine und raste davon.

Ich denke, dass ich ein sehr geschickter Motorradfahrer war und meine Maschine wirklich gut beherrschte. Ich hatte nur einen ganz schlimmen Fehler: Ich fuhr gern schnell, meist zu schnell. Manchmal veranstalteten wir richtige Rennen auf ganz normalen Straßen. Darum kam es auch zu einigen sehr gefährlichen Stürzen, die mich fast das Leben kosteten.

Am nördlichen Ortseingang von Oppershausen gibt es eine Kurve, die ich damals besonders liebte und die mich immer wieder anzog. Am liebsten hatte ich Linkskurven, und genau diese Kurve lag mir einfach besonders. Ich erinnere mich an einen Sonntag, an dem mein Freund Horst und ich mit einigen Schaulustigen dort eine ganze Menge Zeit verbrachten. Die jungen Freunde standen am äußeren Straßenrand und gaben uns ein gut sichtbares Zeichen, das uns versicherte, dass uns niemand entgegenkam. Dann schossen wir wie echte Rennfahrer aus Richtung Lachendorf heran und rasten mit atemberaubendem Tempo auf der linken Straßenseite um die lang gezogene Kurve. Das war dann ein Nervenkitzel für alle. Wir genossen natürlich das große Staunen unserer Zuschauer.

Kurz darauf las ich irgendwo folgende Mahnung:

»Vorsicht ist keine Feigheit
und Leichtsinn kein Mut!«

Plötzlich wurde mir bewusst: Wir waren eigentlich nicht mutig, sondern unverzeihlich leichtsinnig.

Ras' nicht wie mit wilden Pferden

Als ich meine Ausbildung beendet hatte, blieb ich noch ein Jahr im Betrieb meines Lehrmeisters, dann wechselte ich den Arbeitsplatz und wohnte seitdem wieder bei meinen Eltern.

In der Zeit hatte ich es öfter mal mit der Polizei zu tun, weil sich gelegentlich liebe Mitbürger über meine Fahrweise beschwerten. Eines Tages musste ich wieder in der Polizeistation antreten, um dreimal einen bestimmten Vers aufzusagen. Den hatte mir der gut meinende Dorfpolizist beigebracht und mir geraten, vor jeder Fahrt an den Vers zu denken.

Nun saß ich wieder einmal reumütig vor ihm und sagte langsam Wort für Wort:

»Ras' nicht wie mit wilden Pferden
durch das Weltgetümmel.
Bleib doch noch bei uns auf Erden,
geh noch nicht zum Himmel!«

Ich weiß nicht, von wem der Vers stammt. Jedenfalls soll damit sicher nicht ausgedrückt werden, dass jeder, der tödlich verunglückt, automatisch in den Himmel kommt.

Wie viel Promille sind erlaubt?

Über Promillegrenzen, über damit verbundene Polizeikontrollen, über Führerscheinentzug und Fahrverbot habe ich mir damals nie Gedanken gemacht. Ich war davon überzeugt, dass ich meine Grenzen kannte, und es war mein Wunsch, jedes Mal heil zu Hause anzukommen. Doch dann kam ein Abend beim Schützenfest, an dem ich mich total überschätzt hatte. Obwohl meine Freundin mich warnte, trank ich wohl doch ein Glas zu viel. Als wir schließlich aufbrechen wollten, konnte ich meine Horex allein einfach nicht mehr finden.

Mit Hilfe anderer gelang es uns dann zwar, aber ich war einfach nicht in der Lage, die Maschine anzutreten und den Motor zum Laufen zu bringen. Doch auch da durfte ich mit der Hilfe anderer rechnen. Sie halfen mir sogar beim Aufsteigen und ließen mich dann mit ein paar sehr ernsten Ermahnungen losfahren. Eigentlich auch unverantwortlich! ...

Als mir dann der Wind um die Nase wehte, ging es mir schon etwas besser, und ich fand sogar den Weg. Ich bin nicht sicher, ob ich es ohne meine Freundin, die während der gefährlichen Fahrt hinter mir saß und mir ständig etwas ins Ohr rief, auch geschafft hätte.

Als ich meine Freundin sicher abgeliefert hatte, musste ich natürlich noch nach Hause fahren. Auch die Fahrt schaffte ich dann gegen Morgen ohne Probleme, aber zu Hause angekommen machte ich noch einen Fehler und ließ den Klingelknopf neben der Haustür erst wieder los, als Mama, aus dem Schlaf aufgeschreckt, an die Tür geeilt kam, sie öffnete, mich ganz entsetzt ansah und sagte:

»Wilhelm! In dem Zustand – und dann mit dem großen Motorrad?!«

Am andern Morgen nahm ich mir wieder fest vor, mich wirklich zu bessern. Das versprach ich Mama beim Frühstück ganz aufrichtig.

Der Deutsche Evangelische Kirchentag

Bald darauf erzählte Papa mir etwas von einem riesigen Christentreffen, das schon bald in Frankfurt am Main stattfinden sollte. Er hatte selbst einmal mit unserm Pfarrer und einigen anderen aus unserer Gegend einen Kirchentag in Leipzig besucht und war immer noch ganz erfüllt davon.

Ich wurde hellhörig. Endlich hatte ich einen Grund, meine Horex mal stundenlang so richtig auszufahren. Ich meldete mich sofort an, und schon bald war ich bei herrlichstem Wetter auf der Autobahn in Richtung Frankfurt unterwegs. Es war ein großartiges Erlebnis: die Fahrt, die Menschenmassen, die aufrüttelnden Vorträge, das gemeinsame Essen und die Massenunterkünfte in der Zeltstadt. So viele Menschen hatte ich noch nie auf einem Platz gesehen. Ich erinnere mich noch so gut an die überfüllten Hallen und besonders an das gemeinsame Singen, bei dem mir die vielen Lieder, die ich im Konfirmandenunterricht gelernt hatte, so richtig lieb geworden sind. Mehrere Male sangen wir das wunderschöne Lied von Paul Gerhardt:

»Du meine Seele, singe, wohlauf und singe schön
dem, welchem alle Dinge zu Dienst und Willen stehn!
Ich will den Herren droben hier preisen auf der Erd;
ich will ihn herzlich loben, solang ich leben werd.

Wohl dem, der einzig schauet nach Jakobs Gott und Heil!
Wer dem sich anvertrauet, der hat das beste Teil,
das höchste Gut erlesen, den schönsten Schatz geliebt;
sein Herz und ganzes Wesen bleibt ewig unbetrübt.

Hier sind die starken Kräfte, die unerschöpfte Macht;
das weisen die Geschäfte, die seine Hand gemacht:
der Himmel und die Erde mit ihrem ganzen Heer,
der Fisch unzähl'ge Herde im großen, wilden Meer.

Hier sind die treuen Sinnen, die niemand Unrecht tun,
all denen Gutes gönnen, die in der Treu beruhn.
Gott hält sein Wort mit Freuden, und was er spricht, geschieht,
und wer Gewalt muss leiden, den schützt er im Gericht.

Er weiß viel tausend Weisen, zu retten aus dem Tod,
ernährt und gibet Speisen zur Zeit der Hungersnot,
macht schöne rote Wangen oft bei geringem Mahl;
und die da sind gefangen, die reißt er aus der Qual.

Er ist das Licht der Blinden, erleuchtet ihr Gesicht,
und die sich schwach befinden, die stellt er aufgericht'.
Er liebet alle Frommen, und die ihm günstig seind,
die finden, wenn sie kommen, an ihm den besten Freund.

Ach, ich bin viel zu wenig, zu rühmen seinen Ruhm;
der Herr allein ist König, ich eine welke Blum.
Jedoch weil ich gehöre gen Zion in sein Zelt,
ist's billig, dass ich mehre sein Lob vor aller Welt.«

Das Lied hätte auch gern fünfzehn Strophen haben können – ich hätte auch die allerletzte noch mit voller Begeisterung mitgesungen.

Damals fasste ich wieder einige wirklich gute Vorsätze, doch mir fehlten die Kraft und das Vermögen, sie in die Tat umzusetzen. Kaum hatte ich das mir so lieb gewordene Kirchentagsgelände verlassen, als wieder tausend andere Dinge meinen Kopf und mein Herz gefangen nahmen.

Weil ich so gern mit dem Motorrad fuhr, machte ich auf der Rückreise einen »kleinen« Umweg und fuhr kurzerhand erst einmal in Richtung Süden. Bei der Gelegenheit sah ich zum ersten Mal den Schwarzwald und war begeistert von den vielen Kurven. Am Abend übernachtete ich in München. Den Kirchentag hatte ich inzwischen längst wieder vergessen, aber für meine Fahrpraxis war der Ausflug ungeheuer nützlich gewesen.

Mensch, kann der fahren!

Unvergesslich ist mir ein Morgen, an dem ich wieder einmal mit hoher Geschwindigkeit auf dem Weg zur Arbeit war. Ein Kollege saß hinter mir auf meiner Horex. Fast alle Fahrzeuge fuhren stadteinwärts, so dass ich ungehindert die linke Straßenseite benutzen und viele überholen konnte. Gerade war ich im Begriff, an einem Lastwagen vorbeizufahren, als ich merkte, dass sich das Ungetüm der Straßenmitte näherte und offensichtlich nach links abbiegen wollte. Damals hatten die Autos noch kein Blinklicht, sondern einen so genannten Winker, der – wenn er funktionierte – auf der rechten oder linken Seite eines Fahrzeuges aus einem Schlitz herausklappte und etwas leuchtete.

Leider hatte ich überhaupt keinen Winker gesehen. Vielleicht war er auch gar nicht eingeschaltet. Jedenfalls versperrte mir das große Fahrzeug die Straße, und plötzlich wurde mir bewusst, dass ich nicht mehr rechtzeitig bremsen konnte. Aber es reichte gerade noch, um auszuweichen und haarscharf an der Kühlerhaube vorbei nach links die Bundesstraße zu verlassen. Wie ein Geschoss »überflogen« wir dann den Straßengraben und landeten auf einem frisch gepflügten Acker.

Genau an der Stelle, an der wir den Graben überquert hatten, stand auf der einen Seite ein dicker Baum und auf der anderen Seite ein Telefonmast. Wir waren wie eine Rakete zwischen diesen beiden Hindernissen hindurchgeschossen. Während wir uns bemühten, das Motorrad wieder flottzubekommen, fanden sich einige Schaulustige ein und schilderten einander, was sich da gerade ereignet hatte. Ich erinnere mich noch gut daran, wie jemand einem andern erklärte, dass wir beim Ausweichen direkt zwischen den beiden Hindernissen hindurchgefahren wären, und ein anderer rief staunend: »Mensch, kann der fahren! Wie hat der das nur geschafft?« Ich muss allerdings zugeben, dass ich weder den Baum noch den Telefonmast, sondern nur den Lastwagen gesehen hatte. Es war nicht meine Leistung. Gott hatte uns beide bewahrt.

Der Schrecken aller Motorradfahrer

Etwas Schlimmeres kann man sich als Motorradfahrer kaum vorstellen als eine lange, breite Ölspur auf der Fahrbahn. Genau das widerfuhr uns einmal auf dem Weg zur Arbeit, und zwar in einer Kurve mitten in der Stadt. Zum Glück fuhr ich gerade ziemlich langsam, trotzdem rutschte mein Motorrad zirka zwanzig Meter auf den Rädern und der Fußraste auf der glitschigen Straße entlang. In einer solchen Situation kann man nur noch hoffen, dass man auf der Straße bleibt und einem kein gefährliches Hindernis in die Quere kommt. Damals habe ich gedacht: Wenn mein Motorrad jetzt drei Räder gehabt hätte, wäre der Unfall wahrscheinlich gar nicht passiert.

Das heiß geliebte Gespann

Wer es nicht erlebt hat, kann es sich wahrscheinlich kaum vorstellen: ein Motorrad mit Seitenwagen! – Es gibt nichts Schöneres auf der Straße! Beim Gedanken an mein Gespann schlägt mein Herz heute noch höher. Damit hatte ich nie einen Unfall, obwohl die Passanten manchmal den Atem anhielten, wenn ich auf normaler Straße meine Künste zeigte. Ich glaube, es gibt kein sichereres Fahrzeug im Straßenverkehr – auch bei Glätte. Einmal waren wir mit fünf Personen auf dem Gespann. Es ging um eine Wette. Es ging darum, ob ich mit fünf Personen mit dem Seitenwagenrad in der Luft durch eine Rechtskurve fahren würde. Es war überhaupt kein Problem. Jedenfalls nicht für mich. Wohl aber für die Leute am Straßenrand, die die Hände über dem Kopf zusammenschlugen.

Dass ich heil da durchgekommen bin, verdanke ich mit Sicherheit nicht nur meinem Geschick. Es waren sehr gefährliche Jahre. Gott hat seine schützende Hand um mich gehalten.

Ein schlimmes Doppelleben

Wieder einmal hatten Hermann und ich – hauptsächlich, um Mama und Papa einen Gefallen zu tun – einen Abendmahlsgottesdienst besucht. Mama war mit uns zufrieden und sagte nach dem Mittagessen:

»Jungs, aber heute Abend bleibt ihr doch zu Hause? Ihr seid heute beim Abendmahl gewesen, darum solltet ihr nicht ins Kino gehen. Das passt irgendwie nicht zusammen.«

Ich antwortete ihr: »Mama, ich verspreche dir: Ich bleibe heute Abend zu Hause. Ich gehe sogar ganz früh zu Bett.« Das tat ich dann auch. Aber Mama wusste nicht, dass ich meinen Wecker auf viertel vor zwölf gestellt hatte und mich dann kurz nach Mitternacht leise aus dem Haus schlich. Dabei hatte ich sogar ein gutes Gewissen, denn ich hatte ja nichts von Montagmorgen gesagt. Kurz nach Mitternacht schob ich mein Gespann vom Hof, um keinen zu wecken, und war schon bald darauf auf dem Tanzboden und tanzte dort bis zum Morgen. Ich wusste natürlich, wann Mamas Wecker läutete, und richtete mich entsprechend ein.

Als Mama, wie jeden Morgen, an meine Tür klopfte, um mich zu wecken, war ich schon zehn Minuten zu Hause und rief: »Mama, ich bin schon auf.« Ich hatte mich gerade umgezogen und kam sogar einige Minuten früher als sonst zum Frühstück. An dem Morgen war Mama richtig zufrieden mit mir.

Der erste Lungenzug

Mein Vater war Nichtraucher. Meine Brüder waren's auch. Mein Lehrmeister rauchte Zigarren, einige Kollegen Zigaretten. Ich blieb lange verschont. Das wenige Geld hätte auch gar nicht ausgereicht.

Doch dann wurde ich älter und wechselte meinen Arbeitsplatz. Dort erlebte ich, dass fast alle rauchten. Ich kam mir manchmal vor, als wäre ich nicht normal.

Ich staune heute noch darüber, wie schnell man das Rauchen lernen und sich daran gewöhnen kann. Ich erinnere mich noch genau an den Abend und an die Stelle auf der Straße mitten im Dorf, als einer meiner Freunde mir eine Zigarette anbot und mir dann genau erklärte, wie ich den Lungenzug einüben könne, ohne dabei zu husten. Und es hat geklappt. Zuerst waren es ganz kleine Züge. Dann etwas größere. Und bald konnte ich es wie die anderen. Ich fand sogar Gefallen daran. Ich kam mir wie ein richtiger Mann vor. Nur in Gegenwart meiner Eltern hielt ich mich etwas zurück. Aber in ganz kurzer Zeit hatte ich mich schon so daran gewöhnt, dass mir längere Rauchpausen richtig schwer fielen.

Teil 3: Die totale Lebenswende (1956)

Mädchengeschichten

In einem Punkt sind fast alle Jungen gleich: Sie mögen Mädchen. Jedenfalls von einem gewissen Alter an. Ich bildete da keine Ausnahme. Schon mit sechzehn Jahren war das Thema ein Dauerbrenner. Ich habe mich viele Male bis über beide Ohren verliebt.

Einige Male kam es zu festen Freundschaften. Einmal sogar für eine ziemlich lange Zeit. Dass die Verbindung dann doch in die Brüche ging, hing mit folgendem Erlebnis zusammen.

Der Staubsaugerverkäufer

Es war ein Sonntag mit ganz ungewöhnlichem Dauerregen. Meine Gedanken waren ständig bei meiner Freundin. Uns trennten über hundert Kilometer. Eigentlich wollte ich sie besuchen. Das geschah damals im Wechsel, und an diesem Sonntag war ich an der Reihe. Doch bei strömendem Regen macht Motorradfahren wirklich keine Freude. Ich war sicher, sie würde das auch verstehen.

Nach dem Mittagessen ging ich mürrisch in der Küche hin und her. Plötzlich sah ich auf dem Küchenschrank ein kleines Heft: »Die eiserne Fessel« von Werner Heukelbach. Irgendwie zog das Heft mich an. Mama sagte, der Staubsaugervertreter[6] aus Celle hätte ihr das Heft gegeben. Er war ein entschiedener Christ. Er schrieb Gedichte und verteilte bei allen möglichen Gelegenheiten verschiedene christliche Schriften, hauptsächlich von Werner Heukelbach.

Die eiserne Fessel

Ich nahm das Heft und verzog mich damit in Papas Schreibstube. Da war ich allein und konnte in Ruhe lesen. Zwischen dem Büro und dem Elternschlafzimmer war auch eine Tür, die aber kaum benutzt wurde. Während Papa seinen Mittagsschlaf machte und Mama den Sonntagskaffee vorbereitete, saß ich an Papas Schreibtisch und las das Heft »Die eiserne Fessel«.

Der Inhalt hat mich umgehauen. Das war genau meine Geschichte. Ich war erschrocken. Meine Gedanken überschlugen sich. Zum ersten Mal im Leben erkannte ich, dass ich – wäre ich bei einem der Stürze ums Leben gekommen – nie und nimmer vor Gott hätte bestehen können.

Dann las ich die Einladung: »Wenn Sie Frieden mit Gott suchen, schreiben Sie mir. Ich sende Ihnen gern die kostenlose Broschüre ›Das harrt Ihrer‹.«[7]

Ich konnte mir nichts darunter vorstellen, aber die Broschüre wollte ich unbedingt haben.

Während Papa nebenan noch immer seinen Mittagsschlaf machte, holte ich meine »Olympia«-Schreibmaschine hervor, drehte ein leeres Blatt hinein und fing an zu schreiben:

»Sehr geehrter Herr Heukelbach, bitte senden Sie mir sofort die kostenlose Broschüre ›Das harrt Ihrer‹ …«

Da flog die Tür auf. Meine Schreibmaschine hatte Papa vorzeitig aus dem Mittagsschlaf geweckt. Er war richtig wütend. Er schrie mich an: »Was ist das für ein Geklapper im Haus? Nicht mal am Sonntagnachmittag hat man seine Ruhe!«

Ich entschuldigte mich und sagte: »Papa, ich hab nur schnell was bestellt …«

Er unterbrach mich: »Bestellt? Schon wieder was bestellt!?«

Ich war damals nämlich ziemlich verschuldet. Alles Mögliche und Unmögliche kaufte ich auf Raten. Ein Paar Schuhe für 25 Mark – fünf Mark Anzahlung, Rest in vier Monatsraten. Eine Jacke für 30 Mark – fünf Mark Anzahlung, Rest in fünf Monatsraten. Einen guten Fotoapparat für 250 Mark – den alten Apparat als Anzahlung, Rest in zwölf Monatsraten. Ein Elektronenblitzgerät. Eine Dunkelkammereinrichtung. (Einige Male hatte ich, zum Kummer meiner Mutter, das Badezimmer zu einer Dunkelkammer für meine Laborarbeiten umfunktioniert.) Ein Tonbandgerät. Motorradbekleidung. Motorradzubehör ... So war ich auch zu meiner Schreibmaschine gekommen. Immer dieselbe Masche. Mein großes Motorrad hatte ich zu der Zeit noch lange nicht abbezahlt. Die Gesamtsumme meiner Monatsraten war – trotz meiner vielen Überstunden in der neuen Firma – höher als die Summe meines Monatslohns.

Damals wohnte ich wieder zu Hause bei meinen Eltern. Da musste ich wenigstens kein Kostgeld abgeben. Stattdessen bekam ich manchmal sogar etwas von Mama zugesteckt. Trotzdem reichte mein Geld vorne und hinten nicht. Ständig kamen Mahnungen ins Haus geflattert. Das wusste auch Papa. Darum sein Ärger. Darum der laute Vorwurf: »Schon wieder was bestellt?!«

Ich wollte Papa beruhigen und beteuerte ihm gegenüber, das Buch sei wirklich kostenlos. Er wollte es nicht glauben. Dann zeigte ich ihm den halbfertigen Brief in der Schreibmaschine. Da stand es, schwarz auf weiß: »... die kostenlose Broschüre ›Das harrt Ihrer‹.« Papa drehte sich um und verließ nachdenklich den Raum.

Ein paar Minuten später stand er wieder neben mir und sagte: »Das brauchst du nicht bestellen. Da ist es!«, und warf mir »Das harrt Ihrer« auf den Tisch.

Mein Herz blieb fast stehen. Und Papa sagte: »Das hat Thölken Oma[8] mal gebracht.« Dann verließ er das Zimmer.

In der Küche wartete Mama schon mit dem Sonntagskaffee.

Anschließend wollte Papa in den Stall gehen und die Viehfütterung vorbereiten.

Da lag es tatsächlich vor mir: »Das harrt Ihrer«, das Büchlein, das ich gerade bestellen wollte. Sofort fing ich an, in dem Buch von Oma Thölke zu lesen.

Das harrt Ihrer

In dem Büchlein stand viel über Gott, über den Menschen, über den Sündenfall und seine schrecklichen Folgen. Ebenso über Jesus, über sein Evangelium und über sein Erlösungswerk. Dann wurde erklärt, dass alle Menschen Jesus brauchen, dass alle, die ohne Jesus, ohne Bekehrung und ohne Wiedergeburt – wie die Bibel das nennt – in die Ewigkeit gehen, ewig verloren sind.

Ich las und las, ich zitterte und begriff immer mehr, bis ich an die Stelle kam, wo es hieß: »Wenn Sie Frieden mit Gott suchen, gehen Sie an einen Ort, wo Sie ganz allein sind, knien Sie dort nieder und bekennen Sie dem Herrn Jesus im Gebet Ihre Sünden.«

Die größte Entscheidung

Ich war allein. Ich legte das Büchlein zur Seite, kniete mich hin am Stuhl vor dem Bürgermeisterschreibtisch und betete unter Tränen zu Jesus. Mein ganzes verpfuschtes Leben lief wie ein Film vor meinen inneren Augen ab. Ich habe lange mit Jesus gesprochen und ihn um die Vergebung meiner vielen Sünden gebeten.

Dann las ich weiter. Bis ich an die Stelle kam, wo es hieß, dass ich nicht auf halbem Wege stehen bleiben sollte. Dass ich – falls ich Jesus um Vergebung gebeten hätte – ihm auch danken sollte für seine Liebe, für sein Erlösungswerk, für seine Vergebung, und ihn bitten sollte, in mein Leben zu kommen.

Auch das tat ich dann. Ich kniete mich noch einmal hin und

bat Jesus, jetzt in mein Leben zu kommen. Dann dankte ich ihm so richtig von Herzen.

Und plötzlich konnte ich es glauben: Jesus ist auch für *meine* Sünden auf Golgatha gestorben. Er hat mir vergeben! Meine Sünden sind weg! Ich gehöre jetzt ihm. Ich bin ein Kind Gottes!

Diese Gewissheit hat mich nie mehr verlassen. Bis heute.

Meine größte Entdeckung

Heute, nachdem viele Jahre vergangen sind, verstehe ich das Ganze natürlich noch viel besser.

Rettung geschieht immer und nur durch *Bekehrung* und *Wiedergeburt*.

Bekehrung ist mehr die menschliche Seite bei der Errettung, Wiedergeburt mehr die göttliche Seite.

Beide Male treten beide Seiten in Aktion.

Beide Male ist ein Gebender, aber auch ein Nehmender da.

Bei der Bekehrung gibt der Mensch, nämlich seine Sünden, und der Herr nimmt sie weg.

Bei der Wiedergeburt gibt Gott, nämlich das neue Leben in Jesus, und der Mensch nimmt es im Glauben an.

Die Bibel zeigt uns, dass es für einen sündigen Menschen ohne Bekehrung und Wiedergeburt keine Errettung gibt. Im Lukas-Evangelium sagt Jesus:

> »Wenn ihr euch nicht bekehrt, werdet ihr umkommen!«

Im Johannes-Evangelium sagt Jesus:

> »Wer nicht von neuem geboren ist, kann das Reich Gottes nicht sehen!«

Das habe ich an jenem Sonntag erlebt. Beides: eine Bekehrung und eine Wiedergeburt.

Gott möchte, dass alle Menschen das genauso erleben. Im Timotheus-Brief steht:

»Gott will, dass alle Menschen gerettet werden ...«

Wie? Durch Bekehrung und Wiedergeburt!

Reaktionen in der Familie

Nach dem gewaltigen Erlebnis, das mein Leben für immer total veränderte, musste ich unbedingt anderen davon erzählen.

Zuerst ging ich zu meiner Mutter in die Küche und sagte ihr: »Mama, ich habe eben etwas Gewaltiges erlebt. Ich habe mich bekehrt!« Sie sah mich verständnislos an, und ich merkte, dass sie mich überhaupt nicht begreifen konnte.

Dann ging ich mit der Broschüre in den Kuhstall und suchte Papa. Er war ja Kirchenvorsteher; er sollte sich auskennen und das verstehen. Ich erzählte ihm dann von meinem Erlebnis. »Papa, hast du das Buch auch gelesen? Ich habe es gelesen, und ich habe das gemacht, was darin erklärt wird!«

Er fragte: »Was hast du gemacht?«

Ich sagte: »Ich habe mich bekehrt!«

Papa sah mich sehr böse an und sagte dann: »Wenn ich das geahnt hätte, hätte ich dir das Buch nie gegeben!«

Mein großer Fehler

Papas Reaktion irritierte mich zuerst furchtbar. Andererseits war ich jedoch sicher, das Richtige getan zu haben.

Doch dann machte ich einen ganz schlimmen Fehler: Ich antwortete: »Papa, das steht aber so in der Bibel. Und die Bibel ist doch wahr. Du musst dich auch bekehren. Wenn du dich nicht bekehrst, kommst du in die Hölle.«

Oh, wie oft ich diese Reaktion bereut habe! Ich hatte eigentlich Recht. Aber *so* hätte ich es nie sagen dürfen – zu meinem Vater.

Was hatte ich alles verkehrt gemacht! Wie viel Kummer hatte ich meinen Eltern gerade in der letzten Zeit gemacht! Und dann dieses Urteil, diese Belehrung. Papa las in der Bibel, ich nicht. Er ging gern und regelmäßig in die Kirche, ich nur, um den Eltern einen Gefallen zu tun.

Über zwei Jahre war unser Verhältnis dann – gelinde gesagt – sehr getrübt.

Die andern in der Familie verstanden mich auch nicht mehr. Ich war eine Zeit lang unheimlich einsam in unserm Haus. Zum Teil lag das sicherlich auch an mir, weil ich nicht einfühlsam genug war mit meiner neuen Erfahrung.

Besuch beim Pfarrer

Ich hatte dann den Eindruck, ich sollte unbedingt einmal mit unserem Pfarrer über meine neue Erfahrung sprechen. Der dynamische Pastor, der mich vor über sechs Jahren konfirmiert hatte, war schon einige Zeit nicht mehr in unserer Kirchengemeinde. Zu dem neuen Pastor hatte ich nicht so ein persönliches Verhältnis, aber wir kannten uns oberflächlich. Ich war schließlich einer der Söhne des Kirchenvorstehers und ging gelegentlich – vor allem, weil Mama und Papa es wünschten – in den Gottesdienst. Wir gingen sogar manchmal zum Abendmahl, weil Papa der Meinung war, ein guter Lutheraner sollte wenigstens einmal im Jahr, lieber zweimal, zum Abendmahl gehen. Und ich war immer bestrebt gewesen, meine Eltern nicht zu verletzen, denn ich profitierte ja auch viel von ihnen.

Nun bat ich also unseren Pfarrer um einen Gesprächstermin, und schon bald saßen wir uns in seinem Studierzimmer gegenüber. Ich erzählte ihm ganz begeistert von meiner Bekehrung. Ich dachte, er würde sich riesig freuen und mir einige gute Tipps für meinen weiteren Weg geben, aber es kam ganz anders. Vielleicht habe ich mich auch etwas holprig ausgedrückt – jedenfalls merkte ich schnell, dass er mich genauso wenig verstand wie meine Eltern. Ich bekam sogar den Eindruck, dass er sich große Sorgen um mich machte. Tatsächlich gab er mir eine ganze Menge gut gemeinter Vorschläge mit auf den Weg, die mich aber nicht ermutigten, sondern eher verwirrten.

Bei der Verabschiedung legte er mir seine Hand auf die Schulter und sagte wie ein väterlicher Freund: »Wilhelm, pass auf! Manche sind davon schon übergeschnappt.«

(Wie gut, dass ich in späteren Jahren manche Pfarrer treffen konnte, die genau dieselbe Erfahrung mit Jesus gemacht hatten wie ich und die auch darüber predigten.)

Oma Thölke

Ich war sicher, eine Person würde mich ganz bestimmt verstehen und sich über meine Bekehrung freuen: Oma Thölke.

Oppershausen war damals ein kleines Dorf. Jeder kannte jeden. Zu jedem sagte man Du. Bei Kindern und bei den Jüngeren war das ja sowieso das Normale. Zu den Älteren sagte man Tante oder Onkel und zu den noch Älteren Oma oder Opa – auch wenn man nicht mit ihnen verwandt war.

Oma Thölke war eine ältere Bauersfrau am andern Ende unseres Dorfes. Ich hatte schon mal gehört, dass sie nicht nur fleißig in die Wienhäuser Kirche ging, sondern zusätzlich eine christliche Versammlung in der Landeskirchlichen Gemeinschaft besuchte. Im Herbst half sie oft mit, den Neukirchener Abreißkalender in den Familien anzubieten. Bei einer solchen Gelegenheit hatte sie ja die Broschüre »Das harrt Ihrer« bei uns abgegeben.

Ihr wollte ich nun von meinem gewaltigen Erlebnis erzählen. Ich wusste ungefähr, wie die Frau aussah, aber ich war ihr noch nie so richtig persönlich begegnet.

Ich steckte die Broschüre in die Lederjacke und fuhr mit meinem großen Motorrad zu dem Bauernhof. Die Leute waren gerade beim Viehfüttern und sahen mich erstaunt an, als ich sagte, ich würde gern mal ein paar Worte mit der Oma sprechen.

Doch dann erfuhr ich, dass die Oma schwer krank war. Sie war gar nicht zu Hause, sondern im Krankenhaus. Besucher, die nicht zur Familie gehörten, wurden gar nicht zu ihr gelassen, teilte man mir mit.

Ich fuhr trotzdem zum Krankenhaus. Nach langem Betteln erfüllte die Stationsschwester mir meinen Wunsch. Ich hatte der Stationsschwester gesagt: »Frau Thölke hat mir das Leben gerettet, und dafür möchte ich ihr danken.«

Dann saß ich an ihrem Krankenbett, aber sie erkannte mich nicht mehr. Einige Male setzte ich neu an: »Du kennst doch Hermann Pahls, den Bürgermeister, den Kirchenvorsteher – und ich bin der Sohn, Wilhelm Pahls. Oma Thölke, kennst du mich jetzt?« Dann erzählte ich ihr von dem Büchlein und von meiner Bekehrung. Aber ich hatte den Eindruck, dass sie nichts mehr davon mitbekommen hat. Ich fuhr schließlich traurig weg.

Im Himmel will ich ihr dann alles erzählen.

Hunger nach Gott

Oma Thölke war eine der treuesten Gottesdienstbesucherinnen gewesen. Auch ich hatte plötzlich einen unbändigen Hunger nach Gottes Wort und besuchte eine Zeit lang jeden Gottesdienst in der Kirche. Heiligabend war ich um 16 Uhr im ersten und um 18 Uhr im zweiten Gottesdienst. Am ersten Weihnachtstag war ich in der Kirche, ebenso am zweiten, Silvesterabend um 18 Uhr und erneut um Mitternacht und schon bald darauf am Neujahrsmorgen. Ich wollte nichts mehr verpassen.

Gleichzeitig las ich viel in der Bibel und in den Schriften, die ich inzwischen schon vom Missionswerk Werner Heukelbach bekommen hatte. Immer mehr wurde mir bewusst, dass das so genannte Glaubensleben vieler Menschen eine Karikatur war, eine Schaupackung, ohne wirklichen Inhalt. Oh, wie sehr wünschte ich auch anderen, besonders den Gleichaltrigen, die Erfahrung, die ich gemacht hatte. Früher hatte es einmal einen CVJM gegeben, doch inzwischen gab es überhaupt kein geistliches Angebot mehr für die Jugend.

Wieder machte ich einen Besuch bei unserm Pfarrer und fragte, ob man nicht irgendetwas für die Jugend anbieten könnte. Ich glaube, mein Interesse gefiel ihm – und schon am nächsten Sonntag lud er zu einer Neuauflage des CVJM ein. Am nächsten Mittwoch trafen sich einige Jugendliche mit dem Pfarrer zum ersten Jugendabend. Wir hörten etwas aus einem Andachtsbuch, dann beteten wir zusammen das Vaterunser, und anschließend wurde eine unheimlich aufregende Gruselgeschichte aus einem dicken Roman vorgelesen. Sicher war ich viel zu anspruchsvoll, aber an dem Abend fuhr ich sehr unglücklich nach Hause, denn das rettende Evangelium kam überhaupt nicht zur Sprache. Wie gern hätte ich den anderen etwas von meiner Lebenswende erzählt und ihnen gesagt, wie man sich bekehrt und wie man wiedergeboren werden kann.

Dann kam der nächste Sonntag. Neben dem Üblichen wurden in dem Gottesdienst auch zwei Kinder getauft. Was mir früher nie aufgefallen war, brachte mich an diesem Sonntag in ganz große innere Not, als unser Pfarrer nach der Taufhandlung den beiden Kindern die Hände auf ihre Köpfchen legte und im Gebet etwa Folgendes sagte: »... Gott, unser Vater, der dich von neuem geboren hat durch das Wasser und den Heiligen Geist, der stärke und erhalte dich durch seine Gnade zum ewigen Leben.« – Wenn sich das wirklich so verhielt, waren diese beiden Babys jetzt wiedergeboren.

In mir tobte ein großer Kampf, denn plötzlich prallten zwei Meinungen knallhart aufeinander. Sollte das, was ich kürzlich erlebt hatte und wovon ich so fest überzeugt war, überhaupt nicht stimmen?

Nach dem Gottesdienst blieb ich zurück und bat den Pfarrer um ein kurzes Gespräch. Dabei fragte ich ihn, ob diese Babys nach seiner Meinung jetzt wiedergeboren seien. Weil er meine Frage nicht richtig verstand, wiederholte ich seine eigenen Worte und sagte: »Sie haben doch in Ihrem Gebet gedankt, dass Gott die Kinder von neuem geboren hat durch das Wasser und den Heiligen Geist.« Er konnte sich nicht genau an den Wortlaut erinnern und holte seine Agenda hervor, suchte die entsprechende Stelle und las sie noch mal laut vor. Noch einmal fragte ich: »Glauben Sie, dass diese Kinder jetzt wiedergeboren sind?« Er antwortete: »Ja, so steht es hier!«

Es gab dann eine richtige Auseinandersetzung zwischen uns beiden. Ich schäme mich heute noch, wenn ich daran zurückdenke. Ich war noch so jung und machte gerade meine ersten Gehversuche im Glauben, aber ich konnte einfach nicht verstehen, warum hier etwas gelehrt wurde, das im krassen Gegensatz stand zu dem, was die Bibel darüber sagt. Einige Tage vor diesem Gespräch hatte ich freudestrahlend erklärt, dass ich eine Bekehrung erlebt und Jesus im Glauben aufgenommen hätte und nun wiedergeboren sei.

Den Rest des Tages verbrachte ich damals mit Lesen und Prüfen, wodurch ich noch viel stärker davon überzeugt wurde, dass mein Erlebnis genau mit den Aussagen der Bibel übereinstimmte.

Der letzte Tanzabend

Meine Gedanken gingen damals oft zu meiner Freundin. Ich war sicher, sie würde mich auf Anhieb verstehen, sie würde sicher sofort dasselbe erleben. Und dann? Oh, wir würden sicher schon bald heiraten, und dann würde alles noch viel schöner werden.

Aber uns trennten über hundert Kilometer, weil sie kurz davor eine weit entfernte neue Arbeitsstelle angenommen hatte. Doch mein Geheimnis wollte ich ihr erst bei unserem nächsten Treffen verraten.

Und dann kam endlich wieder ein Wochenende, das sie bei ihrer Familie zu Hause verbringen wollte. Am Sonntag verbrachten wir viel Zeit miteinander – doch nichts war mehr so wie früher. Ich wollte sie überzeugen. Sie wollte mich vom Gegenteil überzeugen. Ich wollte sie für Jesus gewinnen. Sie wollte mich davon abbringen.

Wir haben diskutiert, argumentiert, gestritten, geheult.

Schließlich sagte sie: »Heute Abend gehen wir ja ins Nachbardorf zum Tanzen, und dann kommst du auf andere Gedanken.«

In dieser Verfassung war mir gar nicht zum Tanzen zumute, aber ich sagte dann doch zu. Wir wollten die kurze Strecke ins Nachbardorf zu Fuß gehen, und zwar sie mit ihren Geschwistern und ich mit meinen.

Als wir am Abend dort ankamen, waren sie schon auf dem Tanzboden und warteten auf uns. Wir reihten uns ein in die lange Schlange vor der Kasse. Von dort aus konnte man durch die offene Tür in den Tanzsaal sehen. Dann setzte die Musikkapelle wieder ein, und viele machten sich bereit zum nächsten Tanz. Die Musik war mir gut bekannt. Das Stück hätte ich auch spielen können. Ich kannte auch den Text, denn der wurde damals bei Tanzveranstaltungen immer und immer wieder mitgesungen. Also auch hier. Viele stimmten sofort mit ein und sangen laut mit:

»Wir kommen alle, alle, alle in den Himmel, weil wir so brav sind …«

Ich stand wie versteinert in der Schlange. Was ich dann erlebte, kann ich kaum in Worten wiedergeben. Ich glaube, ich wurde kreidebleich. Es lief mir eiskalt über den Rücken, und ich zitterte. Ich kam mir vor, als stünde ich am Eingang der Hölle. »Welch eine Gotteslästerung!« Kurz vor der Kasse drehte ich um und verließ fluchtartig den Raum. Meine Gedanken überschlugen sich: »Was denkt meine Freundin jetzt? Was denken die andern? Was denkt Jesus? Was mache ich jetzt?«

Ich wollte unbedingt erst einmal allein sein, frische Luft schnappen, nachdenken, beten. Und so ging ich langsam den Weg, auf dem ich gerade gekommen war, aber jetzt in die andere Richtung.

Erwin Eisen

Ganz »zufällig« traf ich auf der Straße einen jungen Mann, Erwin Eisen. Er war wie viele andere Flüchtlinge mit seiner Familie aus dem Osten in unsere Gegend gekommen. Sein Vater hatte einen verwaisten Bauernhof gepachtet und bewirtschaftete nun mit seiner ganzen Familie den großen Betrieb.

Erwin schaute mich etwas erstaunt an. »Was ist denn mit dir los? Habt ihr euch verkracht?«

Wir gingen dann einige Kilometer hin und her, und ich erzählte ihm begeistert von meiner größten Erfahrung. Damals war mir nicht bewusst, dass mein Gegenüber eigentlich gar nicht so unwissend war, denn seine Eltern hatten schon vor der Flucht aus dem Osten eine Bekehrung erlebt und auch ihren Kindern viel von Jesus erzählt. Manchmal fanden sogar Versammlungen in ihrer Wohnstube statt, zu denen sie einen auswärtigen Prediger einluden. Aber Erwin war nicht groß daran interessiert. Er spielte zwar im Posaunenchor, den sein Vater leitete, und war auch nicht gerade ungläubig, aber was ich mir da gerade geleistet hatte, das war ihm unbegreiflich. Er versuchte sogar, mich mit vielen Worten davon zu überzeugen, dass ich jetzt auf den Tanzboden gehörte. Er konnte nicht begreifen, wie um alles in der Welt ich dieses rassige Mädchen sitzen lassen konnte.

Doch mein Zeugnis hatte trotzdem sein Herz und vor allem sein Gewissen erreicht. Schließlich verabschiedeten wir uns. Ich ging allein – einerseits todtraurig, andererseits überglücklich über meine »erste Predigt« – nach Hause. Dort angekommen, saß ich noch lange draußen auf der Treppe und betrachtete den Sternenhimmel. Ich war überwältigt von der Größe Gottes. Schon vor Mitternacht war ich im Bett, aber ich lag noch lange wach und dachte über alles Erlebte und auch über meine Zukunft nach.

Meine Freundin habe ich tatsächlich nie mehr wiedergesehen. Es gab auch kein Telefongespräch mehr, keinen Abschiedsbrief. Nichts.

Schon bald nach jener denkwürdigen Nacht besuchte mich Erwin. All das Gehörte hatte ihn doch ziemlich tief berührt. Auch er war an dem Abend nach all meinen Erklärungen nicht zum Tanzen, sondern tief betroffen nach Hause gegangen. Nun kam er zu mir und fragte mich, ob ich nicht Lust hätte, im Posaunenchor mitzuspielen. Zu der Zeit war ich aber bereits in einer Blasmusikgruppe, in der Feuerwehrkapelle unseres Dorfes, darum brauchte ich einfach noch ein wenig Bedenkzeit.

Abschied von der Dorfmusik

Ich habe sie wirklich geliebt: die Musik, mein Instrument, die Freunde, die da begeistert mitmachten. Meine Trompete glänzte immer, als hätte ich sie gerade neu aus dem Geschäft geholt. Dann kam der Abend, an dem ich es für angebracht hielt, meinen Musikfreunden einmal ausführlich von meinen neuen Erlebnissen zu erzählen. Ich wusste wohl, dass einige überhaupt nichts vom Glauben hielten. Sie spotteten darüber und machten sogar Witze über die Bibel und über Gott.

Ich kam nicht weit. Als ich etwas übers Sterben und die Ewigkeit erwähnte, fing einer laut an zu lachen und witzelte: »Jungs, bald ist es so weit, und dann kucken wir uns das Gras von unten an.« Dann grölten einige los, und ich merkte, dass sie mich irgendwie bemitleideten. Ich war so frustriert. Richtig fertig. Ich ging zum Leiter, übergab ihm schweren Herzens meine Trompete und verabschiedete mich traurig.

Dirigentenschulung

Anschließend stieg ich sofort um in die christliche Blasmusik. Sie hatte ihren festen Platz in der Kirche. Dort war es etwas anders. Erwin hatte mich ja angeworben, und sein Vater leitete damals die Gruppe. Aber auch dort gab es einige Musiker, die ganz ähnlich dachten wie die Kollegen von der Dorfmusik.

In der Posaunenchorbewegung war man immer darauf aus, guten Nachwuchs heranzuziehen. Eine Musikgruppe steht oder fällt allerdings mit ihrem Leiter. Manch eine Gruppe hat sogar aufgehört zu existieren, weil kein geeigneter Leiter mehr da war.

Kaum hatte ich mich in der neuen Umgebung etwas eingewöhnt, als von einer Dirigentenschulung die Rede war und einige von uns direkt daraufhin angesprochen wurden. Der Kurs wurde in einem kirchlichen Tagungshaus angeboten. Erwin und ich meldeten uns sofort an, und schon bald waren wir eifrige Schüler in dem hochinteressanten Lehrgang. Wir mussten sogar einige Male vor der ganzen Gruppe stehen und den Chor dirigieren.

Unvergesslich bleiben mir die langen Abende mit Diskussionen über alle möglichen Themen. Ich hatte nur ein Thema: Jesus und das, was er für uns getan hat. Wir schliefen zu viert in den Gästezimmern, die mit Etagenbetten ausgestattet waren. Doch manchmal kamen wir erst nach Mitternacht zum Schlafen, weil ich die Kollegen wach hielt mit den großartigen Geschichten, die ich in den letzten Wochen erlebt hatte.

Erwin sagte mir später, er hätte jeden Abend dagelegen und über meine Erklärungen aus der Bibel gestaunt. Er konnte nicht begreifen, woher ich das alles wusste. Nun, in meinem Heißhunger nutzte ich ja jede freie Minute zum Studium der völlig neuen und so hochinteressanten Literatur. Und weil ich es selbst erlebt hatte, konnte ich so begeistert darüber reden.

Mit großem Eifer erklärte ich den Zimmergenossen, wie man sich bekehrt und vor allem, dass man ohne Bekehrung überhaupt nicht ins Reich Gottes kommen kann. Das alles muss auch auf Erwin eine gewaltige Wirkung gehabt haben. Jedenfalls erklärte er mir einige Tage später, dass er sich jetzt auch ganz bewusst für Jesus entschieden hätte. Wir wurden dann gute Freunde.

Wiedergutmachung

Ich war immer noch leidenschaftlicher Motorradfahrer. Eines Tages wollte ich irgendetwas an meinem Motorradgespann in Ordnung bringen und kramte und suchte ein Teil in meiner Werkzeugkiste. Plötzlich erschrak ich. Ich sah Werkzeug, teures Werkzeug, das mir gar nicht gehörte. Ich hatte es irgendwann, irgendwo einmal mitgehen lassen.

Das war eine ganz neue, bedrückende Erfahrung. Ich war doch Christ, ein richtiger Christ, aber in meiner Werkzeugkiste lagen gestohlene Zangen, Schraubenzieher usw. Ich kam mir so schlecht vor. Es wurde richtig schlimm. Ich zweifelte fast an der

Echtheit meiner Bekehrung. Wie passt das zusammen: ein reines Herz und eine Werkzeugkiste mit gestohlenen Sachen?

Doch dann wurde mir klar, dass es hier um zwei verschiedene Ebenen ging: einerseits um mein Verhältnis zu Gott, andererseits um mein Verhältnis zu meinen Mitmenschen. Ich hörte damals keine laute Stimme, aber mir war, als ob Gott zu mir sagte: »Ich habe dir alles vergeben, wirklich alles; du bist so rein, als hättest du nie eine Sünde getan. Doch ich will nicht nur dein Herz reinigen, sondern auch deine Werkzeugkiste und dein Bücherregal und deinen Schallplattenschrank und deine Geldangelegenheiten!«

Das hatte ich verstanden, und sofort begann eine gründliche Aufräum- und Rausschmeiß- und Wiedergutmachungsaktion. Am schwersten war für mich der Weg in die bestimmte Firma, von der ich vor längerer Zeit einiges »mitgenommen« hatte. Oh, wie froh war ich, als ich alles, was Gott mir in dieser Beziehung aufs Herz gelegt hatte, mit seiner Hilfe geordnet hatte. Später hörte ich mal den interessanten Satz: »Ein reines Gewissen ist ein gutes Ruhekissen!« Das stimmt!

Schlechte Gewohnheiten

Früher hatte ich am Arbeitsplatz manchmal laut geflucht. Es gab Situationen, in denen – besonders, wenn etwas schief ging – ganz schreckliche Ausdrücke über meine Lippen kamen. Einige der fürchterlichen Flüche hatte ich schon als Schuljunge oft von unseren Knechten[9] gehört. Manche Wortsalven konnte ich noch nach vielen Jahren, sogar auf Polnisch, wortgetreu in der oft gehörten Reihenfolge runterrattern, obwohl ich die Bedeutung gar nicht verstand.

Seit Wochen war ich nun wirklich ein ganz neuer Mensch. Ich dachte anders, ich redete anders, ich handelte auch anders.

Aber das klappte nicht immer. Eines Tages gab es sogar einen ganz schlimmen Ausrutscher bei der Arbeit. Irgendetwas war total schief gelaufen. Ich ärgerte mich schrecklich darüber. Und dann fluchte ich, laut, mit ganz schlimmen Worten, und meine

Arbeitskollegen hörten zu. Plötzlich zuckte ich zusammen. Ich erschrak über mich selbst und schämte mich entsetzlich. Wie gern hätte ich alles ungeschehen gemacht. Doch nun war es raus, und alle um mich herum hatten es gehört.

Die Reaktion kam auch prompt. Der älteste Kollege rief erstaunt: »Oh, alle Achtung! Fromm will er sein, fluchen kann er aber noch ganz schön.«

Lautlos verließ ich die Werkstatt und schlich mich in den Heizungskeller. Dort saß ich dann ganz verzweifelt auf einer leeren Kiste, dem Heulen nahe. Wie konnte das nur passieren?

Plötzlich wurde mir etwas klar. Es war eine ganz neue Entdeckung. Als hätte mir jemand gesagt: »Du musst jetzt nicht verzweifeln. Du bist wirklich ein Gotteskind, aber in deinem geistlichen Wachstum noch ganz am Anfang. Du bist wie ein Baby, das sich so richtig vollgemacht hat. Bekenne es Jesus. Er vergibt dir auf der Stelle.« Das habe ich dann gemacht, und ich wurde wieder richtig froh.

Für mich war das eine sehr wichtige Lektion. Wohl dem, der nach einem Ausrutscher möglichst umgehend im Gebet zu Jesus geht. Jesus hasst die Sünde, aber er liebt den Sünder, auch wenn er nach einem erneuten Ausrutscher wieder zu ihm kommt.

Damals habe ich aber nicht nur um Vergebung gebeten, sondern auch um die Kraft, nie mehr fluchen zu müssen. Und ich kann mich nicht daran erinnern, je wieder geflucht zu haben.

Teil 4: Völlig neue Interessen

Meine »Tankstelle« in Wiedenest

Eigentlich stand ich in der ersten Zeit ziemlich allein mit meiner neuen Erfahrung. Meine Geschwister verstanden mich nicht. Meine Eltern waren gegen mich. Eine lebendige Gemeinde hatte ich damals noch nicht gefunden. Doch da war einer, dem ich alles schreiben durfte und der mir alle Fragen gewissenhaft beantwortete: Werner Heukelbach in Wiedenest. Der intensive Schriftwechsel hat mir gewaltig geholfen, noch mehr die guten Radiopredigten über den Sender Luxemburg, aber am allermeisten die vielen Schriften, die Woche für Woche in unser Haus kamen.

Die Leseratte

Vielleicht war ich einige Zeit der Hauptabnehmer beim Missionswerk Werner Heukelbach. Was auch immer ich dort bekommen konnte, bestellte ich. Ich hatte einen unbändigen Lesehunger. Außerdem brauchte ich viel Literatur zum Weitergeben. Manchmal las ich pro Tag fünf oder noch mehr Kapitel aus der Bibel. Sogar in der Mittagspause saß ich oft im Heizungskeller und beschäftigte mich mit diesem spannenden Buch. Wenn alle andern in unserm Dorf längst schliefen, war ich immer noch mit der Bibel und den vielen Schriften von

Werner Heukelbach beschäftigt. Bevor ich schließlich das Licht löschte, kniete ich mich noch einmal vor mein Bett und dankte Jesus für meine Errettung. Dann betete ich für Mama und Papa und für meine Geschwister, aber auch für die Verwandten und für unser Dorf und für meine Arbeitskollegen. So hatte Werner Heukelbach es mir empfohlen. Dieses Ritual wiederholte sich jeden Abend.

Ich erinnere mich gut an eine Nacht, als ich wieder an meinem Bett kniete und betete. Plötzlich flog die Schlafzimmertür auf und knallte gegen den Schrank. Ich hatte wohl etwas zu inbrünstig gebetet. Papa stand in der Tür und schimpfte laut: »Was ist das für ein Gebrummel hier oben?!« Dann verschwand er ärgerlich, und bald darauf wurde es dunkel im Haus, denn Papa hatte die Sicherung rausgedreht.

Zu der Zeit war ich fast 21, doch in dieser Nacht habe ich noch eine ganze Weile im Dunkeln auf der Bettkante gesessen und leise vor mich hin geweint. Ich war so einsam. So allein. Niemand verstand mich. Doch eigentlich hatte ich mir den Zwischenfall selbst eingebrockt. Ich war einfach noch nicht sensibel genug.

Wer das schafft, schafft alles

Beim Bibellesen machte ich bald eine Entdeckung nach der anderen. In kurzer Zeit hatte ich unheimlich viel dazugelernt. Ich lernte Jesus und seinen Willen immer besser kennen, aber ich entdeckte auch immer mehr die vielen Schwachstellen in meinem Glaubensleben. Manchmal passierten Dinge, die ich eigentlich gar nicht wollte. Einige Male klagte ich Werner Heukelbach in vertraulichen Briefen meine Not. Seine guten Ratschläge waren unbeschreiblich hilfreich für mich. Leider habe ich keinen der wertvollen Briefe aufgehoben. Aber ein Satz ist mir geblieben. Er hat mir damals ganz entscheidend geholfen, und er hat mich in all den Jahren begleitet. Es war ein Volltreffer mit einer echten Dauerwirkung.

Der gewaltige Satz hieß: »Nichts ist für einen Christen

schwerer als ein geregeltes Gebetsleben; wer das schafft, schafft alles!« Das schlug bei mir ein. Ich dachte, wenn Werner Heukelbach das sagt, dann wird es so sein. Und wenn das der Weg ist, dann will ich ihn gehen; denn dann werde ich das andere auch schaffen.

Ich habe Werner Heukelbach nie persönlich kennen gelernt, aber ich hatte immer den Eindruck: Er war ein ganz ungewöhnlich treuer Beter. So einer wollte ich auch werden. Sein Buch: *Wer betet, siegt!*, habe ich damals gleich einige Male gelesen.

Mach mich wie Werner Heukelbach

»Worte lehren; aber Vorbilder reißen mit!« Das ist eine gewaltige Aussage. Sie ist wahr. Auch heute noch. Doch die richtig guten Vorbilder waren mir in den ersten zwanzig Jahren nur selten begegnet. Sicher, manche hatten mich schon beeindruckt und den Wunsch bei mir ausgelöst, auch so zu leben und so zu sein. Aber die Ernüchterung folgte meist auf dem Fuße. Manche, die mich einige Zeit »verzaubert« hatten, habe ich später, nachdem ich sie durchschaut hatte, sogar verabscheut. Doch Werner Heukelbach hat es geschafft, in mir Wünsche zu wecken, die ich früher gar nicht kannte und die mich heute noch erfüllen. Seine Liebe zu Jesus, seine Liebe zu den Verlorenen, sein starker Glaube, sein Eifer, sein Mut, seine Ideen und sein Gebetsleben – das alles hat mich so tief beeindruckt, dass ich anfing zu beten: »Herr, mach mich wie Werner Heukelbach!«

Später habe ich manchmal gedacht, vielleicht war dieser große Wunsch damals schon ein Zeichen dafür, dass Gott mich von Anfang an zum »evangelistischen Dienst« berufen hatte.

Der Hofprediger

Tag und Nacht betete ich weiter – für meine Eltern und für meine Geschwister und auch für meine Verwandten; sehr oft auch für unser Dorf und für meine vielen Arbeitskollegen. Wo sich Gelegenheiten ergaben, hielt ich ihnen »eine Predigt« und erzählte ihnen von meinem Erleben. Meist stieß ich auf Ablehnung. Meine Verwandten reagierten richtig feindselig. Einige meinten, ich sei in einer Sekte gelandet. Als wir wieder einmal bei einer Geburtstagsfeier mit vielen Verwandten beim Kaffeetrinken saßen, gab es von verschiedenen Seiten ganz starke Anschuldigungen. Während ich dasaß mit hochrotem Kopf, sagte eine Tante ganz erregt: »Oh, wenn das Oma sehen könnte, die würde sich im Grabe umdrehen.« Die andern nickten. Vielleicht dachten sie dasselbe.

Meine Patentante lag mir besonders auf dem Herzen. Mit ihr wollte ich endlich einmal ganz persönlich über alles reden. So plante ich einen Besuch und fuhr mit dem Motorrad – mit einigen Schriften von Werner Heukelbach – zu ihr, um ihr alles genau zu erzählen. Wir saßen dann zusammen in der Küche. Sie hatte ja schon einiges von meiner Wandlung gehört. Sie war sehr freundlich und hörte mir interessiert zu. Plötzlich flog die Küchentür auf. Der Onkel stand in der Tür und schrie mich an. »Raus hier, oder ich schlag dich kaputt!« So schnell hatte ich noch nie ein Haus verlassen. Es war unheimlich. Auf dem Hof angekommen, sprang ich auf mein Motorrad und raste davon.

In der Zeit fragte Mama mich einmal, ob ich mir nicht woanders ein Zimmer nehmen könnte. Nach ihrer Meinung brachte ich die ganze Familie durcheinander. Sie hatte eigentlich Recht, denn ich »predigte« ihnen ja bei jeder Gelegenheit, dass sie sich auch für Jesus entscheiden müssten.

Hermann war vier Jahre älter als ich. Er sollte einmal den Hof übernehmen. Er hieß wie Papa. Das war damals so üblich. In den meisten Bauernfamilien hieß der älteste Sohn so wie der Vater. Ich hieß so wie mein Opa. Hermann war unheimlich fleißig. Wie Papa. Er war der Erste, der sich richtig für mein Erlebnis und auch für die Schriften von Werner Heukelbach interessierte. Mit ihm saß ich öfter zusammen, um ihm von meiner Erfahrung zu erzählen. Auch Ingrid und Gerhard lagen mir sehr am Herzen und bekamen immer wieder einiges von mir zu lesen und zu hören. Im Unterschied zur älteren Generation waren sie nicht ablehnend.

Hermanns Lebenswende

Wie oft habe ich später darüber gestaunt: Gott ist der beste Planer. Genau in der Zeit – kurz nach meiner Bekehrung – wurde in der Kirche in Wienhausen eine ganz ungewöhnliche Vortragswoche durchgeführt.

Wie ein Maschinengewehr feuerte Volksmissionar Bock seine Salven in die Zuhörermenge. So etwas hatte ich noch nie in der Kirche gehört.

Unsere Familie gehörte zu den fleißigsten Besuchern. Auch Hermann war jeden Abend dabei. Ich erinnere mich heute noch an einige Themen:

»Warum noch beten?!«
»Muss es JESUS CHRISTUS sein?«

Damals wurde auch Hermann von Jesus überwunden. Genau an seinem Geburtstag. Er wurde 25.

Es war eins der schönsten Erlebnisse in meiner neuen Lebensgeschichte. Das war eine ganz gewaltige Gebetserhörung.

Ein neues Vorbild

Eines Tages saß ich wieder im »Unterricht« bei Siegfried Röseler. Bei ihm hatte ich ja einmal Blockflötespielen gelernt, mich aber seit jenem Vorspielabend ganz bewusst von ihm distanziert.

Auch er hatte inzwischen von meiner Lebenswende erfahren, und irgendwie kamen wir dann wieder in Kontakt. Er war inzwischen mit Ursel verheiratet. Siegfried kannte sich ausgezeichnet in der Bibel aus und konnte mir so vieles erklären. Wir haben dann manch einen Abend zusammen verbracht.

Er nahm alles sehr ernst, und so sah er auch immer aus: ernst, sehr ernst. Ich glaube, ich habe ihn kaum einmal lachen gesehen. Damals dachte ich, so müsste ich jetzt auch aussehen: ernst, richtig ernst. Ich weiß noch, wie ich an einem Abend nach Hause kam, ins Badezimmer ging und dann einige Zeit vor dem Spiegel stand und immer versuchte, so ein ernstes Gesicht zu machen – wie Siegfried. Ich habe es aber nicht richtig hingekriegt.

Bald wurden wir ganz gute Freunde. Ich habe wirklich eine Menge von Siegfried gelernt. Von ihm erfuhr ich auch, dass Oma Thölke früher nicht nur eine ganz treue Kirchgängerin gewesen war, sondern dass sie auch gern die Bibelstunden in der Wohnung von Erwins Eltern und ganz besonders eine so genannte »Versammlung« in Eicklingen besucht hatte. Das Dorf war gar nicht so weit von uns entfernt, doch die Versammlung kannte ich nicht. Ich wollte sie unbedingt kennen lernen. Siegfried sagte mir auch, die Leute dort hätten gerade eine kleine Evangelisation geplant.

Onkel Heinrich und seine »Versammlung«

Es gibt Begegnungen, die derart einmalig und einschneidend sind, dass sie sich besonders tief einprägen. So war es auch mit der ersten Begegnung mit Onkel Heinrich. Als ich mein Motorrad auf dem Parkplatz abgestellt hatte, wurde ich von ein paar jungen Leuten begrüßt. Sie führten mich dann auf einen Flur, von dem aus man den Versammlungsraum erreichen konnte. Dort wurde bereits gesungen. Auf dem Flur stand Onkel Heinrich[10] und begrüßte die hereinkommenden Gäste. Als er meinen Namen hörte und dann erfuhr, dass ich mich bekehrt hatte, nahm er mich in die Arme und drückte mich fast tot. Ich war richtig erschrocken: »Werden hier alle so begrüßt?«

Es dauerte eine ganze Zeit, bis er die Umklammerung etwas löste, mir in die Augen schaute und mit Tränen sagte: »Wilhelm! Wilhelm! Seit dreißig Jahren bete ich schon für euern Vater – und jetzt bekehrt sich der Junge!« Dann nahm er mich noch einmal ganz fest in die Arme.

Einige Minuten später saß ich zum ersten Mal im Leben in einer »Evangelisation« und hörte herrliche Lieder und eine gewaltige Predigt, wie ich sie nur Werner Heukelbach zugetraut hatte. Am nächsten Abend fuhr ich wieder hin. Auch Hermann kam einige Male mit. Wir hatten Gespräche mit Onkel Heinrich und dem Gastredner und erlebten mit, wie auch andere sich für Jesus entschieden. Es war einfach großartig zu erfahren, dass es in unserer Gegend noch weitere Menschen gab, die die gleiche Erfahrung gemacht hatten.

In den Tagen und Wochen danach traf ich mich öfter mit Onkel Heinrich. Von keinem andern habe ich so viel über echtes Gebet gelernt. Er lieh mir damals das Buch: *Das Gebetsleben der Gläubigen*, und schenkte mir kurz darauf die umwerfende Lebensgeschichte des großen Missionars John Hyde: *John Hyde, der Beter.*

Öfter traf ich mich abends mit Onkel Heinrich, um ihm Fragen zu stellen und mit ihm zusammen zu beten. Dann kam ich mir so winzig klein vor. Seine ergreifenden Gebete gingen mir immer wieder unter die Haut. Er war ein ganz Großer im Reich Gottes!

Mein erstes öffentliches Gebet

In den nächsten Wochen zog es mich immer wieder mit Macht in die kleine Versammlung. Und jedes Mal erlebte ich mit, dass in den Versammlungen nicht nur der Prediger, sondern auch andere – ganz gewöhnliche Leute – öffentlich beteten. Wiederholt hörte ich die Erklärung, dass man sich gern anschließen dürfte.

Oh, wie gern hätte ich auch einmal laut gebetet und Jesus öffentlich für meine Errettung gedankt, aber dazu fehlte mir einfach der Mut.

Doch dann kam mir eine Idee. Die setzte ich auch gleich in die Tat um. Ich dachte mir zu Hause ein Gebet aus. Ein ganz schönes Gebet. Das sagte ich dann Tag für Tag immer wieder halblaut vor mich hin und prägte es mir richtig gut ein.

Ja, und dann kam die nächste Zusammenkunft in Eicklingen. Auf dem Weg dahin sagte ich mir das Gebet noch ein paar Mal vor. Ich hatte einen guten Eindruck: Es war wirklich ein richtig schönes Gebet. Und es saß.

An dem Abend hatte ich meinen Platz direkt neben Onkel Heinrich. Wir sangen herrliche Lieder und hörten eine gute Predigt. Und dann, gegen Ende der Versammlung, kam wieder die so genannte »Gebetsgemeinschaft«.

Was dann geschah? Jedes Mal, wenn ich mit meinem Gebet beginnen wollte, kam mir ein anderer zuvor. Ich war schrecklich aufgeregt. Ich wurde immer zappeliger. Endlich hatte ich eine Lücke gefunden und begann mein Gebet. Doch schon nach wenigen Worten hatte ich den Faden verloren. Ich kämpfte und schluckte und beendete dann schnell mein erstes öffentliches Gebet mit meinem Schlusssatz und einem halblauten Amen. Ach, ich wäre am liebsten im Erdboden versunken. So saß ich da mit einem knallroten Kopf und schämte mich fürchterlich. Ich war nur froh, dass hoffentlich (!) alle beim Beten die Augen geschlossen hatten.

Doch dann geschah etwas ganz Wunderbares. Ich saß ja neben Onkel Heinrich. Und während die anderen noch weiterbeteten, legte Onkel Heinrich seinen Arm um meine Schultern und flüsterte mir ins Ohr: »Oh, Wilhelm, wie ich mich freue!«[11]

Das war eine Erlösung, ein Trost, eine Ermutigung. Da dachte ich bei mir: Wenn Onkel Heinrich sich freut, war es vielleicht doch nicht so schlecht. Hätte Onkel Heinrich sich an dem Abend nicht so um mich gekümmert, ich hätte sicher meinen Mund so schnell nicht wieder aufgemacht.

In der nächsten Versammlung habe ich wieder laut gebetet, ohne vorher zu üben, und es ging schon ein bisschen besser.

Ich bin immer wieder fasziniert von der Tatsache, dass man in einer Gebetsgemeinschaft Gebete verdoppeln oder verdreifachen oder vervielfachen kann, weil alle, die das Gebet des einen hören, mit ihrem »Amen« ausdrücken, dass sie es auch so meinen, dass sie dasselbe wünschen und Gott bitten, das Gebet zu erhören. Darum legt Gott auch so großen Wert auf das gemeinsame Gebet.

Das Janz-Team

In einer Gesprächsrunde fragte mich jemand, ob ich auch die Radiosendungen vom Janz-Team hören würde. Nein, davon hatte ich noch nie etwas gehört. Doch am nächsten Mittwoch saß ich um fünf Uhr morgens vor meinem Gerät und suchte auf Langwelle bei Radio Luxemburg die erwähnte Sendung. Es ist fast unbeschreiblich, wie die Stimme von Hildor Janz[12] mich berührte.

»Wirf ihm das Seil zu, wirf ihm das Seil zu,
ehe dein Bruder versinkt …!«

Von da an saß ich jeden Mittwochmorgen um 5 Uhr am Radio, um die gewaltigen Kurz-Predigten von Leo Janz und die wunderbaren Lieder vom Janz-Quartett, aber vor allem die Stimme von Hildor Janz zu hören. Als ich dann während einer Sendung erfuhr, dass das Janz-Team zu einer Großveranstaltung in die Niedersachsenhalle nach Hannover kommen würde, schwebte ich fast auf Wolken, und ich konnte die Zeit kaum abwarten, bis die große Halle ihre Tore öffnete. Ich war einer der Ersten in der riesigen Halle und konnte in einer der vorderen Reihen Platz nehmen. Ich denke, so viele Menschen hatte ich noch nie zusammen in einem Raum gesehen. Und als dann das Janz-Team an die Mikrofone trat und zu singen begann, hatte ich den Eindruck, so ähnlich müsste es im Himmel sein. Am meisten hat mich an dem Sonntag Hildor Janz beeindruckt. Er war ja Kanadier, sein Deutsch war also nicht perfekt, aber seine ganze Ausstrahlung und seine Art zu singen haben mich einfach umgehauen.

Damals konnte ich nicht ahnen, dass dieser berühmte Sänger mich später einmal vier Jahre lang[13] bei meinen Evangelisationen begleiten würde.

Meine letzte Zigarette

Sicher wird niemand behaupten, Rauchen sei eine gute Gewohnheit. Doch wie kommt man davon los, wenn man sich erst einmal daran gewöhnt hat? Mit neunzehn hatte ich mit der Unsitte begonnen und gar nicht gemerkt, wie sehr sich mein Körper in kurzer Zeit daran gewöhnt hatte. Mein Geld war damals immer sehr knapp. Doch ziemlich oft bekam ich Zigaretten geschenkt.

Nun hatte mir ein zufriedener Kunde in der Werkstatt eine ganze Packung mit zwanzig Zigaretten überreicht, und ich steckte mir gleich eine an.

Plötzlich sagte ein neidischer Kollege – so laut, dass die andern Kollegen es hören konnten: »Mensch, fromm will er sein und raucht wie ein Schlot!«[14]

Darüber hatte ich mir nie Gedanken gemacht. Sofort schossen mir viele Fragen durch den Kopf: »Ob Jesus nicht geraucht hat? Nein, sicher nicht! Ob die Jünger geraucht haben? Die auch nicht! Aber damals gab es ja auch noch gar keine Zigaretten! – Und wenn?« Dann musste ich an die Versammlung denken. Dort hatte ich tatsächlich nie eine Zigarette gesehen. »Ob die alle nicht rauchen? Die Prediger? Die Gemeindeglieder? Die Jugendlichen?«

Plötzlich verabscheute ich meine Sucht; aber sie hatte mich bereits ziemlich im Griff. Mit der brennenden Zigarette im Mund ging ich nachdenklich zur Toilette. Ich hatte aber nur ein einziges Bedürfnis: Ich wollte allein sein und beten.

Dann stand ich mit meiner Zigarette vor der altmodischen Toilette. In zwei Meter Höhe hing der große Spülkasten an der Wand, daran eine verrostete Kette, mit der man den »Wasserfall« auslösen konnte. Nach kurzem Zögern warf ich die brennende Zigarette in die Toilette und zog kräftig an der Kette. Während die Zigarette sich im Strudel drehte und schließlich für immer verschwand, betete ich aus tiefstem Herzen: »Herr Jesus, ich möchte nicht mehr rauchen. Aber ich weiß, dass ich es nicht aus eigener Kraft schaffe. Bitte gib mir deine Kraft und hilf mir, dass ich nie mehr rauchen muss!«

Eine Zigarette hatte ich in der Toilette versenkt, die anderen 19 hatte ich noch in der linken Jackentasche. Auf dem Weg zurück in die Werkstatt musste ich am Ersatzteillager vorbei. Dort arbeitete Herr Horny, ein älterer Mann, der nicht gerade viel verdiente, aber Kettenraucher war und sich immer die Kippen[15] von den Kollegen einsammelte, um daraus neue Zigaretten zu drehen. Zu ihm ging ich mit meiner fast vollen Schachtel und sagte: »Herr Horny, ich habe etwas für Sie! Schenk ich Ihnen!« Er traute seinen Augen nicht. So etwas hatte er wohl noch nie erlebt. Als ich sagte: »Herr Horny, ich rauche nicht mehr«, fing er laut an zu lachen. Er schnappte sich die Zigaretten und sagte dann: »Das schaffst du nie!«

Wie oft habe ich mich später darüber gefreut, dass Herr Horny mich damals so herausgefordert hat. Mit etwas zittrigen Knien habe ich Herrn Horny geantwortet: »Ich denke auch, dass ich das aus eigener Kraft nicht schaffen kann. Aber ich habe gebetet, und ich glaube ganz fest: Jesus wird mir dabei helfen!« Er lächelte spöttisch und ließ mich gern gehen, denn die neunzehn Zigaretten waren inzwischen längst in seiner Tasche verschwunden.

Doch dann begann der Kampf. In den nächsten Tagen wurden mir ständig Zigaretten angeboten. Standhaft habe ich jedes Mal abgelehnt.

Ich erinnere mich an eine schreckliche Versuchung, als mir nach Feierabend ein Kunde eine Zigarette anbot und dabei das brennende Feuerzeug schon in der Hand hatte. Ich dachte: Was ist schon dabei, wenn ich mal eine einzige Zigarette rauche? Sie kostet ja gar nichts. Fast hätte ich sie genommen. Im nächsten Moment durchfuhr es mich, und ich dachte, wenn jetzt Herr Horny in die Werkstatt käme und mich mit der Zigarette im Mund sehen würde; er würde nicht nur über mich lachen, sondern auch über Jesus, den ich ihm doch als meinen Helfer vorgestellt hatte. Es war eine schreckliche Versuchung, aber es war auch ein gewaltiger Sieg. Ich habe damals ganz entschieden abgelehnt und auch danach nie mehr eine Zigarette angerührt.

»Wer betet, siegt«

So hieß der Titel eines der besten Bücher von Werner Heukelbach. Ich habe fest daran geglaubt. Inzwischen hatte ich ja auch schon einige recht starke Erfahrungen gemacht. Ich las weiterhin viel in der Bibel und in den verschiedenen Büchern, die Onkel Heinrich mir geliehen hatte und die ich mir von Werner Heukelbach schicken ließ. Manche Texte haben mich richtig »umgehauen« und mich oft bis weit nach Mitternacht wach gehalten.

Immer wieder musste ich über unser Dorf und über unsere Gegend nachdenken. Ich hatte den Eindruck, dass die meisten Menschen die Bibel gar nicht richtig verstanden und dass man etwas dagegen unternehmen müsste.

Werner Heukelbach hatte ein Missionswerk gegründet und vielen, vielen Menschen den Weg zu Jesus gezeigt. Warum sollte es das nicht noch einmal geben? Warum sollte es so etwas nicht auch bei uns geben?

Ich machte mir erst einmal eine »Gebetsliste«. Darauf standen bald viele Namen. Zuerst die Namen der Menschen, die ich besonders liebte, dann die Namen meiner Arbeitskollegen, aber auch sehr viele aus unserm Dorf. Morgens und abends hatte ich meine festen Gebetszeiten in meinem Zimmer. Aber auch auf dem Weg zur Arbeit hatte ich bald einige Lieblingsplätze im Wald, die ich immer wieder ansteuerte, um dort meine vielen Gebetsanliegen bei Jesus loszuwerden. Wie oft habe ich auch in der Mittagspause eine Viertelstunde allein im Heizungskeller verbracht – nur um zu beten.

Mein kleines Missionswerk

Bei jeder passenden Gelegenheit verteilte ich christliche Schriften. Bald merkte ich, dass ich irgendein System brauchte, um mir eine gute Übersicht zu verschaffen. Ich legte mir die ersten Listen an, aus denen ich genau ersehen konnte, welche Schrift ich wem im Dorf und anderswo bereits gegeben hatte.

Alle Schriften, die ich bestellte, waren kostenlos. Und ich bestellte viele. Aber es war mir von Anfang an ein Anliegen, eine angemessene Spende dafür zu schicken.

Schon bald wurde mir unser Dorf zu klein, und ich dehnte den Aktionsradius auch auf einige Nachbardörfer aus. Manchmal half auch mein Bruder Hermann beim Verteilen. Der nächste Schritt führte mich in die Innenstadt von Celle. Es machte richtig Spaß, wenn ich auf einem Hausflur die vielen Briefkästen nebeneinander und übereinander sah. Das lohnte sich richtig. Damals war ich noch der Meinung, dass fast alle Empfänger die Schriften, die ich an sie verteilte, auch wirklich lesen würden.

Ein Erlebnis hat sich mir besonders tief eingeprägt. Auf dem Hausflur hingen mindestens zwanzig Briefkästen. Ich hatte eine sehr aufschlussreiche Schrift bei mir und war gerade dabei, einen Briefkasten nach dem andern zu beliefern.

Plötzlich stand ein hochgewachsener Mann neben mir und sagte: »Hallo, das ist *mein* Kasten, den Brief können Sie mir gleich mitgeben.«

Ich gab ihm das Heft.

Sofort sah er mich ärgerlich an und fragte erregt: »Von welcher Sekte kommt denn das?«

Ich stammelte und suchte nach Worten. Doch dann machte ich eine ganz neue, ungeheuer wichtige Erfahrung. Ich betete still, fast ununterbrochen, und gleichzeitig erklärte ich dem Mann, dass es sich hier nicht um Schriften einer Sekte handelte. Ich konnte ihm dann sagen, was ich selbst vor einigen Monaten erlebt hatte und dass Jesus auch ihn retten möchte. Der Mann hat sich schließlich richtig freundlich bedankt. Endlich wusste ich es genau, dass ich das Evangelium nicht nur in schriftlicher Form, sondern auch mit dem Mund weitergeben konnte. Beides habe ich seitdem immer wieder mit großem Eifer getan.

Eine neue Gemeinde

An einem schönen Sommertag war ich auf einem Spaziergang mit Siegfried Röseler und Erwin Eisen. Genau an dem Sonntag machte ein christlicher Chor von auswärts einen missionarischen Einsatz in unserm Dorf. Zu Akkordeon- und Gitarrenbegleitung sangen sie viele christliche Lieder. Zwischendurch gaben junge Leute hochinteressante Berichte aus ihrem Leben. Oh, das gefiel mir.

Ich hatte schon öfter so bei mir gedacht: »Jesus wurde doch nicht zwischen zwei Kerzen gekreuzigt in einer einsamen Kapelle, auch nicht in einer Kathedrale, sondern zwischen zwei Verbrechern, draußen, vor aller Augen. Das Evangelium gehört auf die Straße, in die breite Öffentlichkeit. Alle sollten es hören.«

Damals wurde zu einer besonderen Evangelisation eingeladen. Das hat uns interessiert, und einige Tage später fuhren wir mit meiner Horex und Seitenwagen zu dem angekündigten Anlass.

Die Gemeinde bestand erst einige Monate. Die Veranstaltung fand in einem gut gefüllten öffentlichen Saal statt. Den Chor kannten wir schon vom Sonntag. Den dynamischen Prediger auch. Er hatte uns bei der Straßenversammlung persönlich eingeladen. Die vielen jungen Leute fielen mir besonders auf. An dem Abend waren wir sehr beeindruckt, und uns war klar: »Diese Gemeinde haben wir nicht das letzte Mal besucht.«

Das erste öffentliche Zeugnis

Auch nach der Evangelisation waren wir oft Gäste der neuen Gemeinde. Der Prediger hatte in verhältnismäßig kurzer Zeit eine ganze Reihe Gemeinden in Norddeutschland gegründet und war darum ständig auf der Suche nach guten Gastrednern. Die ungewöhnliche Vielfalt in der Verkündigung hat uns sehr fasziniert.

Bald kannte ich viele Gemeindeglieder persönlich, besonders in der Jugendgruppe. Auch mit dem Prediger ergab sich manch ein Gespräch. Vielleicht gab es damals keinen Christen, der so neugierig war wie ich. Vielleicht gab es auch keinen, der so schnell »gewachsen« ist.

An einem Dienstagabend, mitten in der Versammlung, sagte der Gemeindeleiter: »Wilhelm, du hast doch so etwas Großes mit Jesus erlebt. Komm doch mal nach vorne und erzähl uns etwas von deinen Erlebnissen.« Völlig unvorbereitet. Ich bin beinahe gestorben. Doch kurz darauf stand ich das erste Mal im Leben vor einer großen Versammlung, um über Jesus zu reden. Ja, so kam es zu meinem ersten Zeugnis. Aber es war nicht das letzte.

Meine »Bibelschule«

Es waren ungefähr sieben oder acht Monate seit meiner Bekehrung vergangen, als der Prediger in einer Versammlung sagte: »Wir brauchen unbedingt mehr ›Dienende Brüder‹. Wir haben so viele Außenstationen, darum brauchen wir mehr Laienbrüder, die mithelfen in der Verkündigung. Wir haben demnächst wieder ein Wochenende für ›Dienende Brüder‹. Und wenn irgendjemand irgendwie meint, Gott könnte ihn in diesem Dienst gebrauchen, ist er eingeladen, an diesem Wochenende teilzunehmen.« Oh, wie dankbar war ich dem Prediger für die gute Idee.

Ich meldete mich sofort und fuhr später mit meinem Motorrad zu dem Wochenende für »Dienende Brüder«. Dort wurde viel Wertvolles gesagt. Vor allem wurde den Teilnehmern sehr gründlich erklärt, wie man eine Predigt vorbereitet. Ich höre den Redner heute noch: Er sprach von »erstens«, »zweitens« und »drittens« und dann von einer Zusammenfassung usw. Er sagte, man müsste am Ende der Predigt »den Sack zubinden«.

Ich war mit Abstand der Jüngste. 21 Jahre. Erst ein gutes halbes Jahr bekehrt. Ich denke, keiner hat mich dort wirklich ernst genommen. Wie die andern Teilnehmer notierte auch ich damals vieles. Und dann fuhr ich nach Hause mit dem Wunsch, jetzt auch eine Predigt zu machen. In den folgenden Wochen beschäftigte ich mich fast jeden Tag damit. Ich wollte eine Predigt machen, aber – trotz meiner vielen Gebete – es wollte einfach nicht klappen. Nun, meine »Bibelschule« hatte schließlich auch nur einen Tag gedauert.

Wie meine erste Predigt entstand

Oh, wie oft hatte ich – besonders in den ersten Monaten nach meiner Bekehrung – gebetet: »Herr, mach mich wie Werner Heukelbach.« Nach meiner Meinung war er der beste Prediger auf der Welt, mein größtes Vorbild.

Nun kam mir eine Idee. Ich dachte bei mir: »Ich werde die schönsten Sätze aus den Büchern von Werner Heukelbach herausschreiben. Ich werde einiges von meinen schönsten Erlebnissen hinzufügen. Das werde ich dann einüben und schließlich dem Prediger sagen: Ich habe jetzt eine Predigt. Wenn mal Not am Mann ist, bin ich bereit, einzuspringen und eine Predigt zu halten.« Und so machte ich es dann tatsächlich. Und siehe da, eines Tages war wirklich Not am Mann, denn ein Laienprediger war plötzlich krank geworden und die kleine Gemeinde – über hundert Kilometer von uns entfernt – brauchte unbedingt eine Vertretung. Unser Prediger rief an und fragte mich, ob ich das damals ernst gemeint hätte und ob ich wirklich bereit wäre, den Dienst zu übernehmen. Ich habe Ja gesagt.

Damals arbeitete ich noch als Automechaniker in einer Autofirma. Weil ich eine weite Anreise hatte, musste ich eine Stunde früher Feierabend machen. Mit viel Furcht und Zittern fuhr ich dann – fast ununterbrochen betend – allein zu meinem ersten Dienst.

Der erste Auftritt

Es war meine erste richtige Predigt.[16] Ich wusste: Heute Abend entscheidet sich alles! Ich dachte: Entweder der Herr wird meinen Dienst bestätigen und weitere Einladungen werden folgen, oder es wird der erste und zugleich der letzte Auftritt. Immer wieder packte mich die nackte Angst.

Ich hatte vorher schon da und dort ein bisschen mitgeholfen. Aber dies war nun das erste Mal, dass ich ganz allein mit einer Predigt einen Abend bestreiten sollte.

Und dann kam ich in den kleinen, aber gut gefüllten Saal. Ich war angekündigt, doch keiner kannte mich.

Oh, war das ein Abend! Unvergesslich! Ich saß da vorne und bibberte. Meine Notizblätter hatte ich so mit Gummibändern in der Bibel festgemacht, dass sie nicht herausfallen konnten.

Und dann war es so weit: »Jetzt haben wir die Freude, eine Predigt von Wilhelm Pahls zu hören.« Ich ging nach vorn und legte los. Es dauerte keine halbe Stunde, und ich hatte alles gesagt – die besten Gedanken von Werner Heukelbach, meine eigenen Erfahrungen und einen feurigen Appell mit der Einladung, sich für Jesus zu entscheiden.

Dann setzte ich mich und ein passendes Gemeindelied wurde angestimmt. Da klopfte einer, der hinter mir saß, auf meine Schulter und fragte: »Haben Sie nachher noch etwas Zeit?«

Ich bekam einen furchtbaren Schreck. Ich dachte: Der hat das Buch von Werner Heukelbach gelesen. Dann fragte ich vorsichtig: »Um was geht es denn?«

Der Mann antwortete: »Ich möchte das auch erleben. Können Sie mir dabei helfen?«

Ich bekam noch mehr Angst. Ist das möglich? Meine erste Predigt, und jemand sagt: »Ich möchte das auch erleben.« Das Lied ging zu Ende.

»Wir wollen beten«, sagte der Gemeindeleiter.

Dann kam mir eine befreiende Idee, und ich flüsterte dem Mann hinter mir zu: »Gehen Sie doch nachher zu dem Gemeindeleiter, der kann Ihnen das sicher noch besser erklären.«

Er war einverstanden.

Meine Flucht aus der Versammlung

Ich sah mich noch mal um. Soweit ich es erkennen konnte, hatten alle ihre Augen beim Gebet geschlossen. »Keiner merkt, wenn ich jetzt abhaue. Also: Bibel in die Tasche und weg!« Ich hatte einfach Angst, da könnte noch jemand kommen und sagen: »Ich möchte das auch erleben!« Ich hatte ja noch nie jemandem seelsorgerlich geholfen. Vielleicht haben einige mich hinterher tatsächlich vermisst. Mit sehr gemischten Gefühlen bin ich dann nach meinem ersten Auftritt nach Hause gefahren.

Die Folgen der ersten Predigt

Jener Mann ist am Ende der Versammlung tatsächlich zum Gemeindeleiter gegangen und hat eine ganz klare Entscheidung für Jesus getroffen.

Für mich war der Abend der Einstieg in meine eigentliche Lebensaufgabe. Das wurde mir aber erst später klar. Die Gemeinde hatte sich an unseren Prediger gewandt und gesagt: »Den Pahls darfst du uns ruhig wieder mal schicken.« Das geschah dann auch bald. Und als ich einige Monate später zu meiner zweiten Predigt in die Gemeinde kam, begrüßte mich der Mann, der mich damals in so große Verlegenheit gebracht hatte. Er bedankte sich und strahlte dabei übers ganze Gesicht. Sein Leben war ein total neues geworden.

Gewissheit der Berufung

Seit neun Monaten hatte ich den Wunsch, später einmal das Evangelium zu verkündigen. Nichts wollte ich lieber, als – wie Werner Heukelbach – Menschen für Jesus zu gewinnen.

Nach dem ersten »Auftritt« wurde der Wunsch noch viel größer. Und zu dem großen Wunsch kam dann schnell eine ganz große innere Gewissheit, dass der Herr mich wirklich zum Dienst eines Evangelisten berufen hatte.

Mittlerweile öffneten sich immer mehr Türen. Über jede Predigt habe ich gewissenhaft Buch geführt und alle Orte genau festgehalten. Meist musste ich weite Strecken fahren. Bald gab es dreizehn verschiedene Gemeinden, in denen ich innerhalb eines Jahres gepredigt hatte. In einigen Gemeinden war ich sogar mehrere Male.

Auch Siegfried Röseler hatte damals das Vertrauen der Gemeinden gefunden. Und weil wir beide berufstätig waren und beide im selben Dorf wohnten, bot sich eine Arbeitsteilung in der Verkündigung wirklich an. Oft fuhren wir zusammen in die Außenstationen und teilten uns den Dienst. Meist predigte ich zuerst, und dann übernahm Siegfried mit seiner viel größeren Erfahrung den zweiten Teil und den Abschluss.

In der Jugendarbeit

In unserer Gemeinde hatten wir schon bald eine blühende Jugendarbeit. Nach kurzer Zeit war ich mit im Leitungskreis. Weil die Gemeinde so viele Außenstationen hatte und ich mehr und mehr in den Verkündigungsdienst kam, haben wir auch in anderen Gemeinden – zum Beispiel auch in Freiversammlungen – viel Schönes gemeinsam erlebt. Manchmal fuhren wir einfach in eine andere Stadt und stellten uns als Gruppe auf einen günstigen Platz, um dann unsere frischen Lieder zu singen, Zeugnis zu geben und möglichst viele Verteilschriften unter das Volk zu bringen.

Ein ganz besonderer und unvergesslicher Höhepunkt in jener Phase war für mich ein zweitägiges Jugendtreffen mit über 500 Teilnehmern. So etwas hatte ich bis dahin noch nie erlebt. Obwohl der Hauptredner schon 69 Jahre alt war, hingen wir jungen Leute fast zwei Stunden lang an seinen Lippen und hörten eine überwältigende Predigt. Es ging vor allem um Jesus, um seine Liebe zu uns; aber es ging auch um uns, um unsere Liebe zu ihm – es ging um Reinheit, um ein hingegebenes Leben aus Dank für Golgatha. Der letzte Satz ging mir damals so unter die Haut, dass ich ihn auf keinen Fall vergessen wollte. Während ein Jugendchor sang, wiederholte ich ihn immer wieder ganz leise. Auf dem Heimweg, zu Hause, in den Wochen, Monaten und Jahren danach hat er mich begleitet – bis heute.

Ja, unvergesslich sind mir die letzten Sätze jenes Nachmittags geblieben:

»Liebt ihr mich, so werdet ihr meine Gebote halten« (Johannes 14,15).

»Denn das ist die Liebe zu Gott, dass wir seine Gebote halten; und seine Gebote sind nicht schwer« (1. Johannes 5,3).

Danach kam der letzte Satz: »Ihr solltet den Herrn Jesus so lieb haben, dass ihr gar nicht mehr anders könnt, als seinen Willen zu tun.«

Wie froh bin ich, dass es eine vergebende Gnade gibt, die es uns erlaubt, immer wieder einen neuen Anfang zu machen, denn auch nach jenem Jugendtag, an dem ich so aufrichtige Entschlüsse fasste, habe ich noch manche Panne erlebt. Seitdem weiß ich aber auch, dass es in meinem Glaubensleben nichts Wichtigeres gibt als meine Liebe zu Jesus.

Missionare in unsern Dörfern

Die Missionare kamen nicht aus dem Ausland, nicht von irgendwo, sondern aus Oppershausen. Sie hießen Erwin und Hermann und Wilhelm. Erwin und Hermann lag besonders das eigene Dorf auf dem Herzen. Ich staune heute noch über ihren Mut, denn sie gingen – mit der Broschüre »Das harrt Ihrer« und anderen Schriften von Werner Heukelbach – von Haus zu Haus und versorgten so jede Familie mit kostbarer Literatur. Oft gab es auch eine Gelegenheit zu einem guten Gespräch.

Ich hatte etwas mehr Zeit als die beiden, da ich früher Feierabend hatte und viel beweglicher war, weil ich zuerst mit meiner Horex, später mit dem Auto ruck-zuck überall hinkonnte. Ich verteilte die wertvollen Schriften nicht nur in der Nähe; ich fuhr auch zu einigen Verwandten und machte meine Verteilaktionen auch in manchen anderen Wohngebieten.

Meine Cousins und Cousinen waren alle viel älter als ich. Zu den meisten hatte ich kaum einen Draht. Einige waren auch im Krieg geblieben, so dass ich mich kaum an sie erinnern konnte. Doch ein Cousin, Gerhard, lag uns besonders auf dem Herzen. Er wohnte in der Nachbarschaft, hatte eine liebe Frau und bereits eine Tochter, aber er selbst war durch seine Alkoholsucht in einem ganz bedauernswerten Zustand. Seine Familie litt furchtbar darunter. Hermann und ich fingen an, ganz intensiv für Gerhard und Irma zu beten. Dann machten wir uns auf den Weg, um sie zu besuchen.

An dem Abend war Gerhard gerade wieder auf Tour. Irma hätte uns fast nicht in ihre Wohnung gelassen. Sie war richtig in Fahrt und schimpfte auf uns ein, sie schimpfte auf Gerhard, auf Gott, auf alles. Früher hatte sie zu den Gottesfürchtigen gehört und auch einen guten Draht zur Kirche gehabt. Doch damit hatte sie gerade endgültig abgeschlossen. Sie wollte mit Kirche und Glauben und auch mit Gott nichts mehr zu tun haben. Ihr Glaubensbekenntnis hieß: »Es gibt keinen Gott!«

Sie vermutete Gerhard in einer ganz bestimmten Kneipe und sagte, wir sollten uns lieber um ihn kümmern. Das taten wir dann auch und fanden Gerhard tatsächlich an dem berüchtigten Ort.

Unsere Gebete waren nicht umsonst. Am nächsten Abend kamen Gerhard und Irma mit uns zur Versammlung. Das geschah dann noch einige Male, bis Irma nach einer Predigt in die Seelsorge ging, um sich zu bekehren. Gerhard konnte sich aber nicht dazu durchringen. Er fiel schnell wieder in seine alten Gewohnheiten zurück und lehnte schließlich sogar den Kontakt zu uns ab.

Irma war seit ihrer Entscheidung für Jesus ein überzeugtes Gotteskind, aber ihr Leben war danach nicht leichter geworden. Im Gegenteil: Manchmal hatten wir den Eindruck, jetzt sei alles noch viel schwerer. Irma erzählte uns, dass sie im Sommer manchmal um fünf Uhr morgens schon auf dem Feld war, um bei einem Bauern zu helfen. Oft nähte sie halbe Nächte für andere Leute, um sich damit etwas Geld zu verdienen. Bald nach ihrer Bekehrung wurde die zweite Tochter geboren. Später folgten noch eine Tochter und zuletzt ein Sohn.

So vergingen die Jahre. Irmas Geschichte ist eigentlich eine lange Leidens-, aber zugleich auch eine große Siegesgeschichte. Wenn wir uns trafen, haben wir uns zugerufen: »Der Sieg geht weiter!« Und so war es. Irma wurde eins der treuesten Gemeindeglieder und vor allem eine ganz ungewöhnlich treue Beterin. Einige ihrer Kinder sind heute in der Mitarbeit in verschiedenen Gemeinden.

Gerhards Geschichte hat uns jahrelang – eigentlich bis zu seinem Tod – in Atem gehalten. Sehr oft war nicht nur Irma mit ihrem Latein am Ende. Dann blieb nur noch das Gebet. Manchmal haben wir mit Tränen den Himmel bestürmt und Irma ermutigt, doch ja nicht aufzugeben.

Nun weiß ich nicht genau, wie Jesus am Ende jedes einzelne Leben beurteilt. Aber etwas tröstet mich, wenn ich an meinen Cousin Gerhard zurückdenke: Er war wieder einmal ganz am Boden. Er war nicht betrunken, aber derart fertig mit seinem ganzen Leben, dass er mich ganz verzweifelt um ein Gespräch bat. An diesem Abend erklärte ich ihm so gründlich, wie ich es nur konnte, den Heilsweg. Schließlich knieten wir nebeneinander und beteten zusammen. Fast höre ich ihn heute noch. Gerhard betete zu Jesus. Immer und immer wieder bat er um Vergebung, während er viele schlimme Dinge bekannte. Dann haben wir zusammen für die Vergebung gedankt.

Leider gelang es mir nicht, Gerhard auch für die Gemeinde zu gewinnen. Nach einiger Zeit hörte ich, dass es einen Rückfall gegeben hatte. Doch wir beteten weiter und waren überglücklich, als wir eines Tages hörten, Gerhard hätte sich in der Seelsorge bei einem Mitarbeiter der Gemeinde ganz neu dem Herrn zugewandt. Leider ließ auch diesmal der Rückfall nicht lange auf sich warten.

Wer sich etwas mit Suchtproblemen auskennt, weiß, was Alkoholiker auch nach ehrlichen Entscheidungen noch für Kämpfe und Niederlagen erleben können.

Gerhard hat uns jedenfalls auch nach seinen »Bekehrungen«

noch viel Kopfzerbrechen bereitet. Nach seinem Tod bleibt uns nur eine tiefe Hoffnung für einen Menschen, den wir – trotz all seiner furchtbaren Rückschläge – sehr geliebt haben. Die Ewigkeit wird zeigen, was damals wirklich geschehen ist.

Mein erstes Auto

Wie hatte ich doch meine 400er Horex geliebt. Sie sah immer noch aus wie am ersten Tag. Und mit dem Steib-Seitenwagen und vielen Extras war das Schmuckstück wirklich perfekt. Doch normalerweise hat so ein Gespann nur drei Sitzplätze. Außerdem ist nicht jeder bereit, darauf oder darin Platz zu nehmen. Mama hätte ich nie dazu bewegen können. Aber gerade sie hätte ich so gern einmal zur Versammlung mitgenommen.

Der Abschied von meiner Horex war wirklich schwer. Es war wie Sterben. Ich hätte weinen können, als der neue Besitzer mit *meinem* Gespann davonfuhr.

Das erste Auto ist ja meist ein gebrauchtes. Etwas anderes hätte ich mir auch gar nicht leisten können. Ich entschied mich für einen Borgward Goliath 700 mit Einspritzmotor. Das rassige Auto hatte Lenkradschaltung und auch vorn eine durchgehende Sitzbank, so dass man gut mit sechs Personen damit fahren konnte. Das war mir wichtig. Die meisten Leute hatten damals noch kein Auto. Auf meiner Gebetsliste standen so viele Namen von Leuten, die mir auf dem Herzen lagen. Wie gern hätte ich all diese Verwandten und Bekannten einmal zur Versammlung mitgenommen.

Mama öffnet ihr Herz

Als ich zum ersten Mal mit dem Auto auf den Hof kam, war Mama gerade im Stall beschäftigt. Sie sah das fremde Auto, bemerkte aber nicht, dass ich hinter dem Steuer saß. Ich ging dann sofort zu ihr in den Stall.

»Was ist denn das für ein Auto?«, fragte sie erstaunt.

Ich legte meinen Arm um ihre Schultern und sagte: »Mama, ich hab mein Motorrad verkauft.« – Sie konnte es fast nicht glauben. – »Das ist mein Auto. Das habe ich hauptsächlich für dich gekauft, damit ich dich mal zur Gemeinde mitnehmen kann. Ich weiß, dass du die Gemeinde nicht magst, aber du hast noch nie gehört und gesehen, was da gesagt und getan wird. Heute Abend ist ein ganz besonderer Vortrag. Mama, das wird dir gefallen. Bitte, bitte, komm doch heute mit! Bitte, Mama! Sag Ja!«

Und dann erlebte ich eine meiner größten Gebetserhörungen: Mama sagte Ja! Einige Stunden später saßen wir zusammen im übervollen Saal in Celle. An dem Abend predigte ein Steuerberater. Schon das Vorprogramm hatte Mama tief berührt. Als der Predigttext gelesen wurde, liefen Mama die Tränen über die Wangen. »Kommt her zu mir, alle, die ihr mühselig und beladen seid; ich will euch erquicken« (Matthäus 11,28). An diesem Abend schmolz Mamas Widerstand völlig dahin.

Auf dem Heimweg war es im Auto eigenartig still. Alle schienen irgendwie ergriffen. Keiner fand so richtig den Einstieg zu einem passenden Gespräch.

Zu Hause in der Küche angekommen, fragte Mama: »Jungs«, so nannte sie uns oft, »könnt ihr das letzte Lied nicht noch mal singen?«

»Mama, wie hieß das letzte Lied?« Wir konnten uns nicht genau erinnern.

Sie sagte: »An einigen Stellen hieß es immer wieder: ›Herrlich, herrlich wird es einmal sein ...‹« Das Lied kannten wir gut. Schnell hatten wir die Liederhefte zur Hand und fingen an zu singen. Doch wir kamen nicht weit. Mama liefen wieder die Tränen über die Wangen, und sie verließ leise die Küche und ging in ihr Zimmer.

Am nächsten Dienstag saß Mama wieder bei mir im Auto. Das Wunder war geschehen: Gott hatte ihr Herz überwunden.

Papa verschließt sein Herz

Ich weiß nicht, warum Papa nicht gleich explodiert war; doch als Mama sich anschickte, ein zweites Mal mit uns zu fahren, wurde Papa sehr ärgerlich. Als wir schließlich von der Versammlung zurückkamen, ahnten wir alle nichts Gutes. Besonders Mama war sehr unruhig.

Was wir an dem Abend noch erlebten, übertraf aber unsere schlimmsten Befürchtungen. Papa war gar nicht zu Hause, und Mama machte sich die allergrößten Sorgen. Wir gingen dann zu Bett, aber keiner von uns schlief wirklich ein. Nach einiger Zeit kam Mama in unser Zimmer und bat uns: »Jungs, wollt ihr nicht noch mal aufstehen und durchs Dorf gehen und sehen, ob ihr nicht Papa irgendwo findet?«

Den Wunsch haben wir ihr gern erfüllt, und wir wurden auch bald fündig. In der ersten Gastwirtschaft war er nicht, aber man sagte uns, dass er dort gewesen sei. Mit ziemlich unguten Gefühlen gingen wir weiter zum zweiten Wirtshaus. Auch dort war noch alles hell erleuchtet, und aus der Gaststube drangen laute Stimmen. Die Gespräche in der ungewohnten Männerrunde müssen wohl so interessant gewesen sein, dass keiner heimgehen wollte.

Auch Papa saß da in dem angetrunkenen Haufen in einem wirklich erbarmungswürdigen Zustand. Er führte sonst ein sehr solides Leben. Er rauchte nicht, er trank nicht, er lebte sparsam, er sorgte gut für seine Familie und bemühte sich, als Bürgermeister und Kirchenvorsteher ein Vorbild zu sein. Im Umgang mit Alkohol hatte er keine großen Erfahrungen, und genau das war an dem Abend wohl sein Verhängnis; das nutzten die anderen aus, so dass Papa schnell die Kontrolle verlor.

Wie haben wir uns geschämt, als wir von den schimpfenden und spottenden Männern empfangen wurden. Meist redeten einige gleichzeitig, und alle beschuldigten uns und nahmen Papa in Schutz. Es hat einige Zeit gedauert, bis wir Papa aus ihrer Umklammerung herausholen und nach Hause schleppen konnten. Am nächsten Tag hatten viele im Dorf hochinteressanten Gesprächsstoff.

Dass Mama ihren Widerstand aufgegeben hatte, war für uns eine ganz große Gebetserhörung, aber für Papa war es eine Katastrophe, denn jetzt stand er plötzlich ganz allein da. Eines Abends war ich wieder unterwegs, um Papa zu suchen, und erlebte dann, dass er gerade mit einem anderen Bauern aus dem Wirtshaus kam. Ich war natürlich froh, dass die anderen mich gar nicht zu Gesicht bekamen und ich gleich mit den beiden den Heimweg antreten konnte. Ich nahm sie – einen zur Linken, einen zur Rechten –, und dann zogen wir los. Für die Unterhaltung sorgte besonders der betrunkene Mitbürger. Ich musste mir, während wir uns auf der Straße hinschleppten, viele laute Schimpftiraden anhören. In den Augen des betrunkenen Bauern war ich ein ganz Schlimmer, der die ganze Familie auseinander gerissen hatte, der jetzt im Begriff war, die Ehe der Eltern zu zerstören und sehr erfolgreich den guten Ruf des Hauses Pahls zu ruinieren.

Natürlich versuchte auch ich, ihm meine Meinung und einige wichtige Wahrheiten aus der Bibel zu erklären, aber all meine Worte fanden bei meinem Gegenüber überhaupt kein Gehör. Er lachte und spottete und schimpfte, bis wir uns schließlich vor seinem Hoftor verabschiedeten. Nach dieser nächtlichen Auseinandersetzung hat er nur noch wenige Tage gelebt, obwohl er erst in den so genannten besten Jahren war. Er bekam bei der Feldarbeit einen Herzinfarkt und starb auf dem Weg ins Krankenhaus. Ich denke, dass die Begebenheit damals Papas Selbstsicherheit ziemlich erschüttert hat.

Zwischen uns beiden war allerdings weiterhin Funkstille. Obwohl wir zusammen unter einem Dach wohnten, gab es kaum noch echte Gespräche.

Teil 5: Hochzeit und die erste Zeit zu zweit (1959)

Rückwärtsfahrt auf spiegelglatter Straße

An einem verschneiten Sonntagabend hatten Siegfried Röseler und ich einen Dienst in Soltau, zirka fünfzig Kilometer nördlich von Celle. Siegfried war schon verheiratet, und Ursel, seine Frau, begleitete uns. Es war ein wunderschöner Winterabend. Leise rieselte der Schnee, und die Welt sah wie verzaubert aus. An dem Abend hatte Siegfried die Hauptverantwortung, und ich konnte eine Kurz-Predigt halten. Dankbar und gutgelaunt machten wir uns schließlich wieder auf den Heimweg.

Auf der Straße lag eine festgefahrene Schneedecke, aber die hinderte uns kaum, denn die Soltauer hatten die Straße bereits mit Split gestreut. Doch plötzlich – als wir vom Landkreis Soltau in den Landkreis Celle kamen – merkte ich, dass die Straße nicht mehr gestreut war. Mein Goliath fing an zu schlingern, drehte sich dann um die eigene Achse und ließ uns eine ganze Zeit rückwärts fahren. Es waren schreckliche Augenblicke. Ich hielt das Lenkrad krampfhaft fest, schloss die Augen und schrie laut: »Herr Jesus, hilf uns! Herr Jesus, bewahre uns!«

Als ich schließlich die Augen wieder öffnete, sah ich, dass wir eine ganze Drehung gemacht hatten und inzwischen wieder vorwärts fuhren. Ich konnte das Auto sogar auf der Straße halten. Gott hatte seine schützende Hand über uns ausgestreckt und uns bewahrt. Natürlich hielten wir dann erst einmal an, um uns von dem Schock zu erholen. Ursel staunte und sagte: »Dass du bei dem Schreck noch ans Beten gedacht hast?!«

Die schönen Mädchen

Nachdem ich schon seit einigen Monaten da und dort gepredigt hatte, stand ich das erste Mal als jüngster Prediger vor der Gemeinde in Celle. Bei der Gelegenheit lernten mich die Gemeindeglieder natürlich noch viel besser kennen.

Dann geschah etwas Komisches: Ziemlich oft wurde ich von Müttern angesprochen und gefragt, ob ich nicht Zeit und Lust hätte, mal bei ihnen zu essen. Eigentlich gefielen mir solche Einladungen. Denn ich lernte gern Neues und interessante Leute kennen.

Irgendwann hatte ich allerdings den Eindruck, dass einige dieser Mütter mich wohl recht gern als Schwiegersohn gehabt hätten.

Es gab tatsächlich eine ganze Anzahl hübscher Mädchen, die mir richtig gefielen. Sie waren auch treu in der Gemeinde und brannten für Jesus. Einige waren da, die auch altersmäßig gut zu mir gepasst hätten.

Manchmal ging ich durch große innere Kämpfe.

Ein wichtiger Entschluss

Kurz nach meiner Bekehrung hatte ich mich ja aus Glaubensgründen für immer von meiner früheren Freundin getrennt. Bald darauf hatte ich einen festen Entschluss gefasst:

- Ich wollte mindestens ein Jahr lang keine feste Freundschaft mit einem Mädchen beginnen.
- Ich wollte nur ein Mädchen heiraten, das eine klare Bekehrung und Wiedergeburt erlebt hatte und gern mit mir zusammen betete.

- Ich wollte nur ein Mädchen heiraten, das sich Kinder wünschte und trotzdem bereit war, mich immer wieder als Evangelist ziehen zu lassen. – Ich ahnte damals schon, dass wir einmal sehr viel getrennt sein würden.

Für diese Anliegen habe ich damals auch fast jeden Tag gebetet.

Margrit, die Perle

Der Name gefiel mir außerordentlich gut, aber noch viel mehr das schüchterne, junge Mädchen, das diesen schönen Namen trug.

»Perle« – das ist in der Tat die eigentliche Bedeutung des Namens Margrit.

Und sie hieß nicht nur so. Damals bei der Freiversammlung in unserm Dorf – an jenem Sonntagnachmittag – war sie mir schon aufgefallen.

Es war in einem Abendgottesdienst, als unsere Augenpaare sich das erste Mal ganz bewusst begegneten. Wir empfanden beide sofort dasselbe füreinander. Das haben wir uns aber erst ein knappes Jahr später verraten.

In der ganzen Zeit haben wir uns nur verstohlen aus gewissem Abstand beobachtet.

Die Gemeinde hatte eine große Jugendgruppe mit einer entsprechend großen »Auswahl«. Margrit dachte lange, ich hätte mich im Stillen längst für eine andere entschieden. Darum wollte sie sich nichts anmerken lassen und war mir gegenüber meist ziemlich stur. So kam ich zu der Meinung, dass sie sich in keiner Weise für mich interessierte, und habe darum auch nie irgendwelche Annäherungsversuche gemacht.

Es ist ja bekannt, dass Jungs sich manchmal recht offen über die Vorzüge des einen oder anderen Mädchens unterhalten. Doch Mädchen beschäftigen sich in ihren Unterhaltungen oft ebenso engagiert mit dem anderen Geschlecht. Auf Umwegen kam es mir zu Ohren, dass Margrit mich für »den Besten« hielt und dass sie mich eigentlich sehr mochte. Die geheime Information schlug bei mir ein wie eine Bombe. Ich konnte es fast nicht glauben. Mit ihrem Verhalten hatte sie eher das Gegenteil signalisiert. Nun gab es kein Abwarten mehr. Ich suchte nach einer günstigen Gelegenheit. Die kam auch ganz schnell.

Im Wonnemonat Mai begann unsere gemeinsame Liebesgeschichte. Welch eine Überraschung, als ich Margrit mein Herz öffnete und sie mir gegenüber dasselbe tat und wir dann staunend erfuhren, was wir schon ein Jahr lang füreinander empfunden hatten. Es war einer der schönsten Abende meines Lebens.

Danach suchte ich ständig Gelegenheiten, in ihrer Nähe zu sein. Im Gottesdienst saßen wir allerdings nie nebeneinander – bis zur Verlobung. Damals wurde ich ja schon oft zum Predigen in einige Außenstationen geschickt. Meist musste ich weite Strecken mit dem Auto zurücklegen. Doch es wurde nicht gern gesehen, wenn ein junger Mann allein mit einem Mädchen im Auto unterwegs war. Wenn ich mehrere aus der Jugendgruppe mitnahm – zum Beispiel zum Singen –, dann war das in Ordnung. Das ließ sich meist einrichten. Margrit war dann natürlich auch dabei.

Dornen am Weg

Eines Abends saßen Margrit und ich zusammen und machten uns Gedanken über unsere gemeinsame Zukunft. Da endlich hatte ich den Mut, etwas zu klären, was mir schon lange auf der Seele lag. Schweren Herzens erzählte ich Margrit einiges aus meinem alten Leben. Manches hatte sie geahnt. An dem Abend flossen viele Tränen. Doch nachdem wir dann zusammen gebetet hatten, war die alte Geschichte für immer überwunden. Margrit hat mich nie mehr daraufhin angesprochen.

An dem Abend erzählte ich ihr auch etwas über meine große Last: die vielen Schulden. Ich hatte ja jahrelang alles Mögliche auf Abzahlung gekauft. Mein großes Motorrad zum Beispiel mit 24 Monatsraten, aber auch viele, viele andere Sachen. Zu der Zeit drückten mich aber besonders die hohen Raten für mein erstes Auto.

Eigentlich fuhr ich ja viel lieber Motorrad, am liebsten mit Seitenwagen; aber mit dem Auto hatte ich viel mehr Möglichkeiten, allerlei Leute zu den Versammlungen und Jugendstunden mitzunehmen. Und seit ich zu Außendiensten eingeladen wurde, war ich ja wirklich auf ein Auto angewiesen. Der Dienst nach Feierabend war natürlich unentgeltlich. Doch manchmal war ich traurig, wenn ich nach Dienstschluss über hundert Kilometer mit meinem Auto zu einem Gemeindedienst gefahren war und der Gemeindekassierer wohl an das Einsammeln der Kollekte dachte, mir aber keinen Pfennig für meine weite Reise mitgab. Vielleicht hatte er es einfach vergessen.

Die ständig fälligen Monatsraten verschlangen fast alles, was ich verdiente. Trotz vieler Überstunden kam ich auf dem Gebiet nur mühsam voran.

Wie froh war ich, dass Margrit mir keine Vorwürfe machte und keine Angst vor der Zukunft bekam. Sie hat mir sogar bei meinen Abzahlungen geholfen. Oft haben wir zusammen für unsere nächsten Schritte gebetet.

Unsere Verlobung

Nachdem ich Margrits Eltern kennen gelernt und Margrit ihren ersten Besuch in unserer Familie gemacht hatte, verlobten wir uns im engsten Familienkreis. Margrits Vater und mein Papa hatten vieles gemeinsam, nur dass Margrits Vater, der auch aus der Landwirtschaft kam, aber durch den Krieg alles verloren hatte, sich nun als Waldarbeiter seinen Lebensunterhalt verdiente. Beide hielten überhaupt nichts von unseren Glaubensaktivitäten.

Wir aber waren froh über diese erste Begegnung der beiden Familien. Am liebsten hätten wir gleich geheiratet, aber dafür hatten wir ja gar kein Geld.

Die folgenschwere Predigt

Seltsam, genau der Prediger, der mir öfter geraten hatte, »wie Paulus«[17] zu bleiben, »verführte« uns mit seiner Predigt dazu, schon drei Wochen danach zu heiraten. In der Predigt ging es um »Glaubenshelden«, die Großes mit Gott gewagt hatten; es ging besonders um Abraham, der Gott alles zutraute.

Mitten in der Predigt habe ich Margrit zugeflüstert: »Du, wenn das wirklich so ist, könnten wir morgen zum Standesamt gehen und uns zur Heirat anmelden. Wenn wir Gott vertrauen, wird er uns bestimmt alles Nötige schenken.«

Margrit nickte und sagte leise: »Das stimmt eigentlich.«

Und genau so kam es dann auch.

Ich war immer ein Mann schneller Entscheidungen. Das ist heute noch so. Wenn ich etwas als richtig erkannt habe, möchte ich es auf der Stelle erledigen. Wenn ich mich für etwas entschieden habe, möchte ich es sofort haben. Schon manches Mal habe ich zum Beispiel beim Kauf neuer Schuhe die alten einpacken lassen, um dann mit den neuen an den Füßen aus dem Laden zu gehen.

Eine unglaubliche Geschichte

Am Montagmorgen bat ich meinen Chef um einen freien Tag, weil ich etwas Dringendes beim Standesamt erledigen wollte. Dort erschrak ich zutiefst. Margrit war ja erst neunzehn. Damals wurde man in Deutschland erst mit 21 volljährig. Wir brauchten also die Unterschriften ihrer Eltern. Sicher hatten Margrits Eltern nichts gegen unsere Beziehung, aber warum sollte es plötzlich so schnell gehen? Außerdem hatte das Standesamt in Celle nur tagsüber geöffnet, und Margrits Vater – der auswärts arbeitete – hätte sich dafür extra Urlaub nehmen müssen.

Der einmalige Standesbeamte

Plötzlich hatte ich eine Idee. Vielleicht würde ein Standesbeamter in irgendeinem Dorf ein Einsehen mit mir haben und mal einen Abend für uns opfern. Ich glaube, es war ein Wunder. Der ältere Herr sagte mir – als ob Margrits Eltern sehnsüchtig auf seine Zusage gewartet hätten: »Kommen Sie heute Abend mit Ihrer Braut und mit Ihren Schwiegereltern, bringen Sie die Papiere und eine Flasche Wein mit, und dann werden wir das erledigen.«

Ich habe »im Glauben« zitternd zugesagt, obwohl wir noch gar nicht mit Margrits Eltern darüber gesprochen hatten. Selbst Margrit wusste noch nichts von meinem abenteuerlichen Vorstoß an diesem Tag.

Zuerst bat ich Papa um die erforderlichen Urkunden. Dann fuhr ich zu Margrit und weihte sie in meine Pläne ein. Sie hatte einige Bedenken im Blick auf ihren Vater, war aber einverstanden.

Gegen Abend sprachen wir mit Margrits Mutter. Wir konnten sie ziemlich leicht für unsern Plan gewinnen. Sie war auch bereit, die benötigten Papiere herauszusuchen. Doch was würde Margrits Vater sagen? Fast zittere ich jetzt noch, wenn ich daran zurückdenke.

Dann kam der Abend. Der Standesbeamte erwartete uns. Wir erwarteten die Rückkehr von Margrits Vater von seiner Arbeitsstelle. Margrits Vater erwartete wahrscheinlich sein Abendessen und seinen wohlverdienten Feierabend, während er auf seiner Heimfahrt noch nichts ahnend in seinem Auto saß.

Selten hatte ich an einem einzigen Tag so viel gebetet. Endlich kam der alte schwarze VW vorgefahren. Margrits Vater stieg aus. Margrit, ihre Mutter und ich standen da – zum Einsteigen bereit. Ich nahm allen Mut zusammen und trug Margrits Vater unseren Wunsch vor. Er hielt ja überhaupt nichts von der Gemeinde und von unserm Glauben. – Und dann geschah das zweite Wunder: Er brummelte etwas vor sich hin und lud uns zum Einsteigen ein.

Der Standesbeamte hatte wirklich so lange gewartet. An dem denkwürdigen Abend wurden tatsächlich alle nötigen Unterschriften gemacht. Und anschließend luden Margrits Eltern uns sogar noch zum Abendessen ein.

Papa will nicht zu unserer Hochzeit kommen

Eigentlich konnten wir uns gar keine richtige Hochzeitsfeier leisten. Margrit verdiente ihre ersten paar Mark als Büroangestellte in einem Musikgeschäft. Und ich? Ja, ich verdiente auch etwas, ich machte sogar viele Überstunden, aber ich hatte viele Schulden und nichts Erspartes. Trotzdem fingen wir sofort an, einige Freunde – besonders aus der Jugendgruppe – einzuladen. Doch dann kam die große Ernüchterung, als Papa uns eröffnete, dass er den Gemeindesaal nicht betreten würde. Auch mit dem Prediger und den Gemeindegliedern wollte er nichts zu tun haben. Damals war er der festen Meinung, wir wären in eine Sekte geraten.

Schließlich luden wir schweren Herzens alle unsere Freunde wieder aus. Doch Papa war immer noch nicht bereit mitzukommen. Wir baten dann einen auswärtigen Prediger, den wir bei einer Evangelisation kennen gelernt hatten, die Traupredigt zu halten. Aber Papa sagte erneut Nein. Dann schlugen wir ihm vor, im ganz kleinen Familienkreis in seinem eigenen Bauernhaus zu feiern und auch den Traugottesdienst zu Hause zu halten. Darüber ließ er mit sich reden.

Und so haben wir es dann auch gemacht. Oben wurde ein Zimmer leergeräumt für die Trauung, unten wurden die beiden Bauernstuben eingerichtet für das anschließende Festessen. Es war die kleinste Hochzeitsfeier, die ich je erlebt habe. Für uns beide war es trotzdem mit Abstand die beste.

Papa lenkt ein

Gott ist so gut. Bei der Traupredigt rollten nicht nur uns Tränen über die Wangen. Die Predigt, die ja hauptsächlich für uns gedacht war, berührte auch Papas Herz tief. Als wir uns danach zum Festessen versammelten, fehlten Papa und der Prediger. Sie hatten noch ein kurzes Gespräch unter vier Augen. Seit dieser denkwürdigen Ansprache war bei Papa aller Widerstand wie weggeblasen. Auch für die Ehe von Papa und Mama hatte die Predigt eine heilsame Wirkung.

Die Hochzeitspredigt

Mitten in der Hochzeitspredigt machte unser Trauprediger eine eigenartige Pause – so, als hätte er den Faden verloren. Er sah uns abwechselnd tief in die Augen. Dann rief er uns zu: »Schenkt euch total! Schenkt euch total!« Und dann zeigte er uns eine »Blumenwiese« ganz besonderer Art und sagte: »Wenn ihr all die guten Ratschläge dieser Predigt wirklich beachtet, wird eure Ehe ein Wonneland sein!«

Damals verstanden wir ihn noch nicht. Erst Jahre später – nachdem wir die Predigt wiederholt vom Tonband gehört und unsere ersten Ehe-Erfahrungen gemacht und auch aus manchen Fehlern gelernt hatten – wurden uns die Wahrheit und der Reichtum dieses unvergesslichen Appells mehr und mehr erschlossen. Heute möchte ich es jeder Ehefrau, jedem Ehemann immer wieder zurufen: »Schenkt euch total!«

Das Geheimnis des Glücks

Ich weiß es ganz sicher: Das Geheimnis des Glücks liegt in der Hingabe! Schon ein altes Sprichwort sagt:

»Willst du glücklich sein im Leben,
trage bei zu andrer Glück;
denn die Freude, die wir geben,
kehrt ins eigne Herz zurück.«

Oh, wie wahr das ist. Ich bin sogar fest davon überzeugt, dass *jede* Ehe glücklich sein könnte. Wenn doch alle Eheleute diesen einfachen Rat befolgen würden. »Schenkt euch total!« Das ist das Geheimnis. Das ist der Schlüssel. Das ist das Gegenteil vom allgemeinen egoistischen Trend. Wie töricht verhalten sich doch viele unserer »gebildeten« Zeitgenossen.

Glücklich machen, das ist's

Wer glücklich werden will, sollte nicht heiraten – glücklich machen, das ist's!

Echtes Eheglück hat nichts mit Geld zu tun. Nicht Schönheit, nicht Erfolg, nicht einmal Gesundheit sind zwingende Voraussetzungen für ein glückliches Eheleben. Das Geheimnis des Glücks liegt in der Hingabe! Wie dankbar bin ich für jenen eindringlichen und herausfordernden Satz an unserm Hochzeitstag: »Schenkt euch total!«

23 Jahre war ich, als ich mein Jawort gab. Margrit war erst neunzehn. Unser damaliges Tempo haben wir beide nie bereut.

Unsere Hochzeitsreise

Die meisten Hochzeiten kosten viel Geld. Auch Hochzeitsreisen sind in der Regel nicht billig. Und beides wird normalerweise sehr sorgfältig geplant und vorbereitet.

Wie gern hätte auch Margrit in einem schönen weißen Hochzeitskleid geheiratet, aber dafür hatten wir einfach kein Geld. So heirateten wir in ganz normalen Sonntagskleidern – natürlich mit dem Gedanken, sie auch nachher immer wieder anziehen zu können. Die ganze Hochzeitsfeier hatte uns zum Glück überhaupt nichts gekostet, weil meine Eltern, besonders Mama, großzügig für alles gesorgt hatten.

Vor der Hochzeit hatte ich hundert Mark, das war weit mehr als ein Wochenlohn, und die musste ich gut einteilen. Fünfzig Mark gab ich dem angereisten Prediger als Dienst- und Reiseentschädigung. Die zweite Hälfte des Ersparten hatte ich für die Hochzeitsreise und für wichtige Einkäufe vorgesehen.

Wir bekamen auch einige Hochzeitsgeschenke, nützliche Sachen für den täglichen Gebrauch.

Damals hatten wir noch keine eigene Wohnung. Alles, was wir an Mobiliar besaßen, waren ein Tisch, zwei Stühle, ein uralter Schrank und ein Bett. Eigentlich gehörten die Dinge aber meinen Eltern. Sie wollten uns die Sachen und auch das kleine Zimmer jedoch für das erste Ehejahr völlig kostenlos überlassen.

Am Morgen nach unserer Trauung ging's auf die Hochzeitsreise. Nachdem ich für zehn Mark getankt hatte, blieben immerhin noch vierzig Mark für einen unvergesslichen Tag und für ein paar wichtige Anschaffungen. Wir fuhren über hundert Kilometer bis ins Weserbergland, machten dort Spaziergänge, genehmigten uns ein gutes, aber teures Mittagessen und später noch Kaffee und Kuchen. Am späten Abend kehrten wir in unser kleines Liebesnest zurück. Es war eine wunderschöne Hochzeitsreise. Wir waren das glücklichste Ehepaar der Welt.

Arm, aber glücklich

Wenn ich heute so zurückdenke, muss ich sagen: Wir waren eigentlich richtig arme Leute. Aber wir hatten uns sehr lieb, wir hatten dieselben Überzeugungen, dieselben Wünsche und dieselben Ziele. Von Anfang an haben wir viel Zeit im gemeinsamen Gebet verbracht.

Margrit war klar, dass ich eines Tages nicht mehr in der Autofirma arbeiten würde. Sie wusste, dass ich in Kürze nicht mehr bloß gelegentlich eine Predigt nach Feierabend halten würde, sondern dass Gott mich bald in irgendeine vollzeitliche Reichgottesarbeit führen würde. Doch wir ahnten damals beide nicht, mit wie vielen Opfern und Tränen, mit wie viel Trennungsschmerz und Heimweh der zukünftige Dienst verbunden sein würde.

Einige Zeit selbständig

Damals hatte ein Handwerker normalerweise 52 Arbeitsstunden in der Woche. Auch am Samstag arbeiteten wir bis mittags. Wir hatten kein Monatsgehalt, sondern einen Wochenlohn, der jeweils am Samstagmittag ausgezahlt wurde. Ich erinnere mich noch so gut an die schmalen Lohnstreifen. Als Jungvermählter bekam ich 52,16 DM pro Woche ausgezahlt. Margrit hatte ihre Lehre als Bürokauffrau bei einem Gerichtsvollzieher abgeschlossen. Sie fand dann einen guten Arbeitsplatz in einem Musikgeschäft, verdiente dort aber noch etwas weniger als ich.

Da erzählte mir ein guter Bekannter von einer großartigen Verdienstmöglichkeit. Wenn ich mich selbständig machen und als freier Handelsvertreter arbeiten würde, könnte ich das Doppelte oder Dreifache verdienen und viel freier über meine Zeit verfügen, ich könnte früher Feierabend machen und hätte viel mehr Zeit für die Gemeinde und besonders für die Außendienste, zu denen ich damals oft eingeteilt wurde.

Das hörte sich gut an. Ich ließ mich überzeugen. Um den Job zu bekommen, musste ich aber erst einmal einen ganzen Monat an einer Intensivschulung teilnehmen. Wir waren erst vier Wochen verheiratet, als wir uns zum ersten Mal in einer langen Trennung übten. Es war eine harte Zeit, aber wir haben sie überstanden, und schon bald war ich mein eigener Chef. Damals trennte ich mich auch von meinem ausgedienten Goliath 700 und kaufte mir den ersten VW-Käfer.

Das Geschäft lief richtig gut an. Einige Male verdiente ich tatsächlich das Dreifache in der Woche. Aber es gab auch Durststrecken. Vor allem mein geistliches Leben fing an, darunter zu leiden. Manchmal war mir schrecklich unwohl, wenn ich versuchte, den Leuten meine (wirklich gute) Ware zu verkaufen, obwohl sie diese ja eigentlich gar nicht haben wollten oder sie sich gar nicht leisten konnten. In meinem Tagebuch fand ich später mal eine interessante Eintragung: »In dieser Woche habe ich viel verdient. Ich bin aber nicht glücklich.«

Wir bekommen ein Baby

Dass wir Eltern würden, wussten wir schon einige Monate. Man konnte es Margrit bereits ansehen. Doch Mitte Oktober erlebte ich es zum ersten Mal mit, wie sich unser Baby kräftig im Bauch bewegte. In meinem Tagebuch steht: »Bald bekommen wir ein Baby. Wir sind so glücklich.«

Zurück zum Auto

Als mein früherer Chef erfuhr, dass ich inzwischen mancherlei Kurse besucht hatte und mich jetzt als Verkäufer betätigte, wollte er unbedingt einen Gesprächstermin mit mir haben. Wir wurden uns schnell einig, und ich ging zurück in meine frühere Firma; aber nicht in die Werkstatt, sondern in den Verkauf. Nicht für 52,16 DM Wochenlohn, sondern für ein angemessenes Monatsgehalt. Ich hatte nun gleitende Arbeitszeiten und konnte – wenn es sein musste – auch schon mal am frühen Nachmittag meinen Arbeitsplatz verlassen.

Während der ganzen Zeit war ich nach Feierabend immer wieder unterwegs, um als jüngster Laienprediger in manchen Gemeinden – bis hin nach Bremen und Hamburg – meine Ansprachen zu halten.

Die neue Arbeit mit den vielen Kundenkontakten machte mir unheimlich Freude. Da hätte ich alt werden können – wenn ich nicht schon damals gespürt hätte, dass Gott etwas ganz anderes mit mir vorhatte.

Probleme in der Gemeinde

Zu jener Zeit ging die Gemeinde gerade durch eine ganz große Krise. Es war eigentlich eine Leitungskrise. Ausgelöst worden war alles durch den Tod einer sehr dominanten Gründerpersönlichkeit. Manche Gemeindeglieder litten damals unheimlich unter der Unsicherheit. Ich auch.

Es gab große Meinungsverschiedenheiten, aber nicht nur in Leitungsfragen. Es gab Prediger, die sehr einseitig über göttliche Heilung predigten. Das schien alles irgendwie richtig und biblisch zu sein, denn die Bibel lehrt doch: »Durch seine Wunden sind wir geheilt« (Jesaja 53,5).

Und hatte nicht auch Jesus fast überall, wo er hinkam, die Kranken geheilt?

Einige Gemeindemitglieder lehnten sogar den Arztbesuch ab und meinten, man sollte alles allein von Gott erwarten. Damals kamen manche durch diese Überbetonung der Krankenheilung zu verkehrten Entscheidungen und in Not.

Wir waren verhältnismäßig jung im Glauben und wollten unbedingt auf allen Gebieten zur Ehre Gottes leben, darum ließen wir uns einige Zeit stark davon beeinflussen. Aber ich machte meine Beobachtungen und war manchmal völlig zerrissen.

Es gab Kranke, die wegen großer Schmerzen abends nicht einschlafen konnten, aber nicht den Mut hatten, ein Mittel gegen Schmerzen einzunehmen, aus Angst, sie könnten Gottes Geist betrüben. Eine Frau sagte mir, dass sie bei wahnsinnigen Schmerzen manchmal im Voraus Gott um Vergebung für ihren »Unglauben« gebeten habe, bevor sie eine halbe Spalt-Tablette zu sich nahm.

Wie viele glaubensvolle, vollmächtige Gebete wurden über manchen Kranken gesprochen! Wie viele Tränen wurden geweint, wie viele Schuldgefühle geweckt und durchlitten: »Ist mein Glaube zu klein? Gibt es irgendeine verborgene Sünde in meinem Leben, die den allmächtigen Gott vielleicht am Eingreifen hindert???«

Damals erlebten wir ein Stück weit mit, dass eine krebskranke Frau aus einer anderen Gemeinde trotz andauernder, monatelanger Blutungen nicht zum Arzt ging. Man hatte sie immer wieder ermutigt zu glauben, dass Gott sie heilen würde. Sie wollte Gott nicht betrüben und die Gläubigen nicht enttäuschen und verzichtete bis zuletzt auf ärztliche Hilfe.

Margrit und ich waren zufällig dort in einer Versammlung, als man sie – der Ohnmacht nahe – völlig entkräftet aus dem Missionszelt der Gemeinde trug. Sie starb kurz darauf. Sie war regelrecht verblutet.

Sie war aber nicht die Einzige, die allein auf göttliche Heilung hoffte und darum keine ärztliche Hilfe in Anspruch nahm. Manche haben auch bleibende Schäden davongetragen, weil sie ärztliche Hilfe ablehnten.

Ich wünschte, wir wären damals viel früher »erwacht«. Auch ich bin eine Zeit lang mitschuldig geworden. Aus Unwissenheit. Es tut mir unendlich leid.

Heute weiß ich, dass göttliches Eingreifen und ärztliche Hilfe einander nicht ausschließen.

Warum schreibe ich das so ausführlich? Ich muss zugeben, dass es mir nicht leicht fällt ...

Will ich Gott anklagen, der nicht in jedem Fall so eingriff, wie wir uns das vorgestellt hatten? Will ich die damaligen Gemeindeleiter und Prediger verurteilen, die diese einseitige theologische Richtung lehrten?

Ich will weder jemanden anklagen noch andere oder mich rechtfertigen. Nach wie vor glaube ich an Gottes Heilkraft. Im Laufe der Jahre habe ich viele Menschen kennen gelernt, die auf Gebet hin gesund geworden sind. Genauso oft habe ich aber auch erlebt, dass Kranke nicht gesund wurden und sogar trotz bestmöglicher medizinischer Versorgung und glaubensvoller Gebete an ihrer Krankheit gestorben sind.

Aus vielen Begegnungen weiß ich, dass es heute immer noch Christen gibt, die diese einseitige Heilungstheologie vertreten und damit sich selbst und manche Glaubensgeschwister in große Nöte bringen. Ich hoffe, dass dieser ehrliche Bericht über meine Erfahrungen dem einen oder anderen helfen und Druck und falsche Schuldgefühle nehmen kann.

Gott ist keine Maschine, bei der wir auf Knopfdruck die Erfüllung all unserer Wünsche bestellen können. Gott hat gute Gedanken mit jedem von uns, aber das schließt Leid und Nöte nicht aus. Mit jedem von uns hat Gott einen eigenen guten Weg. Und den gilt es mit Herz und Verstand (!) verantwortungsvoll zu gehen. Warum Gott beim einen so handelt und beim anderen anders, das werden wir vielleicht einmal in der Ewigkeit verstehen.

Eine völlige Neuorientierung

In der Zeit dieser erschütternden, schwer verständlichen Erlebnisse gingen meine Gedanken oft zurück zu den Anfängen meines Glaubenslebens. Ich dachte oft an Onkel Heinrich und meine ersten Erfahrungen in der kleinen Versammlung. Ich fing wieder an, aufmerksam Biografien von Evangelisten und Missionaren zu lesen. Ich wollte herausfinden, welches die Schwerpunkte ihrer Verkündigung waren.

Ich beschäftigte mich wieder mit den Predigten von Werner Heukelbach. Seine »Theologie« hatte mich von Anfang an so sehr geprägt, dass meine Predigten sich immer weitgehend von denen meiner Predigerbrüder unterschieden.

Ich erinnere mich noch so gut an ein heftiges Streitgespräch mit einigen Brüdern, denen aufgefallen war, dass ich nie über »Krankenheilung« predigte. Ich hatte mich wirklich gründlich mit dem Thema auseinander gesetzt und erklärte ihnen dann meine gewonnene Überzeugung: »Ich habe das Neue Testament nun schon einige Male durchgelesen und herausgefunden, dass Jesus eigentlich nie über Krankenheilung predigte. Seine Botschaft hatte andere Inhalte. Aber Jesus heilte die Kranken. Heute gibt es Prediger, die ständig über Krankenheilung predigen, aber die meisten Kranken gehen dann krank statt geheilt nach Hause. Es ist also genau umgekehrt. Irgendetwas stimmt doch da nicht.«

Mir fiel auf, dass auch aufrichtige Christen extreme Ansichten haben können und dann rechts oder links vom Pferd fallen.

Ich war einfach schon damals durch und durch Evangelist und sprach am liebsten über Sünde und Vergebung, über Gericht und Gnade, über Hölle und Himmel, über den breiten und den schmalen Weg, über Bekehrung und Wiedergeburt.

Eigentlich bin ich damit – in jener Phase – meistens etwas »aus der Reihe getanzt«.

Die Folge unserer Auseinandersetzungen war, dass es für mich nach und nach ganz neue Weichenstellungen gab.

Teil 6: Ein Missionswerk entsteht (1959–1960)

Siegfried Lange

Werner Heukelbach war für mich lange das größte Vorbild, besonders wegen seines ungewöhnlichen Gebetslebens.

Dann lernte ich Onkel Heinrich Mohwinkel kennen, bei dem ich – in den vielen persönlichen Begegnungen – praktisch erlebt hatte, wie rechtes Gebetsleben im Alltag funktioniert. Auch sein Vorbild hat bei mir ganz tiefe Spuren hinterlassen. Von ihm hatte ich ganz am Anfang das umwerfende Buch *John Hyde, der Beter* bekommen.

Dann trat ein weiterer wichtiger Mensch in mein Leben, Siegfried Lange, der ebenfalls in ganz starkem Maße mein Gebetsleben mitgeprägt hat. Bei einer Evangelisation waren wir uns das erste Mal begegnet. Bei unserer Hochzeit hatten wir uns näher kennen gelernt. Mit seiner Hochzeitspredigt hatte er entscheidend wichtige Eckpfeiler für unser weiteres Leben gesetzt.

Seitdem waren wir in Verbindung geblieben. In vertraulichen Gesprächen hatten wir mitbekommen, dass Siegfried Lange sich gern einmal einige Zeit völlig aus dem Verkündigungsdienst zurückziehen würde, um sich vorübergehend – am liebsten zusammen mit mehreren anderen – nur dem Gebet zu widmen. Das schlug ein. Am stärksten wurde Siegfried Röseler damals von der Idee gepackt. Auch ich suchte ja ständig nach Gelegenheiten – wie Werner Heukelbach oder Onkel

Heinrich und viele andere große Beter –, möglichst viel Zeit im Gebet zu verbringen.

Siegfried Lange war zehn Jahre älter als ich und in Ostdeutschland aufgewachsen. Als junger Mann hatte er kurze Zeit in der Marine gedient und war gegen Ende des Krieges oder in der Gefangenschaft zum Glauben gekommen. Er war bereits einige Jahre vor dem Bau der Mauer in den Westen gekommen, hatte dann eine Bibelschule besucht und war, als wir uns kennen lernten, schon mehrere Jahre im Verkündigungsdienst. Besonders lag ihm die Evangelisation auf dem Herzen, obwohl bei ihm die Gabe zum Lehren viel stärker ausgeprägt war. Seine Frau, Verena, war Schweizerin. Bei unserer Hochzeit waren wir uns zum ersten Mal begegnet und hatten sie sofort alle in unsere Herzen geschlossen. Ihr Hochzeitslied war ein gewisser Höhepunkt bei unserer unvergesslichen Feier.

Die Jahre im Hühnerstall

Schon bald nach unserer Hochzeit entstand der Wunsch nach einem Raum für das gemeinsame Gebet. Erhard Röseler[18] stellte seinen Hühnerstall zur Verfügung. Er wollte sowieso mit seiner kleinen Landwirtschaft aufhören. Alle Hühner wurden geschlachtet und der Hühnerstall zu einer Gebetshütte umfunktioniert. Wo jahrelang Hühner ihre Eier gelegt und ihre Jungen ausgebrütet hatten, wurde 1959 etwas völlig Neues geboren.

Das alles begann kurz nach unserer Hochzeit. Wann immer ich es einrichten konnte, war ich dabei. Im Rückblick muss ich schon sagen, dass ich das heute keinem jungen Ehepaar empfehlen würde. Dass unsere junge Ehe es (sogar gut!) überlebt hat, ist auch ein Wunder.

Aber es war auch Margrits Verdienst. Gott hatte sie vorbereitet auf einen besonderen Weg. Vor der Hochzeit hatte ihre Schwester sie eindringlich gewarnt: »Wenn du den heiratest, bist du meist allein. Der wird bestimmt mal Evangelist, und dann ist er ständig unterwegs.«

Sie hatte sich nicht abschrecken lassen.

Wir trafen uns, wenn irgend möglich, jeden Abend (außer sonntags) von 20 Uhr an in der »Hütte«, wie wir den umgebauten Hühnerstall nannten. Oft wurde es Mitternacht. Manchmal beteten wir die ganze Nacht. Einige Male wurde das Gebet von mehrtägigem Fasten begleitet. Bei diesen Treffen haben uns Bücher über Erweckungsbewegungen und über Gebet ganz besonders aufgerüttelt und zu großen Erwartungen motiviert.

Zu dem schnell wachsenden Beterkreis gehörten: Siegfried Lange, Erhard Röseler, Siegfried Röseler, Hermann Pahls, Wilhelm Pahls, Erwin Eisen, manchmal auch Vater Röseler und Richard Gerberding. Natürlich waren nicht jedes Mal alle anwesend.

Es gab auch Phasen mit großen Schwierigkeiten, mit Enttäuschungen, Meinungsverschiedenheiten und richtig großen Spannungen. Trotzdem glaube ich, dass all die Erfahrungen ganz wichtig waren für unsere weitere Entwicklung.

Unsere wichtigsten Gebetsanliegen waren die Errettung Verlorener, das Gebet für unser Dorf, für die umliegenden Ortschaften, die Lüneburger Heide, Deutschland und die ganze Welt.

In der Zeit war ich gelegentlich noch zu Vorträgen unterwegs; aber ich hatte oft den Eindruck, dass Gott dabei war, etwas ganz Neues für uns vorzubereiten.

Immer wieder fragten wir – besonders in unseren Hüttenbegegnungen – nach dem Willen Gottes. Als wir mit diesem ungewöhnlichen Dienst anfingen, war ich 23 Jahre alt. Erwin Eisen war noch einige Jahre jünger. Alle anderen waren älter. Wie oft hat uns die Frage bewegt: »Herr, was hast du mit uns vor?«

Wir wollten nicht irgendwo hingehen, sondern dahin, wohin Gott uns führen wollte. Wir wollten nicht irgendetwas tun, sondern seinen Willen. Dann kam die Gewissheit, der Durchbruch: die eigentliche Geburtsstunde vom »Evangeliums-Dienst DIE BRUDERHAND« (das war der ursprüngliche Name unseres Missionswerkes).

Schließlich kam es auch zu einer regelmäßigen Stubenversammlung in verschiedenen Wohnungen, die von uns BRUDERHAND-Leuten geleitet wurden. Zeitweise trafen wir uns bei Erwins Eltern, dann wieder bei Familie Röseler oder auch im Wohnzimmer meiner Eltern. Außer uns Hüttenbesuchern kamen auch einige unserer Familienmitglieder und noch manche Freunde zu den Gottesdiensten. In diesen Stubenversammlungen wurde auch viel gebetet. Die Predigten wurden hauptsächlich von Siegfried Lange, Siegfried Röseler und mir übernommen. Manchmal kamen auch Gastredner. Es waren bewegende Versammlungen mit großen Auswirkungen für die Zukunft.

Das Missionswerk DIE BRUDERHAND[19]

Zur Gründung eines eingetragenen Vereins waren sieben Mitglieder erforderlich. Die waren schnell gefunden. Am Gründungsabend, am 22. Juli 1960, setzten sogar zehn Männer ihre Unterschriften unter das Gründungsprotokoll.

Kurz vorher hatten wir einen sechzehn Quadratmeter großen Raum in Celle, Breitestraße 3, als erstes BRUDERHAND-Büro eingerichtet. Dort kam es dann auch zur Gründung des neuen Vereins.

Siegfried Lange[20] übernahm den Vorsitz, ich wurde zweiter Vorsitzender, Siegfried Röseler wurde als weiteres Mitglied in den Vorstand gewählt.

Als Vereinszweck stand unter anderem – und steht heute noch (mit einigen Ergänzungen) – in der Satzung:

- »Der Verein verfolgt ausschließlich und unmittelbar gemeinnützige, christliche, missionarisch-diakonische Ziele.
- DIE BRUDERHAND verkündigt und lehrt Gottes Wort nach dem Alten und Neuen Testament der Bibel. Dies geschieht durch Evangelisation, Schulung, Freizeiten, seelsorgerliche Dienste, äußere Mission sowie Herausgabe und Verbreitung von christlicher Literatur …

- DIE BRUDERHAND möchte das biblische Verständnis für Evangelisation, Mission und Diakonie fördern.
- DIE BRUDERHAND unterstützt Missionare und Bedürftige und leistet Hilfe bei Katastrophen.
- DIE BRUDERHAND ist ein kirchenunabhängiges evangelikales Glaubenswerk. Sie ruft angesichts der großen Herausforderungen unserer Zeit zu brüderlicher Handreichung innerhalb der Reichgottesarbeit auf.«

Keins der Gründungsmitglieder konnte ahnen, welche Ausmaße die unscheinbare Hühnerstall-Geschichte einmal haben würde. Am 1. Januar 1961 schrieb ich in mein Tagebuch:

Ich kenne keinen Ort auf der Erde, der mir lieber ist. Inzwischen dient uns die Hütte schon bald zwei Jahre zum Gebet.

Teil 7: Familie und Dienst (1960–1965)

Es gibt Nachwuchs

Eine glückliche Ehe ist sicher ein ganz besonders großes Geschenk, eine glückliche Familie vielleicht das noch größere.

Natürlich kann man auch im Ledigen- oder Witwenstand ein sehr erfülltes Leben haben. Dafür gibt es viele Beispiele. Sollten einem Menschen – trotz Ehe- oder Kinderwunsch – der eine oder sogar beide Wünsche unerfüllt bleiben, so stehen trotzdem viele Wege offen zu einem reichen und erfüllten Leben. Wie oft habe ich gerade an dieser Stelle über die großartigen Möglichkeiten und Führungen Gottes gestaunt.

In meinem Fall waren aber gerade die Ehe und die Familie ganz wichtige Lernfelder für meinen weltweiten Dienst, und ich bin Gott so dankbar für die unverdient gute Führung in unserem Leben.

Zehn Monate nach unserer Hochzeit waren wir bereits zu dritt. Einige Zeit vorher hatte mir eine ältere Frau während eines auswärtigen Dienstes einen ziemlichen Schock versetzt. Auf ihre Frage: »Haben Sie eigentlich Kinder?«, hatte ich geantwortet: »Noch nicht.« Und sie hatte mir – sehr überzeugt wirkend – gesagt: »Das ist sicher gut! Sie kennen doch bestimmt den Spruch: Pfarrers Töchter und Müllers Vieh geraten selten oder nie!«

Nein, den Spruch hatte ich noch nie gehört. Aber zu der Zeit war unser erstes Kind schon lange unterwegs, und wir konnten die Zeit der Ankunft kaum abwarten. Doch an dem Tag bin ich richtig besorgt heimgefahren. Sollte da wirklich etwas dran sein? Gab es diesbezügliche Beobachtungen?

Wie froh bin ich, dass sich die »Prophezeiung« der alten Dame nicht erfüllt hat.

Unser erstes Kind

Kinderkriegen ist ja Frauensache, darum kann wohl kein Mann wirklich ermessen, was manch eine Frau bei der Geburt eines Kindes durchmacht. Obwohl wir nun schon zehn Monate glücklich verheiratet waren – in *der* Nacht hat Margrit sich wohl hundertmal gewünscht, sie wäre mir nie begegnet, sie hätte nie geheiratet und wäre nie schwanger geworden.

Doch noch in derselben Nacht änderte sie ihre Meinung. Ich glaube, Margrit war die glücklichste Mutter der Welt, als sie zum ersten Mal ihre neugeborene Tochter in den Armen hielt.

Die meisten Kinder werden wohl in der Nacht geboren. So war es auch bei uns. Natürlich waren wir schrecklich aufgeregt. So behutsam wie in dieser Nacht war ich noch nie Auto gefahren.

Die Schwangerschaft war ohne irgendwelche Probleme verlaufen. Vielleicht war es leichtsinnig von uns, aber Margrit hatte tatsächlich bis kurz vor der Geburt nie einen Arzt aufgesucht. Es ging ihr so gut, und wir waren die glücklichsten Leute im ganzen Land. Kurz vor der Geburt erkundigten wir uns, woran man erkennt, dass es jetzt wirklich losgeht und wo man sich dann einfinden sollte. Erst als die sicheren Zeichen eintrafen, machten wir uns – mitten in der Nacht – auf den Weg. Dann verlief alles ganz »normal«.

Nach der Geburt habe ich noch lange auf dem Parkplatz im Auto gesessen und staunend nachgedacht und für unser Kind gedankt und gebetet.

Karina – das heißt: »die Liebliche«

Wie alle werdenden Eltern hatten wir uns viele Gedanken über mögliche Namen für unsere Kinder gemacht. Während einer Autofahrt in der Zeit der Schwangerschaft zog Margrit einmal eine besonders gute Tafel Schokolade aus ihrer Handtasche und verteilte sie stückchenweise. Plötzlich fiel ihr Blick auf den Namen der Schokolade: »Karina«, das heißt: »die Liebliche«. Und sofort waren wir uns einig: Das ist der Name! Wenn es eine Tochter wird, soll sie Karina heißen! Wenn es eine Tochter wird – das wussten wir bis zur Stunde der Geburt natürlich nicht.

Wie sehr hatten wir uns eine Tochter gewünscht. Und genauso kam es. Neben unserm Hochzeitstag war es einer der schönsten Tage in unserer bewegten gemeinsamen Geschichte.

Und was schreibe ich hier? Das weiß doch jeder, der selbst Kinder hat oder sich mit dem Thema beschäftigt: Kein Kind bringt so viel Aufregung, kein Kind wird so oft erwähnt, kein Kind wird so oft vorgeführt, kein Kind wird so oft bestaunt, kein Kind wird so oft fotografiert, kein Kind erfährt so viel Zuwendung – wie das erste. So ist das einfach. So war es auch bei uns.

Karina war auch wirklich einmalig. Sie konnte viel früher sprechen als alle Gleichaltrigen, die wir damals kannten. Bevor sie ihre ersten Schritte machte, sang sie bereits allein einige Lieder, die sie oft von uns oder von Kassetten gehört hatte. Immer wieder habe ich ihre Stimme auf Tonband aufgenommen und anschließend Verwandte damit in Staunen versetzt.

Auf ihren ersten Zahn mussten wir allerdings furchtbar lange warten. Wir hatten bereits Sorge, sie würde gar keine Zähne bekommen. Ja, wir hatten uns sogar einmal erkundigt, ob es so etwas schon mal gegeben hatte. Unsere Sorge war aber unbegründet. Der erste Zahn kam, und danach folgten noch viele weitere.

Bei ihren unzähligen Gehversuchen brachte sie uns manchmal fast zur Verzweiflung. Sie hatte eine besondere Technik: Dabei ist sie kaum einmal auf die Nase gefallen, weil sie sich, sobald man sie einmal kurz losließ, einfach hinsetzte und lachte. Das war mühsam. Nun, der ganze Prozess dauerte etwas länger, aber irgendwann stand sie doch allein auf ihren kleinen Füßchen und lief sicher durch die Wohnung.

Ich greife jetzt mal etwas vor. Inzwischen sind ja viele Jahre vergangen, und ich könnte ebenso viele Seiten füllen mit Familiengeschichten, die sich tief in meine Erinnerungen eingeprägt haben. Unsere Freude an Karinas Geburt war riesengroß; die Freude an ihrer ganz persönlichen Entscheidung für Jesus fast noch größer.

Unvergesslich ist für mich der Sonntagnachmittag, als ich wieder einmal von einem auswärtigen Dienst nach Hause kam und Karina mir um den Hals fiel und mir freudestrahlend von ihrer Bekehrung erzählte.

Während ich auswärts eine Predigt hielt, hatte Siegmund Schmidt[21] bei uns eine Kinderstunde übernommen. Eigentlich war Karina ja von zu Hause aus bestens informiert, aber an jenem Sonntag bei der anschaulichen Erzählung des Gleichnisses vom verlorenen Schäfchen wurde sie von Jesus total überführt. Sie erkannte ihre Verlorenheit und war überwältigt von der Erkenntnis, dass Jesus, der gute Hirte, sich aus Liebe für sie ganz persönlich auf den Weg gemacht hatte, um sie zu suchen und zu finden. Sie ging im Anschluss an diese Kinderstunde zu Siegmund Schmidt in die Seelsorge und traf eine echte persönliche Entscheidung für Jesus. Siegmund sagte mir nachher: »Wenn ich je eine echte Bekehrung erlebt habe, dann heute Morgen!«

Berufungen lassen sich ja nicht vererben. Aber manchmal hatte ich den Eindruck, dass Karina sich oft genauso verhielt wie ich in den Jahren nach meiner Bekehrung. Sie scheute keine Mühe, andere mit Jesus bekannt zu machen. In der Jugend- und Gemeindearbeit hat sie bis zu ihrem Weggang zum Studium tiefe Spuren hinterlassen.

Bestätigung meiner Berufung

1960, nach fast einem Jahr Gebet in unserer Hütte, hatten wir das Missionswerk offiziell gegründet, aber nach außen traten wir in unserer Gegend kaum in Erscheinung. Siegfried Lange war inzwischen mit seiner Frau und den beiden Kindern in unsere Gegend gezogen. Vorher hatten sie in Hamburg gewohnt. Manchmal reiste er zu Diensten in die Schweiz. Dabei erzählte er Freunden von unseren Plänen. Ich predigte auch gelegentlich in verschiedenen Gemeinden. Im Übrigen gingen wir unseren Berufen nach und sahen unseren geistlichen Auftrag weiterhin hauptsächlich im Gebet und in der kleinen Hausversammlung. Unser wichtigster Treffpunkt war immer noch die Hütte.

Dann kam für mich ein ganz außerordentlicher Sonntagabend. In unserm Gottesdienst sprach ein Gastredner über das Thema »Berufung, Ausrüstung, Dienst«. Jeder Satz traf mich.

Während der Predigt hatte ich ständig den Eindruck, dass ich meinen Beruf aufgeben sollte, um vollzeitlich in den Verkündigungsdienst zu gehen. Ich zitterte. Ich dachte, Margrit würde das überhaupt nicht verstehen. Wir hatten schließlich eine zehn Monate alte Tochter, und das zweite Kind war bereits unterwegs. Für richtige Evangelisationen hatte ich auch keinerlei Dienstanfragen.

An dem Abend bin ich fast schweigend mit Margrit nach Hause gegangen. Plötzlich sagte sie: »Du bist heute so still.« Und ich erwiderte spontan: »Aber du bist auch so still.« Zu Hause angekommen, erzählte ich ihr zögernd mein Erlebnis.

Da geschah etwas fast Unbegreifliches. Margrit sagte mir: »Du, ich habe den ganzen Abend gedacht: Die ganze Predigt ist doch nur für Wilhelm.«

»Wirklich?«, fragte ich. »Und wärst du damit einverstanden?«

Kleine Pause.

»Ja«, sagte sie, »wenn das Gottes Wille ist, dann wollen wir den Weg gemeinsam gehen.«

Die Kündigung

Kurz darauf saß ich vor meiner Schreibmaschine, um unsere gemeinsame Entscheidung zu Papier zu bringen. Kein anderer wusste damals etwas von unserem waghalsigen Entschluss. Ich schrieb noch am selben Abend meine Kündigung.

Als Siegfried Lange einige Wochen später von einem Dienst aus der Schweiz zurückgekehrt war und wir ihm von unserer Entscheidung erzählten, sagte er, dass er es schon einige Monate geahnt hätte.

Damals hatte ich einen Arbeitsplatz, der mir außerordentlich gefiel. Ich sah es kommen, dass mein Firmenchef alles daran setzen würde, mich von meinem Entschluss abzubringen. Dem wollte ich vorbeugen. Darum betonte ich in meinem Kündigungsschreiben, dass ich fest entschlossen sei, jetzt diesen neuen Weg zu gehen, und mit keiner Gehaltserhöhung oder anderen Angeboten der Firma zum Bleiben zu bewegen sei.

Am andern Morgen gab ich die Kündigung meinem Chef. Es gab tatsächlich ein langes Gespräch mit ihm über meine Möglichkeiten einerseits und über das große Risiko andererseits. Immer wieder appellierte er an meine Verantwortung als Familienvater. Das Gespräch ging mir sehr nahe. Aber mein Entschluss stand fest. Ich bin dann noch einige Monate in der Firma geblieben, um meinen Nachfolger möglichst gut einzuarbeiten.

Den Wortlaut meiner Kündigung und die Antwort meines Chefs habe ich damals zur Erinnerung in mein Tagebuch geschrieben:

Sehr geehrter Herr Meyer!

Nach ernsthaften Überlegungen habe ich mich heute zu diesem Brief entschieden. Ich möchte gleich zu Anfang erwähnen, dass nicht irgendein Versäumnis Ihrerseits oder irgendeine Unzufriedenheit meinerseits (in Bezug auf meine Arbeit, Betriebsklima oder Gehalt) mich zu diesem Schritt geführt haben, sondern dass eine ganz bestimmte, innere Berufung und Führung mich zu dieser Entscheidung geführt haben.

Seit Monaten hat mich immer und immer wieder die Frage beschäftigt, wie ich – trotz meiner beruflichen Bindung – zu einem besseren Dienst in der Reichgottesarbeit kommen kann. Das scheint mir aber, wenn beides gelingen soll, unmöglich zu sein.

Ich kann es wirklich mit gutem Gewissen aussprechen, dass ich nie eine Arbeit mit so viel Freude ausgeführt habe, wie die Arbeit in Ihrem Geschäft. Aber ich habe nur ein Leben, und ich möchte es in Zukunft ganz in der Reichgottesarbeit einsetzen.

Seit dem 1.12.1959 arbeite ich zum zweiten Mal in Ihrem Unternehmen. Heute möchte ich mein Arbeitsverhältnis kündigen und zwar zum nächstmöglichen Termin. Ich freue mich auf ein Gespräch mit Ihnen in Ihrem Büro.

Hochachtungsvoll, Ihr Wilhelm Pahls

Antwort von Herrn Meyer:

Lieber Herr Pahls!

Wenn Sie mein Sohn oder ein Verwandter von mir wären, würde ich alles versuchen, um Sie vor diesem Schritt zu bewahren. Ich würde mich – wenn es sein müsste – stundenlang mit Ihnen befassen, bis Sie Ihren Irrtum einsehen. Sie sind sonst so intelligent, darum kann ich nicht begreifen, dass Sie so etwas Unvernünftiges tun wollen.

Mit den besten Wünschen, H. J. Meyer

In den Monaten nach meiner Kündigung war die Hütte mein bester Platz. Am 3. Februar 1961 schrieb ich in mein Tagebuch: »Wir hatten eine Gebetsnacht. Erhard, Siegfried, Hermann, Erwin und ich nahmen daran teil. Erwin und ich blieben bis zum Morgen um 5:30.«

DIE BRUDERHAND kauft ein Baugrundstück

Das Zentrum des Missionswerkes war eigentlich die Hütte. Außerdem hatten wir seit einem halben Jahr ein kleines Büro in Celle, aber das konnte natürlich keine Dauerlösung sein. Wir hatten alle den starken Wunsch nach einem größeren Haus. Wir dachten vor allem an Freizeiten für Beter. Auch in dieser Angelegenheit brachten wir alles vor Gott.

Nachdem wir uns verschiedene Objekte in der Lüneburger Heide angesehen hatten, kam es am 11. Februar 1961 zu einem richtigen Durchbruch. Mein Vater hatte ja einen Bauernhof und auch Bauland außerhalb des Dorfes. Er war bereit, dem Missionswerk für nur 2500 Mark ein Baugrundstück[22] zu verkaufen. Die Übernahme erfolgte aber erst ein Jahr später. Am 27. März 1962 war alles Nötige geregelt; wir hatten auch die fällige Summe zusammen und konnten den Betrag zahlen.

Die Straße, an der das Grundstück lag, hieß damals »Hungerkampsweg«. Wir fanden den Namen schrecklich und nannten die Straße deshalb einfach bei jeder Gelegenheit »Waldweg«, weil sie kurz hinter dem Grundstück in den Wald führt. Bei allen Behördenkontakten stand auf unsern Briefköpfen und Briefumschlägen in unserer Adresse: Waldweg 3. Wie haben wir uns gefreut, als der Hungerkampsweg eines Tages tatsächlich offiziell in Waldweg umbenannt wurde.

Der vollzeitliche Dienst

Am 30. März 1961 war mein letzter Arbeitstag. Mit großer innerer Gewissheit bin ich damals in den vollzeitlichen evangelistischen Dienst eingetreten, ohne zu wissen, ob überhaupt jemand an richtigen Evangelisationen interessiert sein würde, ohne zu wissen, woher das Geld für den Familienunterhalt kommen sollte. Es war unser größter Glaubensschritt.

Die erste eigene Wohnung

Fast zwei Jahre waren wir inzwischen verheiratet. Immer noch wohnten wir bei den Eltern. Das hatte natürlich viele Vorteile. Vor allem brauchten wir nie einen Pfennig zu zahlen. Wir saßen sogar mit den Eltern und Geschwistern zusammen am Tisch und hatten alles umsonst.

Andererseits haben wir uns natürlich sehr nach einem eigenen Zuhause gesehnt. Der Wunsch ging in Erfüllung, als wir am 1. April 1961 zum ersten Mal in Celle unser Abendessen gemeinsam im eigenen Heim einnahmen – einer kleinen Wohnung im 1. Stock eines Einfamilienhauses, das einem Gemeindeglied der Celler Gemeinde gehörte. Das neue Gefühl kann man gar nicht beschreiben. Ich weiß heute noch, dass ich an dem Abend neun Tassen Tee getrunken habe. Wir waren überglücklich, obwohl alles so schrecklich primitiv war. Den Küchenschrank hatte ich selbst gebaut. Den alten Herd hatten wir ein paar Tage vor dem Einzug für ein paar Mark gekauft. Im Badezimmer fehlten noch viele Fliesen. Das Wohnzimmer war fast leer. Trotzdem fühlten wir uns wie im Paradies. Auf diesen großen Augenblick hatten wir so lange, so sehnsüchtig gewartet. Jetzt konnte es richtig losgehen.

Bist du in Not?

Mitte April 1961 hatten wir das erste Inserat in der »Celleschen Zeitung«. Der Inhalt: »Bist du in Not? Gleich welcher Art. – Wir möchten dir helfen!« Darunter stand die Adresse des Missionswerks. Einen Telefonanschluss hatte ich gleich nach dem Einzug in die Wohnung beantragt, aber darauf musste man damals ein ganzes Jahr warten. Das »Büro« war eine Ecke in unserm Wohnzimmer. Ich war Büroleiter, Kassierer, Buchhalter, Briefseelsorger. Außerdem kümmerte ich mich damals um die Autos. Natürlich blieb ich weiterhin ein treuer Hüttenbesucher und predigte gelegentlich in unserer Stubenversammlung.

Bald kamen auf unsere Inserate hin so viele Hilferufe von kaputten Leuten, dass ich gar nicht allen Bedürfnissen nachkommen konnte. Manche haben mich damals auch schamlos ausgenutzt.

Ich zitiere hier mal ein paar Eintragungen aus meinem Tagebuch.

9.4.1961: *Ein junger Mann aus der Schweiz ist bei uns zu Besuch. Heute Morgen fuhren wir wieder in die Stadt, um mit Menschen über Jesus zu sprechen. Wir fanden einen Betrunkenen auf der Erde. Er hatte schon zwei Tage getrunken und in der Zeit kaum etwas gegessen. Sein Gesicht war blutverschmiert. Wir nahmen ihn mit. Nachdem er sich bei uns gebadet hatte, gaben wir ihm warme Getränke. Er hat aber kaum etwas gegessen. Wir sprachen mit ihm über sein Seelenheil. Schließlich brachten wir ihn nach Hause. Er wohnt in einem Nachbarort.*

Dann hatten wir ein langes Gespräch mit einem jungen Mann. Wir sprachen mit ihm über Sünde, über Vergebung, über die Ewigkeit. Er ist sehr offen. Anschließend fuhren wir zur »Herberge zur Heimat«. Danach machten wir noch einen Besuch im Gefängnis.

Am Abend waren wir in unserer Versammlung. Danach gingen wir noch mal zwei Stunden betend durch die Stadt.

10.4.1961: *Heute Nachmittag war ich lange allein im Wohnzimmer. Ich hatte mir viel Zeit genommen fürs Gebet. Plötzlich hörte ich Margrit im Schlafzimmer schreien. Ich lief zu ihr. Dort stand Margrit und hatte Karina auf dem Arm. Die Arme hingen herunter. Karina atmete nicht. Dann nahm ich Karina zu mir. Wir bewegten ihre Arme hin und her und beteten beide laut um Hilfe. Es waren schreckliche Augenblicke. Langsam fing Karina wieder an zu atmen, dann sagte sie die ersten Worte. Und dann war alles wie vorher, als wäre nichts gewesen. Dem Herrn sei Dank! – Margrit ist hochschwanger. In einem Monat erwarten wir das zweite Kind.*

21.4.1961: Heute haben wir einen gebrauchten, aber gut erhaltenen VW-Bus für DIE BRUDERHAND erhalten. Der steht jetzt hauptsächlich mir zur Verfügung.

Übrigens: Dieser VW-Bus – unten grün, über der Gürtellinie hellbeige – wurde auf allen vier Seiten sehr auffällig beschriftet. Weil das Auto so ins Auge stach und ich ständig damit unterwegs war, kannte bald jeder DIE BRUDERHAND, jedenfalls dem Namen nach.

29.+30.4.1961: Gestern habe ich in Hamburg gepredigt. Am Sonntag hatte ich eine Versammlung in Halstenbeck.

2.5.1961: Heute habe ich den ganzen Tag Mitteilungsblätter für DIE BRUDERHAND gedruckt.

4.5.1961: Heute habe ich Material eingekauft. In den nächsten Tagen werde ich einer älteren Glaubensschwester ein Badezimmer einrichten.

5.+6.5.1961: Gestern und heute habe ich das versprochene Badezimmer eingerichtet.

7.5.1961: Heute hatte ich wieder eine Versammlung in Hamburg.

8.5.1961: Nun habe ich die Restarbeiten in dem Badezimmer gemacht und am Abend noch mal in Hamburg gepredigt.

9.+10.5.1961: Zwei Tage habe ich mir freigehalten zum Fasten und Beten. Die meiste Zeit habe ich in der Hütte verbracht.

Unser zweites Kind

Inzwischen waren wir ja schon einige Zeit glückliche Eltern. Dass unser erstes Kind ein Mädchen war, hat uns besonders gefreut. So hatten wir es uns gewünscht.

Nun waren wir gespannt. Besonders ich hatte den großen Wunsch, dass es diesmal ein Junge sein würde. Wir erfuhren es erst, als wir den Kleinen das erste Mal sahen, und waren überglücklich.

Hier eine Eintragung aus dem Tagebuch:

Heute feiern wir Himmelfahrt! Es ist Donnerstag, der 11. Mai 1961.

Heute Morgen um 07:00 Uhr hat uns der Herr einen gesunden Sohn geschenkt. Er soll Daniel heißen!

»Siehe, Kinder sind eine Gabe des Herrn, und Leibesfrucht ist ein Geschenk« (Psalm 127,3).

Menschlich gesehen war unsere ganze Zeitplanung schrecklich unvernünftig. Wir hatten keine Ersparnisse. Wir waren seit sechs Wochen nicht mehr in der Krankenkasse und mussten deshalb natürlich die Kosten für die Geburt selber tragen. Auch »Stillgeld« gab es für uns nicht mehr wie beim ersten Kind. Es gab überhaupt keine Stelle, die uns irgendetwas schuldig gewesen wäre. Doch gerade in dieser Zeit und in den Jahren danach haben wir die größten Wunder der Versorgung erlebt. Ich weiß gar nicht, wie wir ohne diese Erfahrungen die späteren Jahre hätten durchstehen können.

Bei der Suche nach einem Namen, der uns beiden richtig gefiel, stießen wir immer wieder auf »Daniel«. Bei den Namen für Neugeborene kam der Name Daniel damals aber praktisch nicht vor. Doch wir kamen nicht davon los. Wir wussten, dass es ein hebräischer Name war. In der Bibel war Daniel ein großer Prophet.

Daniel – das heißt: »Gott sei mein Richter«

Unser zweites Kind wurde auch in der Nacht geboren, auch in Celle, im selben Krankenhaus, im selben Kreißsaal, mit Hilfe derselben Hebamme. Sie erinnerte sich gut an Margrit und wunderte sich, dass sie nach fünfzehn Monaten schon wieder da war. Sie wunderte sich auch darüber, dass Margrit das Kind möglichst lange stillen wollte. Damals haben viele Mütter möglichst schnell damit aufgehört. Wir waren da ganz anderer Meinung. Die Hebamme meinte auch, dass wir jetzt genug Kinder hätten und Margrit ihre Eileiter doch in Verbindung mit der Geburt hätte unterbinden lassen können. Auch das sahen wir ganz anders. Wir wünschten uns mindestens vier oder mehr.

Wir bekamen später noch zwei weitere Kinder. Aber von allen war Daniel mit Abstand das unkomplizierteste. Er konnte viel früher laufen als Karina. Daniel war genügsam und lieb, klug und fleißig. Er hat uns nie Probleme gemacht. Er hatte keine Feinde.

Sehr früh hatte er den Wunsch, einmal Prediger zu werden. Einmal belauschten wir die Kinder, als sie »Versammlung« spielten. Natürlich war Daniel der Prediger. Er stand auf einer kleinen Erhöhung und hielt mit gekonnten Handbewegungen eine ergreifende »Predigt«. Die Kurzbotschaft bestand aus nur einem Wort, das er immer wiederholte: »Predige! Predige! Predige!« Die andern hörten gebannt zu.

Eines Tages rief Margrit mich ans Küchenfenster. Draußen war gerade ein Umzug. Die Kinder spielten »Hochzeit«. Die Braut hatte sogar einen Schleier aus einer alten Gardine, der Bräutigam trug eine Fliege – beide todschick. Daniel war natürlich wieder der Pastor. Seine Ansprache muss wohl sehr kurz gewesen sein. Wir haben gar nichts vom Inhalt mitbekommen. Bei der Kinderhochzeit hatten sie ein gemischtes Publikum. Ein Kind aus einer Nachbarfamilie hatte einen Solobeitrag und sang: »Ich will 'nen Cowboy als Mann ...« Die andern Kinder sangen Lieder, die sie in der Kinderstunde gelernt hatten. Einige Fotos erinnern heute noch an das lustige Fest.

Oft wiederholte sich, was ich selbst früher auf dem Bauernhof erlebt hatte. So wie Papa die Arbeit verteilte und erwartete, dass sie auch erledigt wurde, so zog auch ich unsere Kinder früh zur Mitarbeit heran. Vielleicht habe ich es bei Daniel sogar etwas übertrieben. Wie oft hat er mir auf der Baustelle geholfen. Für jeden Stein, den er zum Förderband trug, machte er einen Strich auf den Sandboden. Für jeden Strich gab es nach getaner Arbeit einen Pfennig als Belohnung.

Es kam sogar vor, dass er nach der Schule, wenn bis zum Mittagessen noch etwas Zeit war, von sich aus erst einmal auf die Baustelle ging, um dort noch etwas zu helfen.

Die Kinder hatten den großen Wunsch, eigene Kaninchen zu haben. Doch wer sollte sie regelmäßig füttern? Das wollten alle. Aber in Wirklichkeit hat doch nur Daniel für das Wohl der Tierchen gesorgt.

Ich kaufte eine Sense und erklärte Daniel genau, wie man damit umgeht. Schnell hat er die Kunst des Mähens gelernt. Bald kannte er die Stellen, wo das beste Gras zu finden war. Ich war stolz auf ihn, wenn er mit gekonnten Zügen mit »seiner« Sense das saftige Gras mähte. Und wenn er die Sense schärfte, konnte man es oft von weitem hören.

Eines Tages kam ein fremder Hund in unsern Garten. Wir hatten ihn schon einige Male im Dorf beobachtet. Nachdem die Kinder ihm etwas Essbares gegeben hatten, verließ er uns nicht mehr. Alle vier wollten ihn unbedingt behalten. Schließlich haben auch Margrit und ich uns für das herrenlose Tier entschieden. Nun musste auch ein Name gefunden werden, aber dabei wurden wir uns schnell einig. Natürlich hieß er »Prinz«. Doch ein Hund braucht auch Bewegung und eine gewisse Betreuung. Ohne große Überredungskünste war Daniel schnell bereit, regelmäßig seine Runden mit Prinz zu drehen.

Bei vielen Arbeiten – auch im Garten – half Daniel mir; aber obwohl er so ein fleißiger Helfer war, hatte ich bei ihm schon früh den Eindruck, dass seine spätere Berufung eher in eine andere Richtung gehen würde.

Er war ein außerordentlich guter und fleißiger Schüler. Auch im Musikunterricht war er sehr gewissenhaft; er machte ganz schnell Fortschritte und konnte schon bald die Lieder im Gottesdienst begleiten.

Bis zu seinem Abitur teilte er sein Zimmer mit Martin, seinem jüngeren Bruder. Ich kann mich nicht daran erinnern, dass er jemals etwas anderes erwartet hätte.

Schon bald nach seinem Abitur begann er sein Theologiestudium an der STH[23] in Riehen bei Basel. Er ist heute Pastor einer Gemeinde.

Nun, ich habe auch in diesem Fall wieder etwas vorgegriffen …

Die Wunder der Versorgung

Nachdem wir unser eigenes Heim in Celle bezogen hatten, blieben wir noch eineinhalb Jahre in Deutschland. Über die vielen Wunder der Versorgung und über die anderen täglichen Abenteuer ließe sich ein weiteres spannendes Buch schreiben.

Es kam zum Beispiel vor, dass Margrit mit 2,50 Mark zum Einkaufen ins Lebensmittelgeschäft ging. Es kam auch vor, dass wir einige Tage überhaupt kein Geld mehr im Haus hatten. Manchmal fuhr ich zu einem Dienst in dem Wissen, dass das Benzin höchstens für die Hinreise reichen würde. Aber in der Regel kam ich dann mit einem vollen Tank nach Hause und hatte meist auch noch etwas für die Haushaltskasse dabei.

Die Wohnungsmiete war, wie üblich, bis zum 3. des Monats fällig. Nur einmal haben wir erlebt, dass wir an einem 3. am Frühstückstisch saßen und – obwohl wir so viel darum gebetet hatten – überhaupt kein Geld hatten. Als Margrit kurz darauf zur Haustür ging, entdeckte sie einen Briefumschlag auf dem Fußboden. Was fand sie in dem Umschlag? Die Summe reichte für die Mietzahlung und für einen dringend nötigen Einkauf. Wir haben nie erfahren, wer der großzügige Spender war.

Es war eine unheimlich spannende Zeit. Ich sehne mich nicht nach solchen Zeiten zurück, aber ich möchte sie auch auf keinen Fall missen.

Evangelist im Wartestand

Ich hatte inzwischen viele Biografien von bekannten Evangelisten gelesen. Sie alle evangelisierten eine ganze Woche oder zwei Wochen oder noch länger an einem Ort. Mancherorts kamen viele Menschen zum Glauben. So etwas hatte ich noch nie erlebt. Ja, einige Menschen hatten sich auch durch meinen Dienst für Jesus entschieden, aber immer nur in Verbindung mit Einzeldiensten.

Immer größer wurde der Wunsch, in unsern umliegenden Dörfern zu evangelisieren. Wir gründeten sogar einen kleinen Posaunenchor für die geplanten Freiversammlungen. Schließlich hatten wir einige Säle und auch Schulen gefunden, die wir für unser Vorhaben nutzen konnten. Wir beteten, fasteten, druckten Einladungszettel, verteilten sie und warteten dann auf den großen Ansturm. Aber es kam ganz anders. Nur ganz wenige trauten sich in unsere Versammlungen. Nach drei Abenden brachen wir den ersten Einsatz ab. Es war sehr entmutigend, aber aller Anfang ist bekanntlich schwer.

Wir wandten uns dann ganz dem zweiten Ort zu. Dort gab es auch keine lebendige Gemeinde. Und uns kannte niemand. Wieder gingen wir mit viel Gebet an die Arbeit. Wir machten Musik auf dem Schulhof. Die Einladungszettel hatten wir diesmal den Lehrern gegeben, mit der Bitte, sie allen Schülern mitzugeben. Das ist wohl auch geschehen. Aber keiner kam. Doch, eine ältere Frau. Sie kam sogar bis zum Eingang des Saales. Als sie den leeren Saal sah, erschrak sie wohl, drehte um und machte sich wieder auf den Heimweg. Wir hatten an dem Abend tatsächlich keinen einzigen Besucher. Am andern Morgen war ich wieder bei den Lehrern und bat sie, den Kindern eine Nachricht mitzugeben, dass die geplante Evangelisation nicht stattfinden würde.

Erst später erfuhren wir, dass sie von einer gewissen Seite vor uns gewarnt wurden und dass fast alle meinten, sie hätten es hier mit einer gefährlichen Sekte zu tun.

Während dieser ganzen Übergangszeit hatte ich genügend Arbeit. Wer die ganze Familie Pahls kennt, weiß, dass das normalerweise sehr fleißige Leute sind. Die Eigenschaft war mir wohl schon mit in die Wiege gelegt worden. Ich las viel in der Bibel und in guten Büchern, ich nahm mir viel Zeit fürs Gebet, dazu kamen die Betreuung unserer Autos, mancherlei Seelsorgepost und die Buchhaltung und auch eine ganze Menge Predigtdienste da und dort. So vergingen die Monate. Es war eine gesegnete Zeit, aber tief in meinem Herzen sehnte ich mich nach einem ganz anderen Dienst.

Erfahrungen als Zeltdiakon

Schließlich kam der Sommer 1961. Eines Tages wurde ich gefragt, ob ich bereit wäre, einen verhinderten Zeltdiakon in der Schweiz zu ersetzen. Das gefiel mir. Endlich mal eine richtige Evangelisation! Wenn auch nicht als Redner, so doch wenigstens als »rechte Hand des Evangelisten«. Ich war sicher, dass ich bei dem Einsatz sehr viel für meinen späteren Dienst lernen würde.

Hinter dem Missionszelt stand ein alter Bauwagen mit einem kleinen Fenster in der Tür. Zwei Drittel dienten als Lager für Werkzeug und allerlei Kleinkram, das vordere Drittel war als Unterkunft für den Diakon gedacht. Ein Vorhang trennte die beiden Teile. Im Wohnbereich stand ein Bett, auf der anderen Seite ein Gestell mit einigen Ablagemöglichkeiten und oben drauf eine Elektrokochplatte. Für die Kleider gab es einige Haken. Den Koffer und die Schuhe konnte man hinten beim Material ablegen. Das war nun meine Unterkunft für zwei Wochen: Wohnzimmer, Schlafzimmer, Küche, Studierzimmer – der Wohnteil hatte knapp vier Quadratmeter. Einen Waschraum gab es in der Nähe des Zeltes am Rand des Sportplatzes.

Eigentlich sollte ich mittags bei verschiedenen Gemeindegliedern essen. Morgens und abends sind Zeltdiakone normalerweise Selbstversorger. Einige Male habe ich die Angebote angenommen und sehr beeindruckende Schweizer Gastfreundschaft erlebt. Doch das war alles äußerst umständlich. Ich verlor auf diese Weise viel Zeit. Nach wenigen Tagen entschied ich mich für die totale Selbstversorgung.

Ich hatte ja eine Elektrokochplatte und einige Küchenutensilien. Neben der Kochplatte stand ein 10-Liter-Eimer für Wasser. In dem kleinen Regal hatte ich eine 1-Liter-Flasche mit

Himbeersirup vorgefunden. Ganz schnell hatte sich alles eingependelt. Ich hatte dann so mein tägliches Ritual. Morgens machte ich mir Tee und aß Brot und Käse. Mittags machte ich mir »Gschwellti« (Pellkartoffeln). Die schmeckten so gut. Dazu brauchte ich keine Beilagen. Ich trank Unmengen Wasser mit Himbeersirup. Zwischendurch aß ich Obst, am Abend gab es nur Joghurt.

Jeden Nachmittag hatten wir eine Kinderstunde, abends eine evangelistische Versammlung mit vielen Liedern, einem Zeugnis, Gebet und einer Predigt. Ich war vor allem für die Technik und für die Ordnung im Zelt verantwortlich.

Wie gern denke ich an die beiden Wochen zurück. Ich war mein eigener Chef. Ich hatte unendlich viel Zeit, und die nutzte ich richtig aus – vor allem zum Lesen und Beten. Jeden Tag las ich viele Kapitel aus der Bibel. In kurzer Zeit hatte ich die »Lebenserinnerungen« von Charles Finney durchgelesen. Ich kann mit Recht sagen, dass das Buch mein Glaubensleben noch einmal total revolutioniert hat. Abends kam ich meist spät ins Bett. Trotzdem stand ich morgens früh auf. Irgendwo hatte ich mal gelesen:

»Wer länger schläft als sieben Stund,
verschläft sein Leben wie ein Hund!«

Das wollte ich auf keinen Fall. Ich machte nie ein Gelübde (außer bei unserer Hochzeit), aber ich traf viele überaus wichtige Entscheidungen.

Manchmal besuchten mich Gemeindeglieder. Nachdem wir uns einige Zeit unterhalten hatten, lud ich sie ein zum gemeinsamen Gebet. Das war einfach das Wichtigste. Auch der Evangelist besuchte mich öfter. Wir hatten lehrreiche Gespräche und manche gemeinsame Zeit im Gebet.

Der absolute Höhepunkt war natürlich immer die Abendveranstaltung. Wenn die Versammlungen losgingen, drehte ich meine Runden ums Zelt. Echte Störungen hatten wir nie. Wenn die Predigt begann, zog ich mich zurück in meine »Sakristei«. Der Wohnwagen stand ja dicht am Zelt, direkt hinter der Bühne. Bei offenem Fenster konnte ich den Vortrag gut hören. Wenn dann die Predigt zum Abschluss kam und der Evangelist seinen Aufruf machte, betete ich wie Vater Nash[24] für die Zuhörer. Dann ging ich wieder ins Zelt. Wenn dann die Ersten sich zur Seelsorge hin bewegten, wusste ich, dass auch ich Anteil hatte an der Frucht.

Als die Evangelisation schließlich zum Abschluss kam, hatte eine ganze Anzahl Besucher eine Entscheidung für Jesus getroffen. Für mich ist es die erste richtige Evangelisation gewesen – als Diakon.

Natürlich waren meine Gedanken auch viel bei Margrit und den Kindern. Ich schrieb ihr jeden Tag einen Brief und freute mich riesig über Post von zu Hause. In jedem Brief versprach Margrit mir ihre Unterstützung im Gebet. Ich war sicher: Sie stand wirklich total hinter mir.

Während der ganzen Zeit überlegte ich mir, wie ich Margrit ein wenig teilnehmen lassen könnte an meinen Eindrücken in dem schönen Land. Weil noch ein weiterer Einsatz vor mir lag, ließ sich das schon bald einrichten.

Abenteuer am Schweizer Zoll

Mein Leben war ja voller Abenteuer. Eins der größten erlebten wir in diesem Sommer 1961: unsere erste Fahrt mit der ganzen Familie mit dem VW-Käfer in die Schweiz. Wer das Auto kennt, weiß, dass das legendäre Fahrzeug fast keinen Gepäckraum hat. Nur vorn neben dem Benzintank und hinten hinter der Rückbank bot das einmalige Gefährt ein wenig Stauraum. Margrit hatte sich die größte Mühe gegeben, so viel wie möglich auf kleinstem Raum in unseren Koffern unterzubringen. Ich war hauptsächlich mit dem Auto beschäftigt. Ich hatte nicht nur einen Kofferträger auf dem Dach, sondern einen weiteren hinten über dem Motorraum. Immer wieder haben wir uns gefragt: »Was muss unbedingt mit?« Außer den Kleidern für vier Personen, den Esswaren, der Babynahrung, Puder, Salben, Windeln und ein paar Spielsachen musste auch einiges mit auf die Reise, das ich für meinen Dienst brauchte.

Jeder Winkel im Auto wurde ausgenutzt. Auf der Rückbank und im hinteren Fußraum hatten wir manches so geschickt untergebracht, dass Karina obendrauf noch Platz fand. Hinter der Rückbank, in der kleinen Ablage, hatten wir das Lager für Daniel eingerichtet. Das Gepäck war natürlich hauptsächlich auf dem Dach und hinten über dem Motorraum. Sogar ein zusammengelegter Kinderwagen gehörte zu unserm Reisegepäck.

Aber es wurde trotz der Raumnot eine komplikationslose Reise. Daniel hatte sein Lager ja direkt neben dem Motor. Sobald der Motor lief, schlief er ein und erwachte erst wieder, wenn ich den Motor abstellte. Auch Karina machte uns nicht die geringsten Probleme.

Die gab es erst, als wir die Schweizer Grenze erreichten. Gerade hatte ich zu Margrit gesagt: »Nur noch ein paar Minuten, und dann bist du zum ersten Mal im Leben im Ausland.« Dann reichte ich dem Beamten unsere Pässe. Er schaute hinein. Daraufhin sah er uns an. Er schien zufrieden zu sein. Doch plötzlich blickte er ins Auto, sah die Kinder und sagte: »Dangge! Und wo händ Sie d'Ghenderuswies?« (»Danke! Und wo haben Sie die Kinderausweise?«)

Es dauerte etwas, bis ich begriff, was er meinte. Kinderausweise? Das hörte ich zum ersten Mal. Für die kleinen Kinder? Für das Baby? Nein, so etwas hatten wir nicht.

Der Mann wurde ungeduldig. Er wurde richtig laut. Karina fing an zu weinen. Schließlich sagte er: »Denn fahre Sie halt zrugg und bsorge sech di-e Ghenderuswies. Oohni Uswies ghunt do gheine duure.« (»Dann fahren Sie eben zurück und besorgen sich die Kinderausweise. Ohne Ausweis kommt hier keiner durch.«)

Dann mussten wir aus der Autoschlange ausscheren. Margrit saß da und weinte. Ich war fix und fertig. Siebenhundert Kilometer lagen hinter uns. Am Abend wurde ich zum Dienst in der Schweiz erwartet. Aber das interessierte den Mann an der Grenze nicht. Eigentlich hatte er ja auch Recht.

Inzwischen war Daniel wach geworden. Er hatte Hunger

und fing an zu schreien. Da saß ich nun mit meinen drei weinenden Insassen – im VW, auf dem Parkplatz, kurz vor dem Grenzübergang – und war total verzweifelt.

Nachdem Margrit Daniel gestillt und auch Karina beruhigt hatte, beteten wir erst einmal. Dann hatte ich plötzlich eine Idee. Margrit hatte – aus welchem Grund auch immer – das Familienstammbuch unten in einen Koffer gelegt. Darin waren doch die Geburtsurkunden von den Kindern. Aus unseren Ausweisen ging hervor, dass wir in Celle wohnten. Dann sagte ich zu Margrit: »Du, wir fahren jetzt einfach mal in die nächste deutsche Stadt. Vielleicht gibt es da ein Einwohnermeldeamt, und vielleicht finden wir dort einen Beamten, der Erbarmen mit uns hat und uns irgendein Notdokument ausstellt, mit dem wir dann die Grenze passieren können.«

Und genau so geschah es dann auch. Wir fanden die Behörde und den Beamten. Nachdem ich ihm meine Not geklagt hatte, ging alles ganz schnell. Nach einer Stunde kamen wir mit unseren provisorischen Ausweisen wieder zur Grenze. Wie froh waren wir, dass wir von einem anderen Mann kontrolliert wurden. Ohne Schwierigkeiten konnten wir die Grenze passieren. Wir kamen sogar noch rechtzeitig an unserm Zielort an. Auf mich wartete der zweite Einsatz als Zeltdiakon. Während des Einsatzes habe ich mich neben der Arbeit im Zelt natürlich auch um die Familie gekümmert.

Zu der Zeit war auch Ingrid, meine Schwester, zu Besuch in der Schweiz. Wir hatten vereinbart, sie auf der Rückreise mitzunehmen. Sie verbrachte noch ein paar Tage mit uns zusammen, und dann ging es ans Packen und schließlich auf die weite Reise zurück nach Norddeutschland. Auf dieser Fahrt hatten wir natürlich noch mehr Gepäck, obwohl die Möglichkeiten im und auf dem VW-Käfer ja noch dieselben waren. Ich staune heute noch darüber, wie wir das gemeistert haben.

Dramatische Ereignisse

Über Silvester und Neujahr hatten wir die Möglichkeit, an einer Bibelfreizeit in der Schweiz teilzunehmen. Mit sechs jungen Männern machten wir uns auf die weite Reise. Ich war so gespannt. Es war ein abenteuerliches Unternehmen. Damals gab es noch keine durchgehende Autobahn von Hannover bis Basel. Die Autobahn fing erst in Göttingen an, sie hatte einige lange Unterbrechungen und hörte schon in der Nähe von Freiburg auf. Dazu kam das wirklich schlimme Wetter.

Wir hatten eine ganze Nacht und den folgenden Tag für die Reise eingeplant. Schon nach den ersten fünf Kilometern kam uns in einer Kurve ein Autofahrer so nahe, dass unser schöner VW-Bus von vorn bis hinten verschrammt wurde. Es hätte natürlich viel schlimmer ausgehen können. Erschreckend war für uns, dass der Verursacher einfach weiterfuhr. Das war kriminell. Der Schock saß tief.

Lange fuhren wir im Regen. Dann bekamen wir ein Regen-Schnee-Gemisch und schließlich Eisregen. Winterreifen waren damals ein totaler Luxus. Wir hatten jedenfalls keine. Irgendwo in der Nähe von Basel gab der Scheibenwischer seinen Dienst auf. Ich habe dann etwas vom Armaturenbrett abmontiert, so dass abwechselnd einer von uns von innen einen Scheibenwischer von Hand hin- und herbewegen konnte.

Es war mein zweiter Besuch in der Schweiz. Ich wusste bereits, dass Schweizer ihre Sprache so lieben, dass sie nicht so leicht umstellen. »Hänn Sie eppis aazmälde?« (»Haben Sie etwas anzumelden?«), fragte uns der Beamte an der Grenze. Den schwierigen Satz hat er noch zweimal mit großem Nachdruck wiederholt. Wir alle verstanden nur Bahnhof. Nachdem er alle Pässe kontrolliert hatte, wurden wir durchgewunken. Keiner von uns wusste richtig, um was es vorher gegangen war. Wie dankbar waren wir, als wir todmüde, aber wohlbehalten unser Ziel erreichten.

Später fragte mich mal jemand, ob ich nicht wüsste, dass im Himmel Schweizerdeutsch gesprochen würde. Er sagte dann schmunzelnd: »Der Apostel Paulus spricht doch an einer Stelle über die himmlische Sprache. Er sagt: ›Ich hörte unaussprechliche Worte.‹«

Beim ersten Frühstück saß ich neben dem Leiter der Freizeit. Es gab wunderbares Brot, Käse, Butter, Marmelade und Milchkaffee. Nur der Leiter bekam einen Teller mit »Röschti«. So war es dann jeden Morgen.

Die Servierfrau versetzte mich jedes Mal ins Staunen. In der einen Hand hatte sie die Kanne mit Kaffee, in der andern eine fast gleiche Kanne mit heißer Milch. Mit zwei gezielten Schüssen goss sie gleichzeitig dieselbe Menge Kaffee und Milch in die Tasse. »Milchkaffee« nannten sie das. Das war mir ganz neu.

Am Abend hatten wir einige Male nur Brot und Käse und Tee auf dem Tisch. Alle schienen damit zufrieden zu sein. Ich habe mich auch schnell daran gewöhnt. Mittags stand als Getränk immer nur Leitungswasser da. Es schmeckte gut. Ich habe den Brauch weitgehend beibehalten – bis heute. Was mich damals besonders beeindruckte, waren die Salatmengen auf dem Mittagstisch. Seither haben wir auch zu Hause richtig umgestellt. Heute würde ich am liebsten dreimal am Tag Salat essen.

Bei der Konferenz hörten wir tagelang nur Beiträge in »Schwyzerdütsch«. Nach und nach haben wir auch eine ganze Menge verstanden.

Einige Male konnte ich bei der Konferenz auch aus meinem Leben berichten. Das Beste an der ganzen Konferenz war für mich, dass mich nach einigen Tagen jemand ansprach und fragte, ob ich bereit wäre, in seiner kleinen Gemeinde eine Evangelisation durchzuführen. Ich traute meinen Ohren nicht. Eine Evangelisation! Eine richtige Evangelisation! Zwei Wochen sollte sie dauern. Nach einem Tag Bedenkzeit sagte ich zu.

Nach der Bibelfreizeit traten wir sechs unsere Heimfahrt an. Obwohl wir schon am frühen Morgen losgefahren waren, kamen wir erst weit nach Mitternacht zu Hause an. Wir waren fast zwanzig Stunden unterwegs gewesen. Es war noch stockdunkel, als wir uns dem Dorf näherten, in dem wir einen unserer Mitreisenden absetzen wollten. Er hatte einen Bauernhof. Es war das erste Mal, dass er eine so weite Reise gemacht hatte, und er hatte sie richtig genossen. Nun freute er sich auf zu Hause, auf seine Frau, auf seine Kinder. Während die meisten in unserm VW-Bus schliefen, rief der junge Bauer plötzlich: »Unser Hof brennt!« Sofort waren alle im Bus hellwach. Vor uns sahen wir den Himmel, rot wie Blut. Und es war tatsächlich sein Hof. In der Nacht wurden zuerst seine Scheune, dann die Ställe und schließlich auch der größte Teil des Hauses ein Raub der Flammen.

Zum Glück blieb die ganze Familie unverletzt. Die Kinder hatten am Abend in der Scheune mit Feuer gespielt und damit den verheerenden Brand ausgelöst. Als der Mann dann aus dem Bus ausstieg, kam seine Frau auf ihn zu, nahm ihn in die Arme und sagte: »Der Herr hat's gegeben, der Herr hat's genommen; der Name des Herrn sei gelobt« (Hiob 1,21). Ich war überwältigt. Das Erlebnis ging noch tiefer als alles, was ich in der letzten Woche gelernt hatte.

Unser drittes Kind

Das Jahr 1962 hatte mit einer wunderschönen Entdeckung begonnen. Margrit war das dritte Mal schwanger. Wir freuten uns riesig auf den zu erwartenden Familienzuwachs.

Manchmal sprachen wir über gewisse Leute, die so gern verheiratet wären, die aber immer noch allein waren. Warum ging es uns nur so gut? Wir waren die glücklichsten Eheleute auf der Welt. Wir wussten: Wir haben es nicht verdient; es ist ein Geschenk! Wir haben oft dafür gedankt.

Manchmal unterhielten wir uns über uns bekannte Ehepaare, die sich so sehr nach Kindern sehnten, aber immer noch allein waren.[25]

Schon vor der dritten Schwangerschaft hatten wir öfter über unsere Gedanken gesprochen. Wir waren uns einig: Wir wünschten uns weitere Kinder. Jetzt gingen unsere Gedanken oft in die Zukunft, und wir beteten um eine gute Geburt und für den ganzen weiteren Lebensweg. Oft saßen wir zusammen, um wieder nach Namen zu suchen, die uns beiden so richtig gefielen.

Dann kam ein evangelistischer Gottesdienst in der Nähe von Bremen. Ich hatte den Eindruck, dass alle im Raum bereits entschiedene Christen waren. Nur bei dem Mädchen am Flügel war ich mir nicht so sicher. Ihr Vater war der Gemeindeleiter. Ja, die ganze Familie war irgendwo in der Gemeindearbeit aktiv. Nach dem Gottesdienst kamen wir beide ins Gespräch. Ich lobte sie erst einmal für ihren gelungenen Beitrag. Dann fragte ich, wie lange sie schon Heilsgewissheit hätte. Es kam keine Antwort. Stattdessen fing sie an, bitterlich zu weinen. Sie war in einer christlichen Familie aufgewachsen, und weil sie so gut mit dem Instrument umgehen konnte, saß sie jeden Sonntag an ihrem gewohnten Platz. Eine persönliche Entscheidung für Jesus hatte sie aber noch nie getroffen. Sie war sofort bereit zu einem seelsorgerlichen Gespräch.

Bald knieten wir nebeneinander, und Christa nahm Jesus in ihr Leben auf. Ich weiß nicht, wer an dem Tag glücklicher war – sie oder ich. Noch in der Nacht fuhr ich nach Hause und erzählte Margrit gegen Morgen mein Erlebnis. Christas Bekehrung war für uns beide eine ganz große Gebetserhörung. Plötzlich hatten wir auch den richtigen Namen gefunden. Christa, so sollte auch unser Kind heißen, falls es denn eine Tochter sein würde.

Eine Woche später kam ich wieder in dieselbe Gemeinde, und wieder schenkte der Herr uns eine große Gebetserhörung. Nach der Predigt kam Christas Freundin in die Seelsorge. Auch sie traf eine ganz klare Entscheidung für Jesus.

Genau eine Woche später war es dann so weit. Es war der 2. September 1962. In meinem Tagebuch steht: »Heute hat uns der Herr eine gesunde Tochter geschenkt!«

Auch Christa wurde nachts geboren. Leider durften Väter damals noch nicht mit in den Kreißsaal. Aber ich konnte ganz in der Nähe sein. In solchen Stunden beten sogar manche Männer, die sonst mit Glauben gar nichts am Hut haben. Als ich dann endlich ins Zimmer durfte und wir unsere Tochter bestaunen konnten, haben wir beide vor Freude geweint.

Margrit war sehr müde. Ich auch. So haben wir uns schon bald verabschiedet, und ich machte mich gegen Morgen überglücklich mit dem Auto auf den Heimweg. Aber ich kam nicht weit. Mein langes (Auto-)Gebet formte sich in meinen Gedanken zu einem Gedicht. Ich musste es unbedingt aufschreiben.

Ich hatte schon öfter gedichtet (und mache es immer noch). Das erste Mal für meine Verlobte, dann für die Familie, für Verwandte, für Mitarbeiter und gute Freunde. Nebenbei sind später auch mal zwei Lieder entstanden. Sie wurden oft von Hildor Janz und manchen Evangelisationschören gesungen.[26]

Diesmal ging es mir besonders nahe:

»Gib uns Kinder für den Himmel,
Herr, du wollest dafür sorgen,
dass sie dich beizeiten finden
und bei dir dann sind geborgen.«

(Das Gedicht hatte natürlich noch viel mehr Verse.)

Nun saß ich lange bei der schwachen Deckenbeleuchtung im Auto und schrieb Vers für Vers auf ein Stück Papier. Dann wendete ich mein Auto und fuhr zurück zum Krankenhaus. Wie gern hätte ich mein Produkt persönlich an Margrit übergeben. Das war leider nicht möglich. Doch die Nachtschwester versprach mir, den »Brief« sofort auf Margrits Nachttisch zu legen. Es war dann das Erste, was sie nach dem Erwachen in die Hand nahm. Sie war glücklich. Ich hatte ihr aus dem Herzen gesprochen.

Den Namen Christa konnten wir zwar nirgends in der Bibel finden. Aber darum ging es uns auch gar nicht. Wir wollten vor allem einen Namen, der uns beiden gefiel. Es ist ein lateinischer Name, und er hat auch noch eine ganz wunderbare Bedeutung.

Christa – das heißt: »christliche Frau«

Das war ja unser größter Wunsch: »Kinder für den Himmel!«

Jedes Kind hat seine eigene Geschichte. Über jedes Kind könnte man leicht ein ganzes Buch schreiben.

Einige Erlebnisse mit Christa haben sich mir besonders eingeprägt. Damit mache ich einen kleinen Zeitsprung und erzähle erst einmal ein Erlebnis, das mich in Angst und Schrecken versetzte:

Ich saß gedankenversunken oben in meinem Büro. Christa spielte unten auf der großen Terrasse. Plötzlich hörte ich sie heraufrufen. Ein Mark und Bein durchdringendes Geschrei drang an meine Ohren: »Vati! Vati! Vati! Komm schnell!« Ich sprang aus dem Büro. Ich glaube, so schnell war ich noch nie über die Treppenstufen nach unten gerast. Mein Herz raste ebenso.

Endlich stand ich neben ihr. Als ich dann fragte: »Christa, was ist passiert?«, antwortete sie ganz enttäuscht: »Ja, wenn du so langsam kommst …« Dabei hatte ich mich fast überschlagen. »Jetzt ist sie weg!« Ich fragte: »Was ist weg?« Da erklärte sie mir alles: »Na, die Seifenblase! Sooo eine große Seifenblase. So eine große hast du bestimmt noch nie gesehen!« – Ich versuchte sie zu trösten.

Dann ging ich nachdenklich zurück ins Büro. Das gerade Erlebte war für mich wie eine Predigt: So ist das manchmal. Gerade freut sich jemand bei einem großartigen Erlebnis, und kurz darauf ist alles verpufft – wie eine Seifenblase.

Ein Erlebnis ganz anderer Art hatten wir einige Jahre später: Weil ich so viel auf Reisen und oft von der Familie getrennt war, schrieb ich auch den Kindern öfter. Aber auch sie haben mir manchen Brief und manche Postkarte geschrieben. Die schönste Post, die wir je von Christa bekamen, war eine Karte aus einem Kinderlager: »Lieber Vati und liebe Mutti, ich habe mich gestern Abend bekehrt. Aber richtig!«

Das ging tief. Was gibt es Größeres? Wir haben Gott oft dafür gedankt.

Auf derselben Freizeit bekehrte sich übrigens auch Daniel.

Ein Leben ohne Versicherungen

1960 hatten wir das Missionswerk DIE BRUDERHAND gegründet. 1961 hatte ich meinen damaligen Beruf aufgegeben, um vollzeitlicher Mitarbeiter im Missionswerk zu werden. Aber wir Mitarbeiter waren keine »Angestellten«, sondern wir waren selbständig, »freischaffende Künstler«, wie man uns bei einer Behörde nannte.

Ich hatte längere Zeit nicht einmal eine Steuernummer. Ein Beamter hatte auf meinen Fragebogen geschrieben: »Wegen Geringfügigkeiten nicht geführt!«

Meinen VW-Käfer hatte ich dem Missionswerk geschenkt. Außer unsern Kleidern, Schlafzimmermöbeln und ein paar Gebrauchsgegenständen hatten wir überhaupt kein persönliches Eigentum. Wir hatten dann jahrelang keine einzige Versicherung: keine Renten- oder Unfall- oder Lebensversicherung. Auch keine Krankenversicherung. Selbst später, mit vier Kindern, haben wir noch so gelebt. Wir lebten buchstäblich »von der Hand in den Mund«.

Die BRUDERHAND hatte damals zwei vollzeitliche Mitarbeiter, Siegfried Lange und mich. Manchmal haben wir erlebt, dass einer beim andern anrief und fragte: »Wie geht es euch? – Ich habe fünfzig Mark bekommen. Wir können uns den Betrag teilen.« Und das geschah nicht nur einmal.

Im Rückblick darf ich bekennen, dass jene »unsicheren« Jahre in mancher Hinsicht unsere besten Jahre waren. Die gewaltigsten Gebetserhörungen haben wir in jener Zeit erlebt. Ohne diese so praktische »Grundschule des Glaubens« mit all den vielen kleinen und großen Wundern hätten wir viele spätere Glaubenskämpfe kaum durchgehalten.

Man muss sich das einmal vorstellen: Eine Familie mit drei (später vier) Kindern, mitten in Deutschland, ohne irgendeine Versicherung, ohne Gehalt.

Aber in der ganzen Zeit waren wir selten ernstlich krank. Außer den Rechnungen für die Geburten haben wir kaum weitere Arztrechnungen gesehen.

Dies ist jetzt aber keine Empfehlung zur Nachahmung. Es sind einfach ein paar interessante Erinnerungen.

Ich will hiermit auch keinem raten, es auch so zu machen. In den meisten Fällen wäre das sicher ein großer Fehler. Obwohl ich denke, dass viele unserer Mitbürger total überversichert sind.

Der Reiseprediger

Inzwischen hatte ich schon viele Predigten gehalten. Das Jahr 1962 war ein besonders erlebnisreiches Jahr. Manchmal trafen wir uns noch in der Hütte. In meinem Tagebuch habe ich einige Gebetsnächte festgehalten. Aber die meiste Zeit verbrachte ich nun doch zu Hause mit den vielen Büroarbeiten und im Reisedienst.

Die Eintragungen in meinem Tagebuch zeugen von vielen tiefgreifenden Erlebnissen:

2.3.1962: Heute durfte ich eine Frau zum Herrn führen! – Lob und Dank!

2.6.1962: Heute durfte ich einen Mann zu Jesus führen! – Dem Herrn sei Dank!

14.7.1962: Heute bekehrten sich zwei Personen!

26.7.1962: Heute ist ein großer Tag: Sechs Bekehrungen!

All diese schönen Erlebnisse halfen mir, auch im Seelsorgedienst wichtige Erfahrungen zu sammeln.

Zurück zum Auto?

Mitten in dieser Segenszeit erreichte mich ein Anruf von meinem früheren Chef. Er wollte mich unbedingt sprechen. Es war eine interessante Begegnung. Ich konnte ihm viel von meinen Erlebnissen erzählen. Doch das wollte er eigentlich gar nicht hören. Er hatte viel mehr gehofft, mich als desillusionierten Wanderprediger an meinen früheren Platz zurückholen zu können. Das sah ich natürlich ganz anders. Doch in einem Punkt wurden wir uns einig: Ich erfüllte ihm einen Wunsch und ging – nach eineinhalb Jahren – für eine Woche in den früheren Betrieb zurück, um meinen Nachfolger während seines Urlaubs zu vertreten. Das hat mir richtig Spaß gemacht. Es war eine interessante Erfahrung zwischendurch. Ich sah wieder einmal, wie die andern leben, und das hat mir richtig gut getan.

Meine erste richtige Evangelisation

In meinem Kalender finde ich viele norddeutsche Gemeinden, in denen ich damals predigen konnte. Sehr oft fuhr ich in Richtung Hamburg oder Bremen. Über zehn Mal hatte ich Wochenendeinsätze nördlich von Hamburg.

Doch nun wurde es ernst. Am 19.10.1962 brachen wir auf in die Schweiz – zur ersten richtigen Evangelisation. Ein älterer Gastwirt, der sich einige Monate vorher bekehrt hatte, und Erwin Eisen begleiteten mich.

Am 21.10. stand ich das erste Mal vor der Versammlung. Am zweiten Abend hatte der Besuch schon etwas zugenommen. Nach der Predigt kam der Sohn unseres Gastgebers in die Seelsorge und traf eine Entscheidung für Jesus. Das war eine große Ermutigung.

Dann kam der dritte Abend. Noch hatte ich Stoff für meine Ansprache. Ich merkte, wie die Leute innerlich mitgingen. Doch niemand ahnte, was in *meinem* Innern vorging. Inzwischen hatte ich fast alles, was ich wusste, gesagt. Ich hatte wohl schon viele Predigten gehalten, aber noch nie zwei Wochen lang jeden Abend am selben Ort evangelisiert.

Keiner stand mir damals so nahe wie Erwin. Nur ihm erzählte ich von meiner inneren Not. Am nächsten Morgen trafen wir uns beide wieder in aller Frühe zum Gebet. Wir beteten einige Zeit zusammen. Dann setzte ich mich – wie sonst – an den Tisch, um mir Gedanken über die nächste Predigt zu machen. Erwin betete weiter. Ich wartete auf eine zündende Idee. Ich brauchte irgendwie einen Leitfaden für den nächsten »Auftritt«. Dann stand auch Erwin von den Knien auf und kreiste betend immer um den Tisch. Manchmal sagte er halblaut: »Oh Herr, gib ihm ein Wort!« Gelegentlich fragte er vorsichtig: »Hast du schon was?«

Ich hatte ja mal einen Schnellkurs in Sachen »Bibelschule« absolviert. Dort war uns erklärt worden, wie man eine richtige Predigt macht. Aber ich hatte mich nicht daran gehalten. Ich hatte mein eigenes System. Das funktionierte auch. Nur für einen evangelistischen Dauereinsatz von so vielen Tagen reichte das, was ich an Vorbereitungen hatte, einfach nicht aus.

Der nächste Abend kam. Ich stand mit meiner Bibel und einem Notizblatt – so groß wie eine Postkarte – vor der Versammlung. Ich glaube, ich habe mich in den Tagen unzählige Male wiederholt. Jedenfalls gab ich mein Bestes, und Gott gab seinen Segen.

Am andern Morgen stand ich noch früher auf. Ich wollte mal allein sein und alles mit dem Herrn besprechen. Ich kniete vor meinem Bett nieder. Ganz »zufällig« stieß ich beim Lesen in meiner »Stillen Zeit« auf 1. Mose 12,2. Da sagt Gott zu Abraham: »... ich will dich segnen ... und du sollst ein Segen sein!«

Eigentlich gehört das folgende Erlebnis mir ganz allein. Aber an dieser Stelle will ich davon berichten.

Es ist mir nicht möglich, richtig zu erklären, was dann in mir vorging und was ich in den nächsten Minuten erlebte. Ich versuche es trotzdem einmal. Im Gebet fing ich an, Gott zu belehren und mit ihm zu hadern. Ich erinnerte ihn an die Segnungen, die er Abraham geschenkt hatte. Ich hielt ihm vor, wie er David, Hiskia, Nehemia, Petrus, Paulus und viele andere geführt und beschenkt hatte. Dann fing ich an zu weinen und sagte: »Und ich? – Ich weiß nicht einmal, was ich heute Abend predigen soll!« Dann war es lange still. Ich war richtig am Ende. Am liebsten wäre ich nach Hause gefahren.

Plötzlich passierte etwas. Ich habe keine laute Stimme gehört, aber mir war, als ob jemand mir sagen wollte: »Jetzt sieh doch mal, wie reich du bist!« Dann sah ich durch meine Tränen hindurch auf meine gefalteten Hände. Es war sonderbar: Zum ersten Mal im Leben sah ich, dass ich gesunde Hände hatte. Immer wieder sah ich sie an. Dann bewegte ich sie. »Gesunde Hände!«

Dann stand ich von den Knien auf und bewegte meine Arme, meine Beine, meine Knie, meinen Unterkiefer. Alles funktionierte. Nie hatte ich Gott ganz bewusst für meine gesunden Glieder gedankt. Dann sah ich noch einmal lange auf meine Hände. Wie viel Schlechtes hatte ich früher mit diesen Händen gemacht, wie viel Gutes versäumt?! Wie oft war ich schuldig geworden?!

Immer noch liefen Tränen über meine Wangen. Ich dachte an die Bibelstelle in Römer 12,1–2. Da heißt es: »Ich ermahne euch nun, liebe Brüder, durch die Barmherzigkeit Gottes, dass ihr eure Leiber hingebt als ein Opfer, das lebendig, heilig und Gott wohlgefällig ist. Das sei euer vernünftiger Gottesdienst. Und stellt euch nicht dieser Welt gleich, sondern ändert euch durch Erneuerung eures Sinnes, damit ihr prüfen könnt, was Gottes Wille ist, nämlich das Gute und Wohlgefällige und Vollkommene.«

Dann kniete ich mich wieder hin und weihte mich, meinen Leib, meine Zeit, mein Geld, alles, was ich hatte, ganz neu dem Herrn. Ich hatte mich – außer bei unserer Hochzeit – immer davor gescheut, ein Gelübde abzulegen, ein Versprechen zu geben; aber Weihe ist etwas anderes. Ich weihte mich damals neu dem Herrn und bat ihn, mich als sein Werkzeug zu gebrauchen.

Am Nachmittag saß ich wieder allein in meinem Zimmer und schrieb meinen Vorsatz auf ein Stück Papier. Der inzwischen vergilbte Zettel hat mich durch all die Dienstjahre begleitet. Er wanderte von einer Bibel in die andere und begleitet mich heute noch auf all meinen Reisen.

Eines Tages habe ich eine Radiopredigt daraus gemacht. Etwas später erschien der Text in einer christlichen Verteilschrift. Die vielen Reaktionen zeigten mir, dass dadurch auch andere in ihrer Einstellung und in ihrem Verhalten verändert wurden.

Das Geheimnis eines erfüllten Lebens

So heißt der Titel der »Verteilschrift 501«, die heute noch vom Missionswerk DIE BRUDERHAND herausgegeben wird. Ich möchte hier einige Gedanken daraus wiedergeben:

»Was in meinem Leben nicht mehr zu finden sein sollte:

Unreine Gedanken, Maßlosigkeit, Habgier, Geldliebe, Hass, Zank, Streit, Eifersucht, Zorn, Ärger, Stolz, Wichtigtuerei, Unbeugsamkeit; es gern haben, bemerkt zu werden, gern den Überlegenen spielen, gern die Aufmerksamkeit anderer auf sich ziehen und das Verlangen danach, gerühmt zu werden. Von den Fehlern und Versagen anderer lieber sprechen als von ihren guten Seiten.

Unbelehrbarkeit. Eigenwille, Selbstsucht, ungebührliche Zuneigung und Vertraulichkeit gegenüber dem anderen Geschlecht, unehrliches und betrügerisches Verhalten, Umgehen oder Verschleiern der Wahrheit, Übertreibung und Untertreibung. Einen besseren Eindruck von sich selbst erwecken, als es den Tatsachen entspricht. Hang zur Faulheit. Mangelndes Interesse an der Errettung anderer Menschen.«

Kurz darauf schrieb ich auf die Rückseite des Zettels:

»Gott soll immer wieder Gelegenheit haben, mit mir über diese Dinge zu reden. Es gibt sicher auch noch andere Dinge in meinem Leben, die Er mir zeigen will und die geändert werden müssen.

Ich möchte den Herrn Jesus so lieb haben, dass ich gar nicht mehr anders kann, als Seinen Willen zu tun. Er hat doch gesagt (Johannes 14,15): ›Liebt ihr mich, so werdet ihr meine Gebote halten.‹ Und Johannes sagt (1. Johannes 5,3): ›Seine Gebote sind nicht schwer.‹

Ich will mich immer wieder fragen: Würde Jesus wohl das tun, was ich gerade vorhabe? Wenn Er es tun würde, dann will ich es auch tun. Wenn Er es nicht tun würde, will ich es auch nicht tun. Wenn ich nicht in Seinem Willen lebe, kann ich nicht erwarten, dass Er mich beschenkt und als Sein Werkzeug gebraucht. Ich würde am Ende sogar das Ziel verfehlen.«

Die Evangelisation ging weiter. Vierzehn Tage predigte ich in der kleinen Gemeinde. Manche Gesichter sah ich jeden Abend. Am Ende des Einsatzes hatten sechs Personen eine klare Entscheidung für Jesus getroffen. Das war keine berauschende Zahl, aber für die kleine Gemeinde ein großartiges Ergebnis. Für mich war es der Einstieg in eine ganz neue Wirksamkeit.

Fünf Wochen getrennt

Wir waren müde. Mehrmals hatten wir Fastentage eingelegt und darum einige Kilo abgenommen. Ich hatte Heimweh und sehnte mich nach zu Hause.

Ich hatte mitbekommen, dass an manchen Abenden Prediger aus verschiedenen Gemeinden in der Versammlung waren. Sie hatten von der Evangelisation gehört und waren gekommen, um diesen jungen neuen Evangelisten aus Norddeutschland zu hören, zu prüfen und zu beurteilen.

Gegen Ende unseres Einsatzes sprach mich einer an und fragte, ob ich bereit wäre, auch in der Nachbargemeinde zu evangelisieren, und zwar sofort, im Anschluss an diesen Dienst. Die Information war schön und schrecklich zugleich. Die Gemeinde war etwas größer als die, in der ich gerade zwei Wochen lang gepredigt hatte.

An dem Abend leistete ich mir ein langes Telefongespräch mit Margrit. Es war wunderbar, nach über zwei Wochen ihre Stimme zu hören.[27] Nach wenigen Minuten waren wir uns einig. Sie drängte mich sogar, den Dienst anzunehmen. Wie lange hatten wir darum gebetet und auf genau diese Dienstmöglichkeit gewartet.

Meine zweite Evangelisation

Die Entscheidung war gefallen. Erwin war auch dafür. Ohne Unterbrechung ging es am nächsten Tag weiter für volle fünfzehn Tage. Sonntags predigte ich natürlich auch am Vormittag. Als ich am ersten Abend vor die Versammlung trat, machte ich eine ganz niederschmetternde Entdeckung. Im Saal saßen verstreut fast alle Leute aus der Gemeinde, in der ich gerade vierzehn Tage evangelisiert hatte. Natürlich sah ich auch viele neue Gesichter. Jetzt musste ich auch da durch. Eigentlich hätte ich jeden Abend eine neue Predigt gebraucht. Ich weiß heute auch nicht mehr, wie das alles überhaupt möglich war. Jedenfalls nahm der Besuch dann von Abend zu Abend zu. Schließlich hatten wir einen völlig überfüllten Saal. Auch der Seelsorgeraum wurde immer wieder aufgesucht. Wir erlebten mehr Bekehrungen als beim ersten Einsatz. Am fünften Abend traf der Sohn des Pastors seine Entscheidung für Jesus. Die Freude war riesengroß.

Noch ehe die Evangelisation zum Abschluss gekommen war, hatten wir bereits Gespräche über weitere mögliche Einsätze in der Gegend.

Bevor wir unsere Rückreise antraten, hatte ich noch einen Termin beim Kassierer. Er war beauftragt, mir eine Dienst- und Reiseentschädigung für die beiden Einsätze auszuhändigen. So viel Geld hatte ich schon sehr lange nicht mehr auf einem Stapel gesehen. Ich war so überwältigt, dass ich den zehnten Teil davon sofort an die Schweizer Gemeinde spendete. Über 700 Schweizer Franken hatte der Kassierer mir ausgehändigt.

Kurz darauf schrieb ich in mein Tagebuch: »Heute konnte ich Verena Lange 100 Franken für ihre Haushaltskasse geben.« Zwei Tage später machte ich die Eintragung: »Heute habe ich Siegfried Lange auch noch 100 Franken gegeben.« Ebenso oft wurden wir aber auch von Siegfried Lange beschenkt. Es war schon eine spannende Zeit. Aber auf diese Weise und durch viele andere Wohltäter hat der Herr uns damals versorgt. Es war ein »Leben im Glauben«; aber es war auch ein »Leben im Schauen«, denn wir durften fast täglich Gottes Wunder *sehen*.

Am 19. Oktober waren wir zu Hause gestartet, am 22. November traten wir unsere Heimreise an. Genau 35 Tage, also fünf Wochen, hatte die Reise gedauert. Als ich am späten Abend unsere Kinder in die Arme nehmen wollte, fing Daniel (1½ J.) an zu weinen. Er hatte mich so lange nicht mehr gesehen. Er dachte wohl, ich sei ein Fremder.

Christa war, als ich mich auf die Reise gemacht hatte, gut sechs Wochen alt gewesen. Als ich nach der langen Trennungszeit nach Hause kam, hatte sie sich natürlich gewaltig verändert. Ich hatte sie fast die Hälfte ihres kurzen Lebens nicht gesehen. Es war schon hart für mich, aber noch mehr staune ich im Rückblick über die große Bereitschaft von Margrit.

Erwin sagte mir später, dass seine Mutter mit ihm geschimpft hätte, weil er – so meinte sie – so mager geworden sei. Ja, wir hatten hart gearbeitet, wenig geschlafen, öfter gefastet, aber viel Gutes erlebt.

Nun war ich wieder zu Hause. Eigentlich hätte ich ein paar freie Tage nehmen sollen. Aber die Regelung gab es damals noch nicht. Auch von einem freien Montag, dem »Predigersonntag«, hatte ich noch nie etwas gehört. Schon am nächsten Abend leitete ich die Gebetsversammlung. Margrit war natürlich dabei. Babysitter war eine ältere Dame aus unserm Haus. Überglücklich konnte ich von all den herrlichen Erlebnissen erzählen.

Meine dritte Evangelisation

In meiner ganzen Dienst-Geschichte ist das Jahr 1963 wohl eins der wichtigsten. Am 1.1.1963 schrieb ich in mein Tagebuch:

Den großartigen Satz aus 1. Mose 12,2 »... ich will dich segnen, und du sollst ein Segen sein ...« hat Gott mir wieder besonders aufs Herz gelegt. Möge er mich alle Tage begleiten und sich in diesem Jahr 1963 wie nie zuvor in meinem Dienst erfüllen.

Mein Leben soll Gott geweiht sein: Jede Stunde, jeder Tag – alles IHM, dem Teufel nichts! Ich will dem Teufel keinen Gefallen mehr tun!

Mein Entschluss für 1963: Mehr Zeit für die Bibel, mehr Zeit fürs Gebet! Herr Jesus, hilf mir! Amen.

Am 5. Januar brachen wir bereits zum nächsten Einsatz auf. Doch diesmal nahm ich die Familie mit. Auch Erwin war wieder dabei. Zuerst besuchten wir die beiden Gemeinden, in denen wir kurz vorher evangelisiert hatten, dann ging es an den neuen Einsatzort.

Erwin wohnte wieder bei seinen früheren Gastgebern. Wir hatten eine Gastfamilie, die selbst auch drei kleine Kinder hatte.

Jeden Morgen um 6 Uhr traf ich mich mit Erwin zum Gebet. Die Tage verbrachte ich hauptsächlich mit Lesen, Vorbereiten und Beten. Im Saal standen am Anfang zirka achtzig Stühle, aber die waren schon am ersten Abend alle besetzt. Gut, dass wir uns ausdehnen konnten.

Die Evangelisation dauerte wieder zwei Wochen. An manchen Tagen, besonders sonntags, sprach ich zweimal. Ich war jedes Mal überglücklich, wenn wieder jemand in die Seelsorge kam, um sich für Jesus zu entscheiden. Das geschah auch immer wieder. Im Ganzen haben sich während des Einsatzes 25 Personen für ein Leben mit Jesus entschieden.

Damals habe ich mich auch zum ersten Mal an ein schwieriges Thema herangewagt: »Gott will dein Glück – auch in der Ehe!« Es war ja eine ganz andere Zeit. Es gab kaum ein Buch zu diesem Thema auf dem Büchertisch. In christlichen Versammlungen sprach man kaum darüber. Aber gerade auf diesem Gebiet gab es so viel Not. Dem wollte ich wenigstens ein bisschen entgegenwirken. Darum sprach ich auch in späteren Einsätzen sehr oft und – für damalige Verhältnisse – sehr offen darüber. Die vielen Dankesbriefe haben mir bestätigt, dass die Entscheidung richtig war.

Nach zwanzig erlebnisreichen Tagen machten wir uns wieder auf die Heimreise – mit einer Wunschliste von Gemeinden, die ausreichte, den ganzen Jahreskalender zu füllen. Ein lang gehegter Wunsch war in Erfüllung gegangen.

Krawatten für viele Jahre

In einer der ersten Evangelisationen bekehrte sich eine ältere Dame. Sie war die Witwe eines sehr wohlhabenden Geschäftsmannes. Ich sah sie dann jeden Abend in der Versammlung. Eines Abends bat sie mich um einen Hausbesuch. Es schien sehr wichtig zu sein, so dass ich nicht wagte, ihr eine Absage zu geben. Am nächsten Tag war ich in ihrer Villa zum Kaffee.

Sie hatte mich sehr gut beobachtet. Dabei war ihr aufgefallen, dass ich jeden Abend das Gleiche trug. Es war der Anzug, den ich einige Jahre vorher für die Hochzeit gekauft hatte. Es war ein guter Anzug. Er passte immer noch wunderbar. Er stand mir gut. Ich trug ihn gern. Ich trug ihn immer. Ich hatte nämlich nur diesen einen. Ich trug auch jeden Abend dieselbe Krawatte. Die hatte ich mir extra für diesen Anzug gekauft. Eine Verkäuferin hatte mich damals bestens beraten.

In den ersten Jahren, als ich mal hier und mal dort predigte, fiel das ja gar nicht auf, aber nun stand ich Abend für Abend vor derselben Versammlung. Darüber hatte ich mir nie Gedanken gemacht. Für einen neuen Anzug hatte ich ja ohnehin kein Geld.

Die gute Frau hat mich dann reich beschenkt. Leider passten mir die teuren Maßanzüge ihres verstorbenen Mannes nicht. Aber als ich schließlich ihr Haus verließ, war ich glücklicher Besitzer eines sehr guten Wintermantels. Außerdem schenkte sie mir eine ganze Kollektion von auserlesenen Krawatten. Am Abend stand ich zum ersten Mal mit einer neuen Krawatte vor der Gemeinde. Am nächsten Abend nahm ich dieselbe noch einmal, denn ich wollte sparsam umgehen mit der wertvollen Sammlung. Am Abend darauf band ich dann wieder meine bewährte Dienstkrawatte um. Sie gefiel mir immer noch am besten. Nach Abschluss des Einsatzes fuhr ich mit meinen kostbaren Geschenken heim und berichtete Margrit von meinem Glück. Ich war überzeugt, nun für den Rest meines Lebens ausreichend mit Krawatten versorgt zu sein.

Meine Anzugfrage hatte sich damit natürlich noch nicht gelöst, aber dafür sorgte kurz darauf eine andere Familie. Ich weiß nicht, wie sie auf die Idee gekommen waren. Jedenfalls hatten sie einen ganz teuren Anzugstoff gekauft und mich dann zu einem Schneidermeister geschleppt. Einige Tage später hatte ich einen Maßanzug vom Feinsten. Um für die nächste Reise wirklich richtig optimal ausgestattet zu sein, hatte ich sogar zwei Hosen vom selben Stoff. Das hatte ich in meinem ganzen Leben nur einmal; ich musste keinen Rappen dafür zahlen. Ich wäre nie auf den Gedanken gekommen, um so etwas zu beten. Gott hatte es eingefädelt und wieder einmal wunderbar für mich gesorgt.

Einladungen über Einladungen

Zu Hause warteten beängstigend viele Aufgaben auf mich. Das hatte es ja vorher nie gegeben, dass ich wochenlang unterwegs war. Auch Margrit hatte mich diesmal begleitet. Oh, diese Postberge und all die andern unerledigten Dinge. Uns wurde klar: Wir müssen jetzt total umstellen. Jetzt können wir keine Pakete mehr packen für Notleidende in der »Ostzone« und für andere, die in Not geraten sind. Gott hatte jetzt eine ganz neue Tür aufgestoßen.

Wir hatten schon lange und auch oft um offene Türen für den evangelistischen Dienst gebetet, aber dass diese offenen Türen in der Schweiz sein könnten, das hatten wir wirklich nie gedacht. Plötzlich hatte ich so viele Anfragen, dass ich das ganze Jahr damit füllen konnte. Das war ein völlig neues Lebensgefühl.

Nur zwölf Tage war ich zu Hause, das heißt in Norddeutschland. Wir gründeten einen Bauausschuss und trafen uns das erste Mal mit einem Architekten. Der Wunsch nach einem Haus für DIE BRUDERHAND wurde immer größer. Ich hielt

Vorträge in unserer Versammlung, aber auch in auswärtigen Gemeinden. Überall erzählte ich von den Erlebnissen der letzten Monate. Drei Tage verbrachten wir in der Wohnung von Erwins Eltern fast ausschließlich im Gebet.

Nach knapp zwei Wochen machte ich mich schon wieder auf die Reise. Allein. Diesmal ging es in die Ostschweiz. Wir hatten einen schönen öffentlichen Saal direkt neben dem Bahnhof.

Unvergesslich bleibt mir der Abend, an dem mitten in der Predigt ein Riese von Mann hinten im Saal aufsprang und anfing, mich ganz schrecklich zu beschimpfen. Irgendwelche schlimmen Erinnerungen aus dem Krieg hatten ihn so in Rage gebracht. In dem Augenblick wäre ich lieber Schweizer oder Gastarbeiter gewesen. Aber ich war Deutscher. Und genau das brachte ihn so in Wut. Er schrie immer wieder: »Du Nazi! Was willst du hier? Nazi, geh nach Hause!« Dabei kam er mit der Faust drohend im Mittelgang immer weiter nach vorn. Ich versuchte weiterzupredigen. Aber es wurde immer unheimlicher. Mir wurde angst und bange. Ich sah mich schon zusammengeschlagen im Krankenhaus. Endlich stand vorn ein ebenso großer Mann auf, stellte sich in den Mittelgang – ihm entgegen – und sagte laut und bestimmt: »So, jetz isch aber gnueg! Jetz längt's aber!« (»So, jetzt ist es aber genug. Jetzt reicht's aber.«) Der Wüterich drehte um und verließ den Saal.

Eigenartig, dass sich solche Erfahrungen so tief einprägen. Aber ich erinnere mich auch gut an einige beglückende Erlebnisse in der Seelsorge, zum Beispiel an eine blinde Frau, die eine Entscheidung für Jesus traf. Ihre Schwester hatte seit fünfzehn Jahren jeden Tag um ihre Errettung gebetet. Kurz vorher hatte ich in einem Buch gelesen: »Wirklich blind ist nur der, der das Licht der Wahrheit nicht erkennt!«

Zu der Zeit wurden die Aufzeichnungen in meinem Tagebuch immer spärlicher. Aber manche besonders wichtigen Erlebnisse habe ich weiterhin festgehalten. Am 12. Februar schrieb ich:

Heute habe ich einen schwerkranken Polizisten besucht. Ich habe mir viel Zeit für ihn genommen. Nachdem ich alle ande-

Bild 1: Meine Großeltern, Caroline und Wilhelm Pahls

Bild 2: Mein Vater Hermann Pahls

Bild 3: Meine
Mutter Meta Pahls

Bild 4: Und das bin ich im Kinderwagen!

Bild 5: Von links nach rechts: Hermann, Mama mit Ingrid, Meta, Papa und ich (mit Hosenträgern!)

Bild 6: Meine Cousins und Cousinen. Mich sieht man im Kinderwagen, Meta steht beim Kinderwagengriff und Hermann hat dunkle Hosenträger

Bild 7: Hier bin ich aufgewachsen: Man sieht die Rückseite des alten Wohnhauses (wurde später zum Stall umfunktioniert)

Bild 8: Ich vor dem Schweinestall

Bild 9: Papa und seine Schwestern. Von links nach rechts: »Line, Lies, Marie, Martha – Hermann und Elsa sind auch noch da!« (Siehe dazu Seite 18!)

Bild 11: Unsere »Esso«-Tankstelle

Bild 10: Mein Lehrmeister
Wilhelm Langner

Bild 12: Im ersten Lehrjahr zwischen zwei anderen Lehrlingen

Bild 13: 1955: Links ich mit meiner 400er Horex, rechts Heinrich mit seiner 350er Horex

Bild 14: Im selben Jahr: Links mein Arbeitskollege Walter Hoffmann, und ich stehe daneben

Bild 15: 1955 sieht man mich auf einer Orientierungsfahrt mit dem Motorsportclub

Bild 16: Besuch beim Deutschen Evangelischen Kirchentag in Frankfurt/M.

Bild 17: Massenlager beim Kirchentag

Bild 18: Bereit zum Kirchgang (1952): Mama, Papa (hinten), Ingrid, Hermann (mittlere Reihe), Gerhard und ich im schwarzen Mantel (vorne)

Bild 19: »Soldaten« beim Schützenfest-Umzug. Ich bin der dritte (Kopf) von rechts

Bild 20: Musiker beim Schützenfest-Umzug. Von den drei Trompetern in der vorderen Reihe bin ich der mittlere

Bild 21: Mit dem Museums-Fahrrad durch die Stadt Celle

Bild 22: 1956: Mit Arbeitskollegen nach Feierabend in der Auto-Werkstatt. Ich in der Mitte, rechts neben mir mit der Brotschachtel mein Schulfreund Horst

Bild 23: In der Werkstatt bei der Lambretta-Inspektion (1956)

Bild 24: Mit Horst in der Werkstatt: Arbeit an einer NSU Max

Bild 25: Meine Dunkelkammer (»Labor«) im Badezimmer – zum Kummer meiner Mutter ...

Bild 26: Mein erstes Auto (vor dem Schweinestall): ein Goliath 700 mit Einspritzmotor

Bild 27: Margrit als Schülerin

Bild 28: Margrit (links)

Bild 29: Margrit kurz vor unserer Hochzeit

Bild 30: Margrits Eltern, Maria und Franz Ehmke

Bild 31: Ein Ausflug zum Angeln: Ursel Röseler, Margrit, ich und Siegfried Röseler (v.l.n.r.)

Bild 32: Begegnung mit Siegfried Lange

Bild 33: Siegfried Lange bei unserer Traupredigt

Bild 34: Verena Lange singt uns (und zwei ergriffenen Zuhörern) ein Hochzeitslied

Bild 35: Siegfried und Verena Lange (links), dazu Margrit und ich mit deren Tochter Ruthhild Lange (bei unserer Hochzeit)

Bild 36: Margrit mit ihren beiden Brüdern Klaus und Joachim

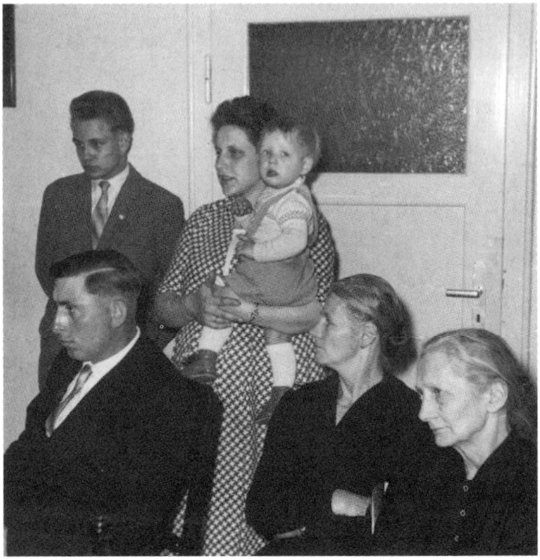

Bild 37: Oben: Mein Bruder Gerhard und Elfriede, Margrits Schwester, mit Sohn Hans. Unten: Mein Schwager Erhard Röseler (der uns später seinen Hühnerstall gab), daneben Tante Elsa und Tante Line

Bild 38: Die beiden Töchter meines Lehrmeisters und Walter, mein früherer Arbeitskollege, kamen, um uns zur Hochzeit zu gratulieren

Bild 39: Meine Schwester Ingrid mit ihrem Freund Richard Meyer (der heute ihr Mann ist!)

Bild 40: Neben Margrits Eltern Meta, meine älteste Schwester

Bild 41: Ein schönes Hochzeitsfoto von Margrit und mir

Bild 42: Unsere 1-tägige Hochzeitsreise! Hier auf einer Weserbrücke ...

Bild 43: Unser Hochzeitstag!

Bild 44: Hier predige ich im Wohnzimmer der Eltern (1960)

Bild 45: Unsere erste Tochter Karina!

Bild 46: Ruth und Jakob Steiner aus der Schweiz (ca. 1962) mit Dorothea. In ihrer Wohnstube hatte ich meine erste richtige Evangelisation

Bild 47: Mein erster Einsatz als Zeltdiakon: Siegfried Lange als Evangelist, Erwin Eisen zu Besuch, ich als Diakon, unsere Autos als fahrbare Werbeträger

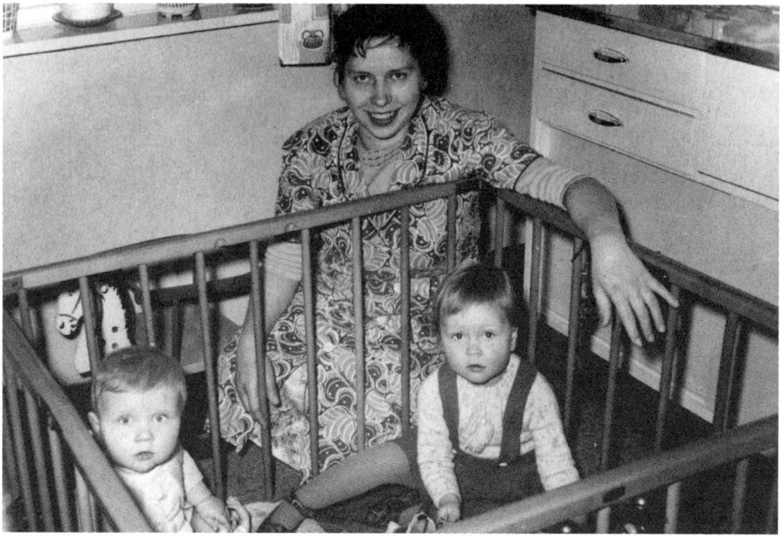

Bild 48: Links unser zweites Kind: Daniel

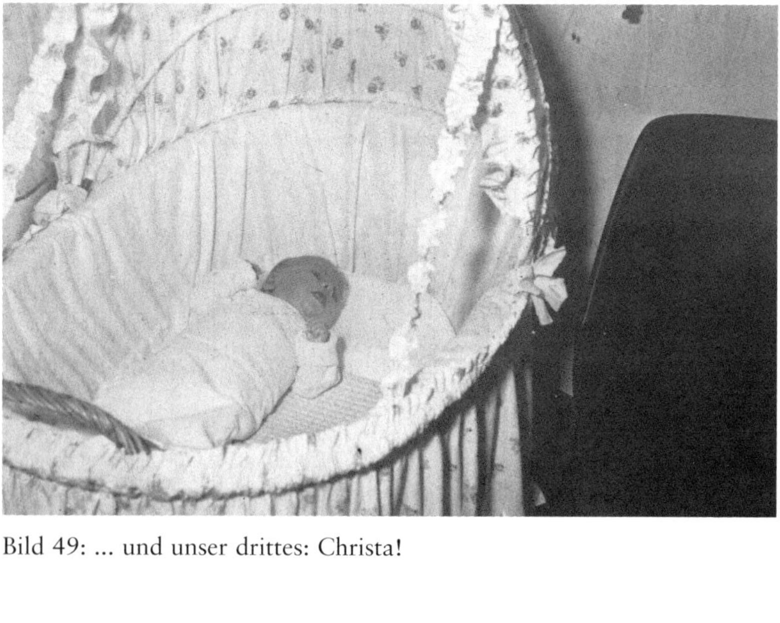

Bild 49: ... und unser drittes: Christa!

Bild 50: Unsere Wohnung in der Schweiz, 1963 bis 1965, in Worb bei Bern: Es war die mittlere Etage!

Bild 51: Erwin besucht uns in Worb

Bild 52: Passfahrt, einen Tag nach Hermanns Verlobung, vor dem Rhône-Gletscher. An zweiter und dritter Position von links stehen Erwin und seine Verlobte Hella. In der Mitte steht Margrit mit Christa auf dem Arm, links von ihr Hermann und seine Verlobte Elisabeth. Vorne Daniel und Karina

Bild 53: Rösli und Fredi Winkler: zwei ungewöhnlich treue Beter. Sie waren während der beiden Jahre in der Schweiz unsere besten Freunde

Bild 54: Daniel, Margrit, Christa, ich und Karina hinter dem Haus in Worb

Bild 55: Hier baue ich einen Sandkasten für die Kinder (in Worb)

Bild 56: Wir besichtigen das Baugrundstück für DIE BRUDERHAND. An zweiter und dritter Position von rechts Margrit und ich

Bild 57: »Onkel« Richard, mein treuster Helfer auf der Baustelle

Bild 58: Ich arbeitete gerne auf der Baustelle!

Bild 59: So sah's aus bei Baubeginn

Bild 60: »Onkel« Richard, Siegmund Schmidt und ein Maurer auf unserer Baustelle

Bild 61: Der spätere Haupteingang zur BRUDERHAND-Zentrale

Bild 62: Bei der Einweihung 1967

Bild 63: Daniel, Karina, Christa und die Tochter des Vermieters im Planschbecken vor dem Haus in Worb

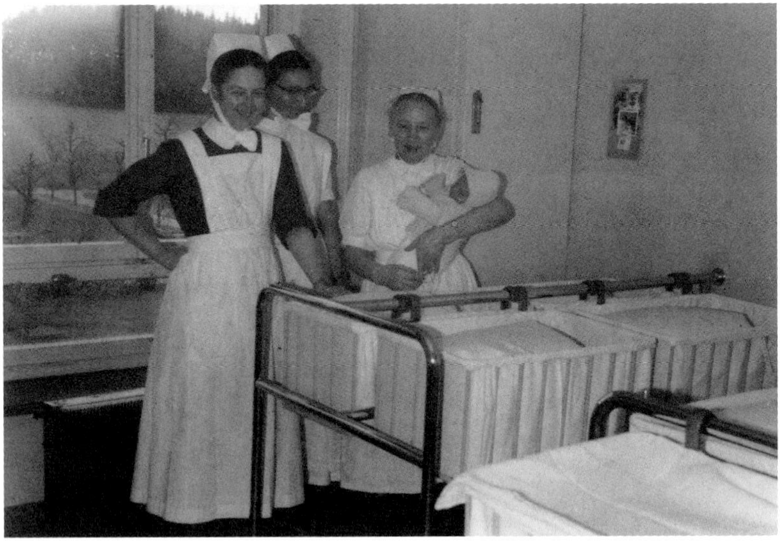

Bild 64: Nach der Geburt unseres vierten Kindes in Gümligen bei Bern: Martin auf dem Arm von Schwester Minna (1965)

Bild 65: Daniel, Karina, Martin, Margrit und Christa mit Margrits Mutter im Garten

Bild 66: Daniel und Martin mit »Prinz« Nr. 3

Bild 67: Mit Margrit während einer Bibelwoche in Oppershausen

Bild 68: Während unserer Zeit in der Schweiz. Von links: Papa, Christa, Mama, Karina, Margrit, ich, Daniel und Tante Martha (sowie die Tochter des Vermieters)

ren aus dem Krankenzimmer geschickt hatte, sprach ich eindringlich mit ihm über Sünde und Gnade, über Buße und Glauben, über sein Seelenheil und besonders über die Notwendigkeit seiner persönlichen Bekehrung. Und Gott gab Gnade. Der Mann erlebte eine klare Bekehrung. Anschließend sprach ich auch mit seiner Frau. Auch sie traf eine klare Entscheidung für Jesus.

Wie sehr hatte ich mich danach gesehnt. Wie oft hatte ich gebetet: »Herr, mach mich wie Werner Heukelbach!« Natürlich kann man keinen Evangelisten kopieren, aber man kann ähnliche Erfahrungen machen. Und ich machte viele davon. Jeden Tag.

Die Schweizer BRUDERHAND

In unserer Gegend sprach es sich auch bald herum, dass wir ständig zwischen Norddeutschland und der Schweiz unterwegs waren. Bald gab es das Gerücht, DIE BRUDERHAND sei ein Schweizer Unternehmen mit einer Filiale in Oppershausen. In späteren Jahren habe ich oft Leute getroffen, die meinten, ich sei ein Schweizer.

Tatsächlich halfen die guten Verbindungen zur Schweiz uns in den Anfangsjahren sehr, andererseits durften auch wir jahrelang für viele Schweizer Gemeinden eine helfende »Bruderhand« sein. Ich fuhr mindestens einmal, manchmal sogar zweimal im Monat die weite Strecke, um in der Schweiz zu evangelisieren.

Meine Evangelisationen dauerten normalerweise dreizehn Tage. Jahrelang war das so. Ich begann fast immer am Dienstag und evangelisierte dann bis zum übernächsten Sonntag. Am Sonntag hatte ich meist zwei Vorträge, manchmal auch drei. In vielen Gemeinden begann ich aber schon am Samstag und evangelisierte dann über zwei Wochenenden hin bis zum dritten Sonntag. Also sechzehn Tage. Das kann man sich heute fast nicht mehr vorstellen. Damals war das ganz normal, auch für die Gemeinden, die natürlich jeden Abend voll dabei waren.

Der unbändige Lesehunger

Ich hatte so viel nachzuholen. Manchmal las ich halbe Nächte. Meist kam ich ja erst gegen Mitternacht oder noch später »nach Hause«. Aber dann war ich so voll von all dem Erlebten, dass ich nach dem Gebet nicht gleich einschlafen konnte. Oh, was habe ich für Bücher verschlungen, um mir wenigstens etwas von dem anzueignen, was andere in ihrem jahrelangen theologischen Studium lernen. Ich hatte ja vorher auch eine ganze Menge gelernt, aber ich hatte meinen Kopf voller technischer Daten. Damit konnte ich jetzt natürlich nicht mehr viel anfangen.

Etwas muss ich allerdings bekennen: dass ich bei meiner Lektüre ziemliche Mühe hatte mit gewissen Themen, die bei einer richtigen theologischen Ausbildung sogar zum Wichtigsten gehören. Es zog mich immer wieder mit Macht zu Biografien und zu Büchern mit den Themen Hingabe, Gebet, Evangelisation und Erweckung. Aber man kann – egal, was und wie viel man liest – nicht alles im Selbststudium nachholen. Das habe ich oft als schmerzlich empfunden.

Ich würde es niemandem empfehlen, ohne den Besuch einer Bibelschule in den vollzeitlichen Dienst zu gehen. Ich weiß aber auch, dass Gott manche, die er später wunderbar gebraucht hat, genau diesen Weg geführt hat. Das hat mich häufig doch sehr getröstet.

Wie oft kam ich an meine Grenzen. Ich habe manchmal Situationen erlebt, in denen mir heiß und kalt wurde, zum Beispiel bei meiner ersten Evangelisation in Bern.

Nach der Predigt stand ich am Ausgang und verabschiedete mich von den Besuchern, bis mir die Hände wehtaten. »Auf Wiedersehen! Auf Wiedersehen! Alles Gute! Gott segne Sie! Auf Wiedersehen!« Die Veranstalter hatten es so gewünscht. Mit einem Mal kommt ein junger Mann, ein Student aus dem

Emmental, und sagt: »Herr Pfarrer, nur schnell eine Frage: Wie denken Sie über die Prädestination?«

Was ist Prädestination?

Das Wort hatte ich noch nie gehört. Wirklich. Ich kam ganz schön in Verlegenheit. »Herr Pfarrer«, hatte er gesagt. Ich schluckte, atmete tief, überlegte. »Kleinen Moment mal.« – »Auf Wiedersehen! Auf Wiedersehen!« Dabei dachte ich nach. Was hat er noch gesagt? Wie hieß das Wort? Prä…, Prä…? Ich wusste es schon nicht mehr. Noch weniger kannte ich die Bedeutung des Wortes.

Ich fing an zu beten. Und weiter ging's mit »Auf Wiedersehen! Auf Wiedersehen!«

Vielleicht hatte ich das Wort doch schon mal gehört? Aber mir fiel nichts dazu ein. Doch dann kam die Gebetserhörung, und ich sagte dem jungen Mann: »Ich glaube, dafür brauchen wir etwas mehr Zeit. Kommen Sie doch mit mir zurück in den Saal.«

Bald saßen wir ungestört zusammen, und ich sagte ihm: »Erzählen Sie mir doch erst einmal, wie Sie darüber denken. Danach werde ich Ihnen sagen, wie ich das sehe!«

Er hielt mir einen kleinen Vortrag, und schon bald wusste ich, was er mit dem schwierigen Wort meinte. Mehrere Male gebrauchte er das Wort »Erwählung« und sagte auch, wie unterschiedlich manche darüber denken. Nun konnte ich ihm sagen, wie ich darüber dachte. Doch dann fügte ich hinzu: »Wissen Sie, das ist doch gar nicht das Wichtigste, dass wir über alles genau Bescheid wissen. Das Wichtigste für Sie ist, dass Sie mit Jesus ins Reine kommen. Sie brauchen Jesus. Sie brauchen Vergebung. Sie müssen sich bekehren. Sie müssen wiedergeboren werden.«

Das hatte er eigentlich schon bei der Predigt verstanden. »Ja«, sagte er, »das stimmt, aber das habe ich nie erlebt, obwohl meine Mutter so viel für mich betet.« Nachdem ich ihm den Heilsweg gründlich erklärt hatte, beteten wir beide. Ich hatte den allerbesten Eindruck. Er hatte eine klare Entscheidung für Jesus getroffen. Die Gebete seiner Mutter waren erhört.

Betest du den ganzen Tag?

Oft litt ich unter all den vielen Mängeln. »Wer weiß, wer mich morgen Abend anspricht und welche schwierige Frage er mir stellt?« Ich hatte es ja nicht mehr mit Motorrädern und Autos zu tun, sondern mit Menschen, die in ihren theologischen Fragen hilfreiche Antworten und in mancherlei Nöten seelsorgerlichen Rat suchten. Oft fühlte ich mich so elend, so schwach, so unfähig und darum so angewiesen auf Gottes Hilfe. Aber gerade diese Hilflosigkeit trieb mich immer wieder ins Gebet.

Ich hatte wieder einmal ganz liebe Gastgeber. Die Kinder waren noch klein, die Älteste sechs Jahre alt. Wie immer gaben sie sich die größte Mühe, mir meine Wünsche von den Augen abzulesen. Nach dem Frühstück fragte mich die Mutter, ob ich noch irgendeinen Wunsch hätte, ob ich gern Obst oder bestimmte Getränke mit ins Zimmer nehmen würde. Ich sagte, am liebsten hätte ich eine große Flasche Mineralwasser und für den Nachmittag eine große Kanne Tee. Dann ging ich in mein Zimmer. Bald darauf bekam die älteste Tochter den Auftrag, mir die Flasche zu bringen. Sie ging mit der schweren Flasche den Flur entlang, kam damit bis an meine Zimmertür, horchte und merkte, dass ich am Beten war.

Unsere Kinder machten später öfter eine ähnliche Erfahrung wie dieses kleine Mädchen im Berner Oberland. Wie oft haben sie – wenn sie etwas von mir wollten – an meiner Bürotür gestoppt, sind dann umgedreht, um danach Mutti oder der Schwester oder dem Bruder zu berichten: »Vati brummelt!« Das sollte heißen: »Vati betet!« Sie wussten, dass sie mich dann nicht stören sollten.

Am liebsten bete ich so, dass ich meine Stimme gerade so höre. Außerhalb des Raumes versteht man dann nicht, was ich sage. Aber wenn jemand an der Tür steht und richtig hinhört, bekommt er natürlich mit, dass drinnen jemand spricht.

Das Mädchen hörte mich also »brummeln« und verschwand wieder. Einige Zeit später kam sie wieder und merkte, dass ich immer noch am Beten war. Sie ging wieder weg und nahm die Flasche wieder mit. Das versuchte sie dann noch einige Male, bis die Mutter ihr erklärte, dass sie die Flasche doch einfach vor die Tür stellen könnte. Das tat sie dann auch.

Pünktlich um halb eins gab es Mittagessen. Der Vater hatte eine einstündige Mittagspause und kam zum Mittagessen immer nach Hause. Bei Tisch gab es angeregte Gespräche. Plötzlich fragte mich die Tochter: »Bättisch du de ganz Daag?« (»Betest du den ganzen Tag?«)

Ich erklärte ihr dann, warum ich immer so viel Zeit dafür brauchte. Das hat sie richtig beeindruckt. Sie sagte dann, dass sie auch schon öfter ganz fest um etwas gebetet hatte und dass es dann genau so gekommen sei. Aber nicht immer.

Ein typischer Arbeitstag

Weil ich so oft danach gefragt werde, will ich einen kleinen Einblick in einen typischen Tagesablauf geben und auch freimütig erzählen, was hinter den Kulissen geschieht. Im Laufe der Jahre hat sich da zwar immer wieder einiges verändert. Während ich in den ersten Jahren nur wenig Zeit für körperliche Ertüchtigung einsetzte, gab es nach etwa zehn Jahren Dienstzeit eine längere Phase, in der ich fast jeden Tag eine Stunde gejoggt bin. Auch meine Essgewohnheiten habe ich nach kurzer Zeit total verändert.

Wie hieß doch der Satz von Werner Heukelbach? – »Nichts ist für einen Christen schwerer als ein geregeltes Gebetsleben. Wer das schafft, der schafft alles!« Immer und immer wieder musste ich, besonders in schwierigen Phasen, an diesen Satz denken.

Obwohl ich meist spät ins Bett kam, stand ich am Morgen in

der Regel früh auf. Das habe ich in all den Jahren beibehalten. Von Jesus steht in der Bibel:

»Als es aber Tag wurde, ging er hinaus an eine einsame Stätte« (Lukas 4,42).

»Er aber zog sich zurück in die Wüste und betete« (Lukas 5,16).

»Es begab sich aber zu der Zeit, dass er auf einen Berg ging, um zu beten; und er blieb die Nacht über im Gebet zu Gott« (Lukas 6,12).

»Und es begab sich, als Jesus allein war und betete und nur seine Jünger bei ihm waren ...« (Lukas 9,18).

»... dass er mit sich nahm Petrus, Johannes und Jakobus und ging auf einen Berg, um zu beten« (Lukas 9,28).

In Lukas 11,1 lesen wir, wie die tief beeindruckten Jünger Jesus baten: »Herr, lehre uns beten ...«

All diese und viele ähnliche Bibelstellen waren mir, besonders aus unserer Hüttenzeit, sehr gut bekannt. In meiner Bibel hatte ich sie mit Leuchtfarbe markiert und zusätzlich am Rand mit einem besonderen Hinweis versehen. Als ich dann so richtig mit dem Evangelisieren anfing, war ich tagsüber meist allein. Manchmal stellte ich mir selbst die Frage: »Wer bin ich eigentlich, wenn mich keiner sieht?« Ich brauchte unbedingt eine »Stellenbeschreibung« für meine Arbeit und sozusagen eine freiwillige Selbstverpflichtung. Denn mich kontrollierte ja niemand. Ich glaube, der Evangelistenberuf ist daher ein sehr gefährlicher Beruf. Und so kam ich schon bald zu meinen festen Regeln.

Wenn ich zu Hause war, verbrachte ich jeden Tag eine gewisse Zeit mit Margrit im Gebet. Zusätzlich zog ich mich immer wieder zurück, um auch allein zu beten.

Wie oft wurde ich schon gefragt, wie viele Stunden ich schlafe und wie viel Zeit ich mir für das Gebet nehme. Wenn ich sieben Stunden schlafen kann, geht es mir richtig gut. Mit sechs Stunden kann ich leben. Wenn ich aber weniger als sechs Stunden schlafe, bekomme ich spätestens nach zwei Tagen Kopfschmerzen. Das habe ich schnell herausgefunden und mich darum immer bemüht, einigermaßen rechtzeitig ins Bett zu kommen.

Meine Gastgeber möchten natürlich immer wissen, wann ich am liebsten esse, was ich gern esse, ob es etwas gibt, das ich überhaupt nicht mag, und ob ich irgendwelche besonderen Wünsche habe. Dann kann ich jedes Mal mit gutem Gewissen sagen, dass ich in jedem Bett schlafen kann, dass ich grundsätzlich sehr »pflegeleicht« bin, dass ich einen internationalen Magen habe und mich gern ihrem Zeitplan und ihren Essgewohnheiten anpasse. Aber dann verrate ich auch schon mal, dass ich viel lieber Vollkornbrot esse als die wertlosen weißen Brötchen, dass ich am liebsten auf Schweinefleisch verzichte und lieber verschiedene Teesorten habe als starken Kaffee und dass ich vor dem Schlafengehen gern noch einen Joghurt esse.

Hinter den Kulissen

Wenn ich unterwegs bin, sieht der Tagesablauf natürlich ganz anders aus als zu Hause. Ein normaler Arbeitstag während einer Evangelisation sieht ungefähr so aus: Wenn mein Wecker läutet, stehe ich immer *sofort* auf. Wenn ich im Bad fertig bin, höre ich gern die Nachrichten und die anschließende Presseschau. Dann bin ich auf dem Laufenden.

Während der Nachrichten ordne ich einiges in meinem Zimmer. Dann wende ich mich der Bibel zu und nehme mir etwas Zeit fürs Gebet. Um 8 Uhr gehe ich zum Frühstück. Wenn meine Gastgeber Rentner sind, die genügend Zeit haben, endet die Frühstückszeit oft mit einer Gebetsgemeinschaft. Für den Vormittag erbitte ich mir eine Flasche Mineralwasser. Sehr oft trinke ich auch das Wasser aus der Wasserleitung. Für den Nachmittag bestelle ich mir eine Kanne Tee.

Nach dem Frühstück gehe ich zurück in mein Zimmer und bete längere Zeit. Wenn ein Praktikant mich zu einem Einsatz begleitet, verbringen wir diese Stunde gemeinsam. Dank, Gebet und Fürbitte mit vielen Namensnennungen füllen diese wertvollste Stunde des ganzen Tages. Den Rest des Vormittags verbringe ich mit Arbeiten am Schreibtisch. In dieser Zeit erledige ich auch wichtige Post und vielleicht auch ein paar Telefonate. Bei manchen Evangelisationen gibt es am Vormittag ein Treffen mit den Verantwortlichen. Dabei klären wir schnell einige wichtige Dinge und nehmen uns richtig Zeit fürs gemeinsame Gebet.

Am liebsten bin ich um 12:30 Uhr am Mittagstisch. Ich bin gar kein Freund endloser, üppiger Mahlzeiten. Ich mag auch gar nicht, wenn meine Gastgeber sich viel zusätzliche Arbeit machen und jeden Tag ausgefallene Gerichte servieren. Überall bitte ich darum, so zu kochen, wie man es gewohnt ist. Dann fühle ich mich am wohlsten. Fast immer fühle ich mich schon nach kürzester Zeit wie zu Hause. Am Ende der Evangelisation sind wir meist regelrecht Freunde. Ich mag es gar nicht, wenn ich während einer Evangelisation zu den Mahlzeiten in der Gemeinde herumgereicht werde. Am liebsten esse ich stets am selben Ort.

Nach dem Mittagessen mache ich – bei jedem Wetter – meinen obligatorischen Fußmarsch, mindestens eine halbe Stunde, meist etwas länger. Dabei gehe ich am liebsten mit großen Schritten durch den Wald. Manchmal muss ich zuerst ein paar Kilometer mit dem Auto fahren, um den geeigneten Wanderpfad zu finden. Während ich marschiere, bete ich gern halblaut.

Wenn ich dann zurück bin, erledige ich vielleicht noch ein paar Dinge am Schreibtisch; aber dann ziehe ich mich sozusagen zurück, um mich nur noch betend mit meiner Predigt zu beschäftigen. Das bedeutet, dass ich nach 15 Uhr für keinen mehr ansprechbar bin.

Sehr oft werde ich zu Hausbesuchen eingeladen. In den allermeisten Fällen lehne ich sie ab. Es hat schon einige Zeit gedauert, bis ich mich dazu entschlossen habe. Ich weiß, dass ich mit meiner Entscheidung auch manche enttäuscht habe. Aber ich bin ja nicht gekommen, um die Gemeindeprobleme aufzuarbeiten, sondern um zu evangelisieren. Es ist gut, wenn man im Vorfeld eines Einsatzes geklärt hat, ob es sich um eine

Bibelwoche für die Gemeinde oder um eine Evangelisation handeln soll.

Manche Gastgeber möchten mich am Nachmittag mit Kaffee und Kuchen verwöhnen, doch das gut gemeinte Angebot lehne ich grundsätzlich ab. Aber etwas hätte ich gern für den Nachmittag: meinen Tee und etwas Obst. Während einer Evangelisation lasse ich mich auch nie zum Abendessen einladen. Ich war noch gar nicht so lange im Dienst, als ich mich zu dieser Entscheidung durchgerungen habe. Daran habe ich mich dann fast immer gehalten.

Ungefähr drei Stunden verbringe ich am Nachmittag mit Beten, Nachdenken und Notizenmachen. Das sind wichtige Stunden für mich. Dabei möchte ich nicht gestört werden. In dieser Zeit bereite ich mich auf meine Predigt vor.

In meinen Evangelisationen gibt es vor der eigentlichen Versammlung immer eine Gebetsstunde, die ich gern selbst leite. Dort wird nicht viel erzählt, aber viel gebetet.

Dann folgt die eigentliche Abendversammlung, die in den meisten Fällen ungefähr anderthalb bis zwei Stunden dauert. Meine Predigt dauert mindestens fünfzig Minuten, meist etwas länger.

Manchmal mache ich nach der Predigt einen Aufruf und bitte die, die sich bekehren wollen, aufzustehen und nach vorn zu kommen; aber meist bitte ich sie, mir nach der Versammlung in den Seelsorgeraum zu folgen. Es gibt Abende, an denen niemand kommt. Doch in der Regel gibt es nach der Versammlung noch sehr viel zu tun in der Seelsorge.

Wenn ich dann müde zu meinen Gastgebern zurückkehre, liegt meist ein Zwölf-Stunden-Arbeitstag hinter mir. Das gilt auch fürs Wochenende.

Und dann möchten mich meine Gastgeber oft noch zu einem Abendessen einladen, welches ich aber – in jedem Fall – dankend ablehne.

Aber meinen großen Joghurt, den sollte ich dann unbedingt noch haben. Meist wartet er schon auf meinem Schreibtisch. Und während ich langsam meinen Lieblingsjoghurt esse, durchlaufen meine Gedanken noch mal den ganzen Tag. Es kommt eigentlich selten vor, dass ich einmal vor Mitternacht zu Bett gehe. Immer gibt es rückblickend viele Gründe zum Danken.

Worum geht es eigentlich?

Mit der Frage: »Worum geht es eigentlich?«, kam einmal ein Reporter zu dem berühmten Prediger Spurgeon.

»Sie haben die größte Gemeinde in London. Sie predigen. Ihre Predigten werden gedruckt und im ganzen Land und sogar im Ausland verteilt. Sie haben eine Bibelschule gegründet und tun viel für die Mission. Sie setzen sich für die Kinder ein, aber auch für die Alten. Einige sagen: ›Dem Spurgeon geht es doch nur ums Geld.‹ Was sagen Sie: Worum geht es eigentlich?«

Solche und ähnliche Fragen habe ich auch sehr oft gehört. Dann habe ich mich wieder an die weise Antwort von Spurgeon erinnert und ganz ähnlich wie er geantwortet. Keiner konnte eine kürzere und bessere Antwort geben als er. Er sagte dem Reporter:

»Es geht eigentlich nur darum, dass Menschen in den Himmel kommen!«

So ist es, ja, genau so ist es. Ach, wenn wir das doch bei aller »Reichgottesarbeit« immer vor Augen hätten.

Ob wir eine Kinderstunde vorbereiten oder eine Jungscharstunde halten, ob wir uns mit der Jugendgruppe beschäftigen oder einen Straßeneinsatz durchführen, ob wir predigen, beten oder gerade an einer Chorprobe teilnehmen, ob wir einen Brief schreiben oder ein Buch, ob wir singen oder beten – es geht eigentlich nur darum, dass Menschen Jesus kennen lernen, dass sie *ihn* besser kennen lernen, dass sie *ihm* nachfolgen und in den Himmel kommen.

Wenn das nicht unser eigentliches Ziel ist,
werden wir das eigentliche Ziel verfehlen!

Dafür hat Jesus sein Leben gegeben, dafür arbeiten wir: damit der Vater im Himmel geehrt wird.

Die große Schar aus allen Völkern

In Offenbarung 7,9–12 heißt es: »Danach sah ich, und siehe, eine große Schar, die niemand zählen konnte, aus allen Nationen und Stämmen und Völkern und Sprachen; die standen vor dem Thron und vor dem Lamm, angetan mit weißen Kleidern und mit Palmzweigen in ihren Händen, und riefen mit großer Stimme: Das Heil ist bei dem, der auf dem Thron sitzt, unserm Gott, und dem Lamm! Und alle Engel standen rings um den Thron und um die Ältesten und um die vier Gestalten und fielen nieder vor dem Thron auf ihr Angesicht und beteten Gott an und sprachen: Amen, Lob und Ehre und Weisheit und Dank und Preis und Kraft und Stärke sei unserm Gott von Ewigkeit zu Ewigkeit! Amen.«

Große Aufgaben für kleine Leute

Plötzlich hatte ich so viele offene Türen, dass ich ununterbrochen hätte evangelisieren können. Während eines Einsatzes kam ich wieder einmal in ganz große Bedrängnis. Nach dem Vortrag stellte mir der Gemeindeleiter eine Dame mittleren Alters vor, der man von weitem ansehen konnte, dass sie sehr reich sein musste und wahrscheinlich auch hoch gebildet. Die Predigt hatte sie gründlich überführt, und nun saß sie vor mir und war wirklich am Endpunkt angekommen. Sie flehte mich richtig an und bat um einen Hausbesuch, dabei sprach sie mich immer mit »Herr Pfarrer« an. Nachdem der Gemeindeleiter mir sehr zugeredet hatte, gab ich ihr eine Zusage.

Am nächsten Tag marschierte ich durch einen großen Park und stand schließlich vor ihrer Villa. Dort wurde ich von einem jungen Mädchen empfangen und weitergeleitet. Es gab eine herzliche Begrüßung, und schon bald stand ich mitten im

Wohnzimmer der reichen Dame. So etwas hatte ich noch nie gesehen. Während ich immer noch staunte über die Größe des Wohnzimmers und über all die Einrichtungen, wollte die Dame mir etwas zum Trinken anbieten. Sie öffnete einen Wandschrank, ließ mich einige Zeit da hineinsehen und fragte dann: »Herr Pfarrer, was trinken Sie gern?«

Mir wurde ganz anders. Als ich die vielen Flaschen sah, mit den verschiedenen Formen, Farben und Etiketten, mit Namen, die ich nicht kannte und größtenteils nicht einmal richtig aussprechen konnte, kam ich in noch größere Not. Ich wollte die Dame nicht enttäuschen, aber ich wusste wirklich nicht, was ich ihr antworten sollte. Ich stand einige Zeit vor dem riesigen Angebot, staunte, überlegte und betete im Stillen, und dann sagte ich ihr: »Vielleicht haben Sie sogar etwas Gutes dabei ohne Alkohol? Sie wissen ja: Ich muss nachher noch Auto fahren! Ich habe einen Vorschlag: Sie überraschen mich jetzt einmal!«

Nun war der Ball bei ihr. Dann hat sie mich einige Zeit gemustert, überlegt und schließlich etwas zusammengemixt und serviert. Ich muss sagen: Es hat richtig gut geschmeckt.

Bald waren wir in einem sehr ernsten Gespräch. Sie war für meine Begriffe unvorstellbar reich. Ihr Mann produzierte etwas, das wahrscheinlich in jedem Haushalt des Landes zu finden war. Die Geschäfte gingen glänzend. Aber diese reiche Frau war andererseits eine der ärmsten und einsamsten Frauen in der ganzen Stadt. Als sie mir dann erzählte, dass ihr Mann gerade eine Urlaubsreise machte, und zwar mit seiner viel jüngeren Sekretärin, da verlor sie ihre Fassung und fing herzzerreißend an zu weinen.

Ich ließ sie lange erzählen. Dann konnte ich an meine Predigt, die sie ja so überwältigt hatte, anknüpfen und ihr noch gründlicher den Heilsweg erklären. Bald knieten wir beide vor ihrer riesigen Couch. Sie hatte sogar den Mut, ganz allein Jesus laut um Vergebung ihrer vielen Sünden zu bitten. Während sie mir dann ein Übergabegebet nachsprach und Jesus für die Errettung dankte, flossen die Tränen, mit viel Farbe vermischt, in

Strömen über ihre Hände auf den kostbaren Stoff ihrer schönen Couch. Es war für uns beide ein gewaltiges Erlebnis.

Als ich »kleiner Prediger« mich nachher von der »großen Dame« verabschiedet hatte und durch den riesigen Park zu meinem VW-Käfer zurückschlenderte, war ich wie ein Träumender. Gott hatte all meine Ängste in Freude verwandelt und mich wieder einmal als sein Werkzeug gebraucht.

In den Monaten danach konnte ich die Frau bei verschiedenen Gelegenheiten unter meinen Zuhörern wiedersehen. Ein Jahr nach ihrem einmaligen Bekehrungserlebnis trafen wir uns wieder in einer Veranstaltung. Ihr Herz brannte immer noch für Jesus. Sie bat mich um Fürbitte für ihren Mann, der zu der Zeit noch weit weg von Jesus in Sünde lebte.

Ähnliche Erlebnisse machte ich damals ziemlich häufig. Ich kam öfter in Lagen, in denen ich mich völlig überfordert fühlte. Wie oft hatte ich es mit Menschen zu tun, die mir auf vielen Gebieten haushoch überlegen waren. Aber gerade in solchen Situationen habe ich immer wieder die Größe Gottes hautnah erlebt. Mitten in einer Evangelisation schrieb ich einmal in mein Tagebuch: »Ein hingegebenes Leben im Dienst für Jesus ist das größte Abenteuer des zwanzigsten Jahrhunderts!«

Bleibende Frucht

In Johannes 15,16 macht Jesus eine ganz wunderbare Aussage. »Nicht ihr habt mich erwählt, sondern ich habe euch erwählt und bestimmt, dass ihr hingeht und Frucht bringt und eure Frucht bleibt, damit, wenn ihr den Vater bittet in meinem Namen, er's euch gebe.«

In dem Vers liegt eine ganz herrliche Verheißung, aber zugleich auch eine ernste Mahnung. Von Anfang an hat mich beides sehr stark beschäftigt, und ich machte meinen Wunsch immer wieder zu einem inbrünstigen Gebet, denn ich wollte gern Frucht – nicht nur ein paar schöne Erlebnisse, sondern Frucht; nicht nur eine Bewegung für ein paar Tage, sondern Frucht, die man in der Ewigkeit wiederfindet. Jesus spricht von einer »bleibenden Frucht«, und er sagt, dass wir darum bitten dürfen.

Meine Evangelisationen dauerten, wie gesagt, in der Regel dreizehn Abende mit zwei zusätzlichen Versammlungen an den beiden Sonntagen. Aber für den letzten Abend führte ich schon bei der ersten Zelt-Evangelisation etwas ganz Neues ein.

In der Seelsorge erklärte ich jedem, der sich bekehrte, dass er am letzten Abend unbedingt dabei sein müsste. Ich sagte sogar, es sei mit Abstand der wichtigste Abend der ganzen Evangelisation. Das sagte ich auch immer wieder öffentlich bei den letzten Veranstaltungen. Meist wurde diese letzte Versammlung auch die am besten besuchte. Aber dann hielt ich keine Evangelisationspredigt mehr, sondern sprach fast den ganzen Abend hauptsächlich zu den Neubekehrten. Meine Erklärungen hielt ich natürlich so, dass auch die neuen Gäste sofort gut folgen konnten.

Nachdem ich den Neubekehrten noch einmal möglichst eindringlich erklärt hatte, was Bekehrung, Wiedergeburt und Heilsgewissheit bedeuten, legte ich ihnen drei Punkte ganz stark ans Herz:

1. Lies deine Bibel jeden Tag!
2. Bete jeden Tag!
3. Besuche regelmäßig eine gute Gemeinde!

Ich bin der Meinung, dass alle, die bei einer Evangelisation zum Glauben kommen, diese wichtigen Informationen schon mal direkt vom Evangelisten bekommen sollten. Meist genießt der Evangelist bei den Neubekehrten ein ganz besonderes Vertrauen, und das sollte er nutzen, um ihnen die allerbeste Anleitung für ihr neues Leben mit auf den Weg zu geben.

Die letzten Minuten eines Schlussabends nutze ich natürlich noch einmal dazu, einen glühenden Appell an die zu richten, die noch nicht in der Nachfolge Jesu stehen. Die Folge der ehrlichen Information und der eindringlichen Einladung zur Bekehrung ist in den meisten Fällen ein richtiger Ansturm auf den Seelsorgeraum.

Dabei weiß ich natürlich immer, dass nicht unser Tun, sondern Gottes gnädiges Handeln das Entscheidende ist. Bei allem Schönen und Schweren, bei allen Siegen und Niederlagen, bei allem Lob und allem Tadel hat mich eine besondere Bibelstelle immer wieder sehr glücklich gemacht. Jesus sagt in Matthäus 16,18: »[Ich will] meine Gemeinde bauen, und die Pforten der Hölle sollen sie nicht überwältigen.«

Er ist eigentlich gar nicht auf mich angewiesen. Er käme auch ohne mich ganz gut zurecht. Aber es hat ihm gefallen, mich nicht nur zu retten, sondern mich auch in seine Mitarbeit zu rufen und mich zu gebrauchen zum Segen für andere.

Teil 8: Unsere Jahre in der Schweiz (1963–1965)

Umzug in den Süden

Im ersten Halbjahr 1963 fuhr ich siebenmal die weite Strecke in die Schweiz. Von unserer Haustür bis zur Schweizer Grenze hatte ich über siebenhundert Kilometer zu fahren. Wie ich schon erwähnte, hatte die Autobahn damals noch mehrere Unterbrechungen.

Schließlich sprach mich ein junger Prediger an und erzählte mir von einer leerstehenden Dachwohnung in einem gemütlichen Bauernhaus in der Nähe von Bern. Weil ich bereits das ganze Jahr mit Terminen ausgefüllt hatte und es ganz danach aussah, dass ich auch hinterher noch Dienste in der Schweiz haben würde, erschien mir ein Umzug in die Schweiz wirklich sinnvoll. Auch Margrit sah das so.

Sofort wurde die Wohnung in Celle gekündigt, und Ende Juli machten wir uns mit unsern drei Kindern auf die Reise. Kurz vorher hatten wir einen VW-Variant gekauft. Der bot wenigstens etwas mehr Platz als der Käfer. Für einen richtigen Umzug fehlte uns aber das Geld. Was nicht in den VW passte, blieb zurück und wurde bei den Eltern untergestellt. Einige wichtige Dinge habe ich bei der nächsten Gelegenheit nachgeholt.

Einen Tisch, zwei Kinderbetten, den Kinderwagen und meinen Minischreibtisch hatten wir zusammengelegt auf dem Autodach mitgenommen. Weitere Betten, verschiedene Möbelstücke, alte Teppiche und noch mehr konnten wir von verschiedenen Schweizer Freunden leihen. Bald waren alle möglichen Stilrichtungen in unserer Wohnung vertreten.

Wir bekamen sogar ein WC. Dafür wurde ein Durchbruch zum Heuboden gemacht. Aber ein Badezimmer gab es nicht. Die einzige Wasserstelle war das Spülbecken in der Küche. Ich staune heute noch darüber, mit wie wenig Luxus man gut leben kann. Zum Waschen stellten wir eine Schüssel mit Wasser auf einen Hocker. Zum Baden der Kinder hatten wir eine große Zinkwanne. Außer Tisch, Stühlen, Hocker, Eckbank und einem Regal hatten wir keine Möbel in der Küche.

Nach einigen Monaten kauften wir uns einen kleinen Kühlschrank. Aber wir hatten während der ganzen Zeit in der Schweiz – mit einer fünfköpfigen Familie – keine Waschmaschine. Es war gar nicht so einfach, besonders für Margrit. Es gab ja noch keine »Pampers«, die man einfach wegwerfen konnte. Alle Wäsche, auch die Windeln, wurde in einem großen Topf auf dem Elektroherd gekocht, dann in einer Wanne durchgewaschen, anschließend im Spülbecken gespült und zum Trocknen in den Garten gehängt. Bei schlechtem Wetter hing die Wäsche unter dem weit überstehenden Dach auf unserer Veranda. Es war mühsam und doch so schön. Wir haben uns dort sooo wohlgefühlt.

Unten wohnte unser Vermieter, der Bauer, mit seiner Familie. Die Milch konnten wir immer direkt aus dem Stall holen. Weil ich selbst von einem Bauernhof kam, gab es auch in unseren Gesprächen viele gute Anknüpfungspunkte. Er war ein Meister im Melken. Eine Melkmaschine hatte er nicht. Wie oft habe ich über seine Melktechnik und die Schnelligkeit beim Melken gestaunt. Nachts waren die Kühe hinter dem Haus auf der Weide. Das herrliche Geläute der vielen Kuhglocken hat uns ständig in Urlaubsstimmung versetzt. Und weil unsere Kinder damals noch nicht zur Schule gingen, konnten auch sie diese Zeit richtig genießen.

Unsere Vermieterin hatte wohl einen Führerschein, aber kein eigenes Auto. Oft hat sie dann unser Auto ausgeliehen, um Einkäufe zu machen und mit ihren Kindern die Verwandten zu besuchen. Diese Nachbarschaftshilfe hat uns viele Pluspunkte eingebracht.

Der Bauernhof lag etwas auf der Höhe, außerhalb des Dorfes, direkt am Wald. Besser hätten wir es nicht treffen können.

Meine erste Zelt-Evangelisation

Nachdem wir uns gerade einigermaßen eingerichtet hatten, kam die nächste Evangelisation. Zum Glück in der Nähe, so dass ich jeden Abend nach Hause fahren konnte. Sechzehn Tage dauerte der Einsatz.

Zelt-Evangelisationen hatte ich ja schon erlebt, aber nur als Zeltdiakon. Diesmal war ich selbst der Redner. Ich war enorm gespannt.

Weil ich an den drei Sonntagen je zweimal predigen musste, standen neunzehn Vorträge auf dem Programm. Das war hart. Das war auch der Grund dafür, dass ich meine Familie nur selten sah. Ich brauchte jede Minute zum Vorbereiten, zum Beten und für mancherlei Gespräche im Laufe des Tages. Trotzdem war ich glücklich darüber, dass ich zum ersten Mal während einer Evangelisation zu Hause schlafen und mit der Familie frühstücken und zu Mittag essen konnte.

Es war ein unheimlich anstrengender Einsatz. Wir hatten damals noch keine Lautsprecheranlage. An kühlen Abenden fror ich im Seelsorgezelt, weil es noch keine Heizstrahler gab.

Oft kam ich weit nach Mitternacht nach Hause. Aber dann lag ich noch lange wach und erzählte Margrit von den Wundern, die ich gerade in der Seelsorge erlebt hatte. Trotz all der Opfer waren wir doch die glücklichsten Leute im Dorf.

Das Wunder von Bern

Am Schluss einer Predigt hatte ich wieder zur Seelsorge eingeladen und wollte gerade ins Nebenzelt gehen, als eine ältere Dame mich aufhielt und mir ihr Anliegen vortrug:

»Ich habe eine Pension und eine große Wohnung in der Monbijoustraße in Bern. Einige Zimmer habe ich an ledige Zimmerherren vermietet. Einer davon war jetzt einige Male hier im Zelt. Ich glaube, er ist sehr offen fürs Evangelium, aber er hat nicht den Mut, ins Seelsorgezelt zu gehen. Was soll ich machen? Ich möchte so gern, dass er Jesus findet.«

Ich überlegte kurz und sagte dann: »Schreiben Sie Ihre Adresse für mich auf einen Zettel. Dann fahren Sie nach Hause und sprechen Sie noch mit dem Mann. Sorgen Sie dafür, dass er nicht ins Bett geht. Wenn ich hier fertig bin, komme ich sofort nach Bern.«

Genau so geschah es dann. Als ich mit der Seelsorge im Zelt in Zollikofen fertig war, machte ich mich sofort auf den Weg. Bald hatte ich auch in der Nähe des Bahnhofs die Monbijoustraße gefunden. Die Frau erwartete mich. Der Mann war noch wach. Sie hatte ihm erzählt, dass sie mich noch zum Tee eingeladen hätte. Bald saß ich mit dem Mann in seinem Zimmer und erklärte ihm den Heilsweg. Er war so offen, so bereit, Jesus in sein Leben aufzunehmen. Nach dem Gebet entließ er mich dankbar.

Dann verabschiedete ich mich auch von der Frau, während sie mich zur Haustür begleitete. Sie fragte noch: »Hat er es richtig verstanden? Hat er Jesus aufgenommen? Meinen Sie, dass er richtig durchgedrungen ist?« Ich konnte das alles bejahen, und sie war beglückt und froh. Sie hatte gerade eine große Gebetserhörung erlebt.

Inzwischen war es weit nach Mitternacht, so gegen zwei Uhr. Die Haustür stand schon offen, als sie mir sagte: »Ich habe hier noch einen Mieter, einen jungen Mann, für den ich sehr oft bete. Ich habe ihn auch eingeladen, aber er wollte nicht mitkommen.«[28]

Ich fragte sie: »Wo ist denn der junge Mann? Ist er hier? Ist er zu Hause?«

Sie sagte: »Ja, er schläft schon.«

Dann fragte ich: »Welches ist denn sein Zimmer?«

Sie zeigte auf die Tür, hielt mich aber gleichzeitig zurück und sagte: »Aber er schläft doch schon!«

»Nun«, sagte ich, »ich kann ihn doch wecken. Oder soll ich extra noch einmal kommen?« Dann ging ich zu der genannten Zimmertür, während die Dame ganz aufgeregt in ihrem Wohnzimmer verschwand. Ich klopfte an. Keine Antwort. Ich öffnete die Tür, suchte den Lichtschalter, machte das Licht an und trat ein.

Herbert Henggi (so hieß der Mann) merkte nichts. Er schlief wie ein Murmeltier. Dann setzte ich mich auf die Bettkante und rüttelte ihn wach. Herbert erschrak fürchterlich. Ich entschuldigte mich erst einmal, und dann stellte ich mich vor: »Ich bin Wilhelm Pahls, der Mann aus dem Zelt. Du bist doch einige Male eingeladen worden, aber nie gekommen; jetzt komme ich einfach mal zu dir.«

Seine Augen funkelten bedrohlich. Ich kann nicht sagen, dass ich mich in diesen Augenblicken wohlgefühlt hätte. Dann redete ich einfach drauflos. Ich erzählte ihm, was ich mit Jesus erlebt hatte. Ich sprach sehr offen über Sünde und über die Notwendigkeit der Bekehrung. Er hörte allmählich ganz aufmerksam zu.

Und dann habe ich etwas getan, was ich noch nie zuvor so »praktiziert« hatte. Ich habe es auch später nie mehr wiederholt. Ich denke, es war einfach eine besondere Führung Gottes. Ich sagte: »Herbert, bevor ich gehe, würde ich gern noch für dich beten.« Er war einverstanden. Dann sagte ich: »Am liebsten würde ich mit dir zusammen beten. Ich meine das so: Ich bete laut ein Gebet, und du sagst es mir Satz für Satz laut nach. Und wir glauben beide ganz fest, dass Jesus uns erhört.«

Herbert war einverstanden. Dann betete ich so ähnlich wie bei meiner eigenen Bekehrung. Herbert sagte mir tatsächlich jeden Satz laut nach.

Beim Beten schließe ich normalerweise meine Augen und öffne sie erst wieder, wenn ich Amen gesagt habe. Als ich nach unserem Gebet die Augen aufmachte, sah ich Herbert mit einem total verweinten Gesicht. Irgendwie hatte ich den Eindruck: Er hat es verstanden. Dann fragte ich: »Glaubst du, dass Jesus das Gebet erhört hat?«

Er sagte: »Ja, das glaube ich!«

Dann machte ich ihm Mut, jetzt einmal ganz allein laut Jesus für die Errettung zu danken. Ich kann mich heute nicht mehr an seine Worte erinnern, aber ich entsinne mich, dass Herbert tatsächlich meiner Aufforderung nachkam – allein und laut!

Ich habe in meinem Leben viele herrliche Bekehrungen erlebt. Die wundersamste, großartigste, schönste erlebte ich in jener Nacht in der Monbijoustraße in Bern.

Bevor ich das Zimmer verließ, lud ich Herbert zur nächsten Zeltversammlung ein. Er versprach mir ganz fest, am nächsten Abend zu kommen. Ich wollte allerdings sichergehen, darum traf ich auf der Stelle eine Abmachung. Ich versprach Herbert, am nächsten Abend um halb 8 mit meinem Auto unten vor dem Haus zu sein. Herbert versprach mir, pünktlich dort auf mich zu warten. Am nächsten Abend war ich nur ganz kurz in der Gebetsversammlung. Ich informierte die anderen Beter, dann fuhr ich in die Monbijoustraße.

Während der ganzen Fahrt betete ich für Herbert. Und tatsächlich, da stand er und wartete auf mich. Aber nicht allein. Neben ihm stand ein junges Mädchen, Edith, seine Freundin, supermodern. Ich begrüßte sie. Herbert stellte mir seine Freundin vor. Wie glücklich war ich, als beide einstiegen. Auf der Fahrt zum Zelt betete ich hauptsächlich für Edith. Ich glaube, die beiden waren an dem Abend meine aufmerksamsten Zuhörer. Herbert war evangelisch, Edith katholisch.

Am folgenden Abend waren beide wieder im Zelt. Nach der Predigt kam Herbert zu mir und bat mich: »Sprich doch bitte mit Edith, damit sie sich auch bekehrt.« Bald saß Edith bei mir im Seelsorgezelt. Und auch sie traf eine echte Entscheidung für Jesus. Ich weiß nicht, wer an dem Abend der Glücklichere war. Ich selbst fuhr nach der Versammlung nach Hause wie ein Träumender.

Wir haben uns dann noch viele Male gesehen. Bald darauf hatte ich eine weitere Zelt-Evangelisation im Berner Oberland. Auch dort sah ich die beiden wieder unter den Zuhörern. Als ich sieben Monate später zu meinem zweiten Einsatz nach Bern kam, gehörten sie bereits zu den Mitarbeitern.

Wir sind auch in den Jahren danach in Verbindung geblieben. Sie heirateten, besuchten eine Bibelschule, bekamen drei Töchter und wurden vollzeitliche Mitarbeiter in der Gemeinde. Herbert zog als Sänger mit einem Singteam kreuz und quer durch die Schweiz. Welch ein Erlebnis, als er das erste Mal mit seiner Gruppe in meiner Evangelisation auftrat. Natürlich gingen meine Gedanken wieder einmal zurück in die Monbijoustraße in Bern. Herbert wurde Pastor, er evangelisierte, baute Gemeinde und übernahm Ämter im Bau des Reiches Gottes.

Es gab eine Zeit, in der ich ein wenig stolz war auf diese außerordentliche Frucht, bis ich eines Tages bei einem Einsatz in Zürich seine Mutter traf. Sie freute sich, dass sie mir endlich einmal die Hand drücken und mir danken konnte für meinen Dienst. Dann sagte sie mir: »Das war eine große Gebetserhörung für mich. Achtzehn Jahre hatte ich für meinen Herbert gebetet.«

In einem Augenblick war bei mir aller Stolz verflogen. Was hatte ich schon für Herbert getan? Alles in allem hatte ich mich – mit den Autofahrten usw. – vielleicht zweieinhalb Stunden für ihn eingesetzt. Herberts Mutter dagegen hatte achtzehn Jahre für ihren Jungen gebetet!

Später habe ich Herbert gebeten, seine Erfahrung einmal mit seinen eigenen Worten wiederzugeben. Hier ist sein Bericht:

Leben am Limit

»Leben am Limit«[29] *– trotz Profi-Stellung, sogar dreifach: Fußball – Eishockey – Musik. Ich war jung. Aber ich hatte keine Zeit. Ich war überbeschäftigt und lebte am Limit.*

Meine Ausbildung hätte Priorität Nr. 1 sein sollen. Für mich war sie nur nebensächliche Pflicht. Was mich wirklich beschäftigte, waren meine Hobbys.

Als Torhüter einer Eishockeymannschaft musste ich hart trainieren, um nicht durch den Ersatztorwart ausgestochen zu werden. Schließlich gehörten wir zur ersten Amateurliga. Ich hatte Ambitionen, zur Juniorennationalmannschaft aufzusteigen.

In der Sommerpause spielte ich mit gleicher Begeisterung Fußball. Ich musste fit bleiben. Meine Kondition brachte mich zum Libero. Aber befriedigt war ich nicht!

Ich begab mich in eine dritte, ganz entscheidende und bestimmende Leidenschaft, die Musik. Als Lead-Gitarrist setzte ich alles ein. Unsere Band, die »Black Angels«, durfte nicht auffliegen. Wir wollten bewundert werden, besonders von den Frauen. Wir brauchten das Im-Rampenlicht-Stehen. Das Gefühl der Anerkennung, Bewunderung, Befriedigung, das Umjubeltwerden.

Ich wusste nicht, wie ich mit all den Terminen zurechtkommen sollte. Aber nach den Erfolgsorgien fand ich mich in tiefer Sinnlosigkeit. Ich fühlte mich einsam, leer. Ich war gehetzt und ruhelos.

In dieser Zeit wurde ich auf andere Werte aufmerksam gemacht. Zuerst durch meine Vermieterin. Sie bezeichnete sich als bewusste Christin und arbeitete aktiv in einer Gemeinde mit. Ja, ich akzeptierte diesen Jesus, von dem sie immer sprach. Aber darüber hinaus hatte ich nichts mit ihm zu tun. Trotzdem kreisten meine Gedanken immer öfter um »den Sinn des Lebens« und das Thema »Tod«.

Eines Abends hatte sie Besuch von einem jungen Christen. Weil ich zu Tageszeiten nicht erreichbar war, besaß dieser Mann doch tatsächlich die Unverfrorenheit, mich mitten in der Nacht zu wecken. Er setzte sich an mein Bett und begann mit mir über Jesus und mein Leben zu sprechen. Er behauptete, in Jesus Christus den Sinn des Lebens gefunden zu haben. Jesus habe sein Leben total verändert.

Und dann erklärte er mir, dass meine Schuld mich von Gott trennt. Das, was mir fehle, sei die persönliche Beziehung zu Gott. Ich brauche Vergebung meiner Sünden und Gewissheit der Errettung durch Jesus.

Ich überlegte: Ideale und Idole hatte ich ja genug. Aber die Sicherheit und Freiheit, die dieser Mann hatte, kannte ich nicht. Da saß er vor mir und behauptete, er kenne die Antwort auf mein Fragen und Suchen: Jesus Christus! Ich zögerte. Sollte ich ihn rausschmeißen, oder sollte ich seine Worte akzeptieren?

Als Sportler und Musiker war ich es gewohnt, Risiken einzugehen. Zu verlieren gab es nichts – außer meiner Maske. Und so war ich bereit, es mit diesem Jesus zu versuchen.

Wir sprachen gemeinsam ein Gebet, das ungefähr so lautete: »Herr Jesus, ich öffne dir die Tür zu meinem Leben. Vergib mir meine Sünden, meinen Unglauben, mein Ohne-dich-Leben. Ich nehme dich jetzt auf als meinen Erretter und Herrn. Übernimm du die Herrschaft in meinem Leben. Verändere mich so, wie du mich haben willst. Ich danke dir, dass du auch für meine Schuld am Kreuz gestorben bist. Danke, dass du mir jetzt vergeben hast und in mein Leben gekommen bist. Amen.«

Dieses einfache Gebet wurde erhört. Es ist schwer zu erklären. Aber in mir ist etwas Neues entstanden: das wahre, ewige Leben. Ich wurde ein neuer Mensch. Durch dieses Gebet zog Jesus in mein Leben ein. In dieser Nacht wurde mir zum ersten Mal bewusst, dass Jesus mich ernst nimmt. Ich erkannte, dass Gott einen Plan für mein Leben hat. Jetzt bin ich nicht mehr ziel- und ruhelos. Ich habe den Sinn meines Lebens gefunden. Vor allem aber weiß ich, dass Gott mir meine Schuld vergeben hat.

In der Bibel steht (1. Johannes 1,9): »Wenn wir aber unsere Sünden bekennen, so ist er treu und gerecht, dass er uns die Sünden vergibt und reinigt uns von aller Ungerechtigkeit.« Und in Johannes 1,12 heißt es: »Wie viele ihn [Jesus] aber aufnahmen, denen gab er Macht, Gottes Kinder zu werden …«

Viele meinen, es sei ein Risiko, Jesus anzunehmen. Ich kann sagen, dass es die wichtigste Entscheidung meines Lebens war. Diesen Bericht habe ich geschrieben, weil ich weiß, dass auch andere dieselbe Erfahrung mit Jesus Christus machen können, wenn sie es wollen. Und das wünsche ich allen!

Post von Herbert Henggi

Viele Jahre später schrieb Herbert mir zum Geburtstag einen Brief, der mir die ganze wunderbare Geschichte wieder so lebhaft in Erinnerung rief. Einen Auszug daraus darf ich wiedergeben:

Nun sind wir schon viele Jahre ein glückliches Paar mit drei Töchtern, drei Schwiegersöhnen und sechs Enkelkindern, die alle dem Herrn dienen. Aus Herbert wurde ein strammer Pastor, der mit Edith zusammen schon Hunderte von Menschen zu Christus führen durfte, einige Gemeinden gründete, die stark gewachsen sind und einer christlichen Drogenrehabilitationsarbeit mit drei Häusern und einem großen Missionswerk vorsteht, das in Äthiopien arbeitet. Warum diese Aufzählung? Aus Freude an Selbstverwirklichung oder plumper Selbstbeweihräucherung, aus Profilierungssucht oder gar zur Menschenverherrlichung? Mitnichten! Sondern aus Dankbarkeit über so viel Gnade.

Lieber Wilhelm, wir sind Dir ewig von Herzen dankbar, dass Du uns zum Herrn geführt hast. Du warst uns mit Deiner Familie ein großes Vorbild. Es ist Dir gelungen, von Deinem göttlichen Feuer in uns den Funken zu zünden, mit gleichem Eifer für unseren gemeinsamen Herrn unterwegs zu sein.

Lerne, so viel du kannst

Einer der scharfsinnigsten Denker, einer der größten Leser und Schreiber, einer der besten Redner und Lehrer, einer der erfolgreichsten Gemeindebauer der letzten Jahrhunderte – das war sicher John Wesley. Eines Tages stand er vor einer großen Versammlung, die hauptsächlich aus Studenten und jungen Geschäftsleuten bestand. Es ging um die Frage, wie man das Beste aus seinem Leben herausholen kann. Wesleys Predigt hatte drei Punkte:

1. »*Lerne, so viel du kannst!*«
   – Alle waren einverstanden.
2. »*Verdiene, so viel du kannst!*«
   – Alle waren begeistert.
3. »*Gib, so viel du kannst!*«
   – Alle hörten zu.

Wie oft hatte ich die zwölf Jünger Jesu schon beneidet. Sie hatten sicher die beste Bibelschule, die es je auf der Erde gab. Sie hatten den besten Bibellehrer. Sehr, sehr oft hatten sie sogar Privatunterricht – und das drei Jahre lang.

Meine »Bibelschule« hatte nur einen Tag gedauert. Natürlich hatte ich auch in den vielen Nachtstunden in der Hütte eine Menge gelernt und mir durch mein Selbststudium manches angeeignet, aber vieles wusste und hatte ich einfach nicht. Und darunter litt ich manchmal.

Eines Tages kam mir Material von einer Bibelschule in die Hände, und ich befasste mich eine ganze Zeit mit den Unterlagen. Als ich dann das Anmeldeformular in der Hand hatte, musste ich wieder an Erwin denken. Die Anmeldefrist war allerdings schon abgelaufen.

Trotzdem schickte ich alles sofort an Erwin ab. Damals dauerte der Postweg in der Regel drei Tage. Und genau in dieser Zeit geschah etwas ganz Sonderbares:

Erwin erwachte am Morgen aus einem Traum, in dem er

darüber erschrocken war, dass er etwas Bestimmtes tun sollte, aber nicht gut vorbereitet war.

Am nächsten Morgen erwachte er wieder ganz erschrocken aus einem Traum, in dem er viele Leute hatte sterben sehen, die eigentlich leben sollten.

Einen Tag später rief seine Mutter: »Erwin, du hast Post von Wilhelm!« In dem Umschlag steckten die Unterlagen von der Bibelschule mit dem Anmeldeformular. In meinem Brief stand unter anderem Folgendes: »Lieber Erwin, melde dich doch sofort an!«

Ich denke, dass Gott das so eingefädelt hatte. Erwin tat es, und er wurde, obwohl die Frist eigentlich abgelaufen war, aufgenommen. Und so verlief sein Weg in die vollzeitliche Reichgottesarbeit ganz anders als meiner.

1964 begleitete Erwin mich noch einige Male – zusammen mit anderen Bibelschülern –, um mir bei den Einsätzen zu helfen. »Co-Evangelisten« nannten wir diese wertvollen Helfer.

»Bauernfängerei schlimmster Sorte«

So stand es mit großen Buchstaben über einem ganz gehässigen Zeitungsartikel, der sich mit unseren Evangelisationen beschäftigte. Das hatte natürlich nichts mit meiner Herkunft oder einem bestimmten Berufsstand unter meinen Zuhörern zu tun. »Bauernfängerei« nennt man einfach eine Vorgehensweise, bei der man sich mit gemeinen Tricks einschleicht und die Leute sich für dumm verkaufen lassen.

Über solche Beiträge ärgere ich mich aber nicht. Im Gegenteil: Die Gläubigen wissen sowieso, dass solche Berichte nicht ernst zu nehmen sind, und die anderen werden manchmal dadurch sogar neugierig und kommen erst recht, um sich das einmal anzuhören. Es ist bedenklich, wenn wir nicht mehr auffallen und gar keiner Notiz von uns nimmt.

Damals dachte ich so bei mir: »Ja, mit Bauern hatte ich es immer gern zu tun.« Die ersten fünfzehn Lebensjahre hatte ich ja auf dem Bauernhof verbracht. Dann kam die Lehrzeit, in der ich sehr viel für Bauern gearbeitet hatte.[30] In ihrer Gesellschaft habe ich mich immer richtig »zu Hause« gefühlt.

Auch in der Schweiz hatte ich es ständig mit Bauern zu tun. Wir wohnten in einem alten, gemütlichen Bauernhaus, wir plauderten oft mit dem einen oder anderen Bauern in unserer ländlichen Wohngegend, aber auch bei meinen Evangelisationen gab es viele interessante Kontakte.

Bei einer Begegnung allerdings hätte ich beinahe Blut geschwitzt. An dem Sonntag musste ich zweimal predigen: am Nachmittag und am Abend; der Vormittag war ausnahmsweise dienstfrei. Als ich am Nachmittag mit der Seelsorge fertig war, stellte sich heraus, dass eine Bauersfrau, die sich bekehrt hatte, keine Möglichkeit mehr hatte, nach Hause zu kommen. Es gab keine Busverbindung mehr, und unsere Leute vom Fahrdienst waren alle weg.

Die Frau war glücklich über ihre Bekehrung, aber sie war auch unglücklich über ihre schwierige Lage, denn ihr Mann erwartete sie sicher bereits im Stall.

Was sollte geschehen? Ich bat die Frau, in mein Auto einzusteigen und mir den Weg zu erklären – dann brausten wir los. Es ging fast eine halbe Stunde bergauf, Kurve an Kurve. Die Fahrt schien nicht enden zu wollen. Ich wusste nicht, auf was ich mich da eingelassen hatte. Eigentlich hätte ich die Zwischenzeit bis zur Abendversammlung unbedingt zum Vorbereiten gebraucht.

Endlich war der Berghof in Sicht – das Wohnhaus mit einem angebauten Stall und anderen Nebengebäuden. Die Zufahrt war ziemlich schmal und führte direkt auf das Haus zu. Um den Weg nicht völlig zu versperren, fuhr ich etwas zur Seite und parkte das Auto mit zwei Rädern auf der Grasfläche. Dann stiegen wir beide aus, und ich verabschiedete mich von der Frau.

Doch dann passierte das Unheimliche. Es folgten Minuten, die zu den aufregendsten in meiner ganzen Schweizer Zeit gehörten.

Der Bauer kam wutentbrannt aus dem Stall gesprungen. Schon seine bloße Erscheinung mit der Stallkleidung und dem mächtigen Schnurrbart war richtig angsteinflößend. Am Hintern hatte er seinen »Mäauchschemmu« (»Melkschemel«) befestigt. Eine tolle Erfindung: ein einbeiniger Hocker, auf dem man beim Melken sitzen kann, und wenn man aufsteht, wandert das Ding einfach mit zur Milchkanne oder zur nächsten Kuh.

In der einen Hand hatte der Bauer einen Eimer, mit der anderen packte er mich bei der Brust und drückte mich kräftig gegen die Hauswand. Dabei stieß er fürchterliche Drohungen aus. Was hatte ihn nur so wütend gemacht? Nun, ich war mit meinem Auto auf sein Gras gefahren. Das ist – inzwischen weiß ich das – für manche Bergbauern fast eine Todsünde. Dann fing er an, über seine Frau zu schimpfen. Statt in eine fromme Versammlung zu fahren, sollte sie lieber im Stall helfen und fürs Abendessen sorgen, meinte er.

Natürlich betete ich ununterbrochen. Ich entschuldigte mich und bat ihn dann, mir etwas mehr über seine »böse Frau« zu erzählen.

Endlich ließ er mich los, drehte sich um und ging schimpfend in Richtung Kuhstall. Dabei zielte das Bein seines festgeschnallten Hockers wie ein Kanonenrohr auf mich. Ich folgte ihm dann bis in den Kuhstall und bat ihn erneut, mir etwas mehr über seine Frau zu erzählen. Ich sagte ihm, ich wäre bereit, sie beide zur Abendversammlung mitzunehmen und dann seiner Frau mal so richtig »die Wahrheit« zu sagen. Er meinte, ich sollte mich hinsetzen, und deutete dabei auf den Strohballen hinter den Kühen. Ich gehorchte und nahm Platz, während er weitermolk und dabei kräftig über die Frommen herzog.

Dann habe ich ihm etwas von zu Hause erzählt und ihm gesagt, dass ich auch melken könne. Ich bot ihm sogar an, ihm etwas zu helfen, damit er schneller fertig würde. Wiederholt sagte ich ihm, dass er das unbedingt hören müsste, was ich am Abend seiner Frau sagen wollte. Ich glaube, ich wurde ihm immer sympathischer. Jedenfalls sind an dem Sonntag eine ganze Reihe Wunder fast gleichzeitig geschehen. Während er von einer Kuh zur anderen wechselte, ging ich von einem Strohballen zum andern, um immer in seiner nächsten Nähe zu sein.

Nach dem Melken gab es noch einige andere Aufgaben im Stall. Danach drängte ich ihn, sich doch schnell zu waschen und umzuziehen. Und er tat es, sogar in einem ziemlichen Tempo. Seine Frau hatte sich inzwischen in der Küche beschäftigt. Wir aßen noch etwas Bergkäse und Brot und machten uns dann zu dritt auf den Weg. Zum gründlichen Waschen hatte die Zeit nicht gereicht. In meinem Auto roch es wie im Kuhstall. Er hatte wenigstens seine Kleider gewechselt, doch ich hatte die Möglichkeit ja nicht gehabt. Ich glaube, an dem Sonntagabend war ich trotzdem der glücklichste Autofahrer in der ganzen Schweiz.

Wie gern hätte ich mich nach der Nachmittagsversammlung einige Stunden zurückgezogen zum Gebet und zur Vorbereitung. Nun aber war alles ganz anders gekommen.

Wie üblich wurde auch an dem Abend gesungen, gebetet und ein Zeugnis gegeben. Dann hielt ich meine armselige Predigt. Aber ich hielt Wort: Ich predigte »die Wahrheit«. Sehr offen sprach ich über alle möglichen Sünden und über ihre schrecklichen Folgen und zeigte dann so gut wie möglich den Weg zur Errettung.

Was wohl niemand zu glauben gewagt hätte, geschah nach der Predigt. Einige fanden an dem Abend den Weg in die Seelsorge, um sich für Jesus zu entscheiden, darunter auch mein Schnellmelker vom Berghof. Mit ihm hatte ich ein längeres Gespräch unter vier Augen. Dabei kam raus, dass seine Frau wohl viel falsch gemacht hatte, aber dass es in seinem eigenen Leben noch viel schlimmer aussah. Unvergesslich, wie wir gegen Mitternacht von unseren Knien aufstanden und ich in ein völlig verändertes Gesicht blicken konnte.

Wir gingen dann gemeinsam in den Vorraum, wo seine Frau und einige Männer vom Fahrdienst immer noch warteten. Ich erklärte seiner Frau, sie bekäme jetzt einen ganz neuen Mann und gratulierte ihr zu dem »Geschenk«. Dann nahmen die beiden sich in die Arme und blieben lange eng umschlungen zusammen stehen. Plötzlich hörte ich die Turmuhr von der nahen Kirche. Es war Mitternacht. Ich stieß die beiden an und sagte: »Hören Sie das? Ein neuer Tag hat angefangen! So ist es jetzt auch mit Ihnen. Das Alte ist weg. Ein neues Leben hat begonnen.« Es waren herrliche Augenblicke.

Ich weiß nicht genau, wie der Weg der beiden nachher weitergegangen ist, aber daran erinnere ich mich noch recht gut, dass es in der großen Familie dann sofort zu einer richtigen Kettenreaktion kam. Fünf Kinder (manche lebten bereits auswärts) fanden während der Evangelisation zu Jesus. Einige sind später sogar in die vollzeitliche Reichgottesarbeit gegangen. Der jüngste Sohn kam einige Monate später während einer Zelt-Evangelisation zum Glauben.

Ich habe in der Woche damals keine »Berg-Taxi-Touren« mehr gemacht, aber meinen VW sah ich nur noch selten, weil junge Leute ständig damit unterwegs waren, um Leute aus den Bergdörfern zu holen oder heimzubringen. Es war eine wunderbare Zeit.

Soll ich Schweizerdeutsch lernen?

Ich kam mir oft vor wie ein Missionar in einem fremden Land – und das war ich ja auch. In der Regel müssen Missionare erst einmal die Sprache des Gastlandes lernen, um überhaupt richtig kommunizieren zu können. In der Schweiz hatte ich damit nur wenige Schwierigkeiten. Weil ich damals eine Evangelisation nach der anderen hatte und so im ganzen Land herumkam, konnte ich bald alle Dialekte einigermaßen verstehen. Aber sprechen? – Gerade hatte ich mir ein paar Worte eingeprägt, da erlebte ich, dass man dieselben Worte in einem andern Kanton ganz anders aussprach. Das war zum Verzweifeln.

Und dann beobachtete ich, wie einige Deutsche, die sich bemühten, Schweizerdeutsch zu sprechen, sich zum Teil ziemlich komisch ausdrückten. Für mich zog ich dann vor, das Schweizerdeutsche zu lieben, es aber nicht selbst zu sprechen. Wichtig für mich war, dass ich die Schweizer – die in der Regel bei ihrer Unterhaltung mit einem Ausländer keine Rücksicht nehmen – möglichst gut verstand. Damit hatte ich auch nie Probleme. Andererseits wollte ich meine gewohnte Sprache so deutlich sprechen, dass alle mich gut verstehen konnten. Es ist mir auch gelungen: Oft sagten mir Schweizer, sie hörten mir gern zu. Manche sagten mir sogar, beim Anhören meiner Vorträge könnten sie ihr Schriftdeutsch[31] verbessern. Vielleicht war das auch etwas übertrieben.

Was ist mein Kopf wert?

Wieder einmal stand ich am Ausgang eines Gemeindesaals, um mich von den Gästen zu verabschieden. In kleineren Versammlungen wurde das öfter von der Gemeindeleitung so gewünscht.

Ein kräftiger junger Mann reichte mir die Hand und fragte gleichzeitig: »Glauben Sie, was Sie heute gepredigt haben? Glauben Sie das wirklich?« Sein Leben war so kaputt. Er war wirklich am Ende, total verschuldet, und er sah überhaupt keine Hoffnung mehr für seine Zukunft.

Für den Mann habe ich mir dann viel Zeit genommen. Nachdem er richtig ausgepackt und seine Sünden im Gebet Jesus bekannt hatte, konnte er die Vergebung im Glauben annehmen. Das Gespräch ging danach noch lange weiter. Ich gab ihm viele Ratschläge für sein weiteres Leben, und schließlich bat ich um seine Adresse, verbunden mit meiner Zusage, ihm demnächst einen persönlichen Brief zu schreiben.

Als ich die Adresskarte mit seinem vollen Namen sah, entdeckte ich, dass er mit Vornamen »Hermann« hieß. Das war wieder ein guter Anknüpfungspunkt. Ich erzählte ihm dann: »Mein Bruder heißt auch Hermann, und mein Vater auch. Bei uns zu Hause im Wohnzimmer hing mal ein schöner Spruch an der Wand mit folgendem Text:

›Hermann
das heißt Heer-Mann.
Heer-Mann ist ein Mann im Heer.
Kämpf als ein Mann in Christi Heer!
Wer treulos IHM den Rücken kehrt,
ist nicht des Namens Hermann wert.‹«

Er war begeistert: »Moment! Wo ist Papier? Noch mal. Das muss ich mir aufschreiben.« Und das tat er dann auch.

Schließlich habe ich mich mit vielen guten Wünschen von Hermann verabschiedet. Wir sahen uns noch einige Male während der Evangelisation.

Später kam ich zum zweiten Mal zu einer Vortragsreihe in dieselbe Stadt. Am Büchertisch begrüßte mich Hermann. Inzwischen war er ein unentbehrlicher Mitarbeiter in der Gemeinde geworden.

Doch dann erlebte ich etwas, das mir noch nie begegnet war. Hermann hatte ein brennendes Anliegen. Ich sollte unbedingt nach der Versammlung mit ihm zu einer Tasse Tee in seine neue Wohnung mitkommen. Das schien so unendlich wichtig zu sein, dass ich einfach nicht absagen konnte.

Es war fast Mitternacht, als wir dort ankamen. Nachdem ich Platz genommen hatte, fragte Hermann: »Ist die Couch in Ordnung?« Als ich das bejaht hatte, sagte er: »Die ist bezahlt!« Dann kam der Tisch dran, die Stühle, der Musikschrank, das Radio, der Plattenspieler und vieles andere, jedes Mal mit dem Nachsatz: »Das ist bezahlt!« Dabei strahlte sein Gesicht.

Schließlich brachte Hermann den Tee und etwas Gebäck und betonte noch einmal – und man sah, dass er richtig glücklich dabei war: »Das ist alles bezahlt.« Dann erzählte er mir begeistert von seinen vielen neuen Erlebnissen: Er hatte wieder Arbeit, er hatte neue Freunde, er hatte eine gute Gemeinde, hatte den Sinn des Lebens gefunden.

Bevor ich mich verabschieden konnte, musste ich unbedingt sein Fotoalbum ansehen. Es war richtig spannend. Da waren einige Bilder aus seiner Kindheit, Bilder von den Eltern und Geschwistern und von manchen Stationen seines Lebens. Ich blätterte immer weiter. Plötzlich erschrak ich, denn vor mir öffnete sich eine Seite, auf der ich meinen eigenen Kopf sah, aber nicht einmal, sondern viermal nebeneinander und fünfmal untereinander, also zwanzig Mal. Und dasselbe auf der gegenüberliegenden Seite. Auch da zwanzig Mal. Als ich dann umblätterte, sah ich da noch einmal eine halbe Seite.

Ich war richtig entsetzt: »Hermann, was hast du hier gemacht? Was soll das? Wie kamst du nur dazu?«

Er erklärte mir, wie es dazu gekommen war. Hermann hatte nach der Evangelisation beim Aufräumen des Saales geholfen und dabei noch einige Einladungszettel mit meinem Bild gefunden. Auf die Frage, was damit geschehen sollte, wurde ihm gesagt: »Wegschmeißen, damit kann man jetzt nichts mehr anfangen.«

Und was passierte dann? Hermann sagte mir: »Ich konnte das einfach nicht. Das war doch dein Kopf. Ich habe immer wieder das Bild angesehen, dann habe ich den ganzen Stapel mitgenommen, alle Bilder ausgeschnitten und in mein Album geklebt.«

Das hat mich wirklich tief berührt. Aber Hermann hat mir ganz fest versprochen, die Bilder – bis auf eins – aus seinem Album herauszunehmen.

Und die Landeskirche?

Wie froh bin ich, dass ich im Laufe der Jahre immer wieder Kirchgemeinden und Pfarrer treffen konnte, die sich mit großem Eifer für die Errettung verlorener Menschen engagieren. Wiederholt durfte ich Gast in Pfarrhäusern sein und mich mit den Pfarrern gemeinsam für dieses größte Anliegen einsetzen.

Aber ich habe auch die Kehrseite gesehen und mich oft gefragt, wofür manche Pfarrer nur ihren Lohn bekommen.

Eines Abends bekehrten sich zwei junge Mädchen. Sie waren noch keine zwanzig. Bevor wir uns verabschiedeten, beteten wir noch für ihre Eltern und Geschwister. Mit dem Wunsch, am nächsten Abend einige von ihnen mitbringen zu können, machten sie sich auf den Heimweg.

Doch es kam ganz anders. Freudestrahlend und dankbar hatten sie am Abend von mir Abschied genommen, traurig und fast verzweifelt standen sie am andern Tag wieder vor mir.

Ich werde es nie vergessen, wie eins der Mädchen sagte: »Ich habe jahrelang den Religionsunterricht besucht, aber über Jesus habe ich dort gar nichts gehört. Zwei Jahre war ich im Konfirmandenunterricht, aber in der ganzen Zeit habe ich nie gehört, dass man sich bekehren muss. In der Kirche wurde das auch nie gesagt. Ich glaube, meine Eltern haben das noch nie gehört. Die wissen das gar nicht. Die sind verloren, aber keiner sagt es ihnen.«

Ja, das ist schrecklich, und ich frage mich manchmal, wie manche Amtsträger das totale Versagen einmal verantworten wollen. Aber viele von ihnen wurden ja selbst völlig falsch informiert, und das macht die traurige Sache noch viel trauriger.

Der Tod meines Bruders Gerhard

Im September 1964 hatte ich zwischen zwei Evangelisationen in der Schweiz einen sehr intensiven Einsatz in unserm Missionswerk. In der Zeit wohnte ich bei meinen Eltern und predigte am Sonntag noch in unserer kleinen Versammlung, die zu der Zeit im Wohnhaus meiner Eltern stattfand. Dann fuhr ich in die Schweiz zurück und begann sofort mit einer 16-tägigen Zelt-Evangelisation. Weil die Entfernung nicht so groß war, fuhr ich nach dem Dienst jede Nacht nach Hause zu meiner Familie.

Dann kam die Nacht, in der mich eine ganz schlimme Nachricht wie kaum eine andere ganz furchtbar erschütterte. Vor wenigen Tagen war ich noch in Deutschland gewesen und hatte alle Angehörigen gesehen. Auch mit Gerhard, meinem jüngeren Bruder, hatte ich ein längeres Gespräch geführt. Und nun kam ich spät von einem anstrengenden Dienst nach Hause und wollte mich gerade so leise wie nur irgend möglich ins Bett schleichen. Aber Margrit war noch wach, kam mir weinend entgegen und sagte mit zittriger Stimme: »Gerhard ist tot.«[32]

Er hatte als Bauschlosser in Celle gearbeitet. Am Samstag hatte er den ganzen Tag bei großer Hitze Hermann bei der Ernte geholfen. Todmüde war er an dem Abend noch zu seinen Freunden gefahren und auf dem Rückweg in der Nacht wahrscheinlich auf seinem Motorroller eingeschlafen und am Straßenrand gegen eine Eiche gefahren. Es gab nach allen Recherchen keine andere Erklärung für den Unfall. Nachdem er eingesargt war, durfte ihn niemand mehr sehen.

In der Nacht konnten wir kaum noch schlafen. Die Nachricht war für mich fast unerträglich. Wie viele andere in ähnlicher Lage machte ich die Erfahrung, dass ich auf tausend »Warum?« und »Wieso?« und »Wozu?« keine Antwort bekam. Meinen Dienst im Zelt hat für ein paar Tage ein anderer übernommen, während ich mich wieder auf die Reise in den Norden machte.

Schneller als geplant trafen wir uns alle wieder. Nur Gerhard fehlte. Als Sechzehnjähriger hatte er bei einem Jugendtreffen in Ohof eine Entscheidung für Jesus getroffen. Für mich war das damals eine große Gebetserhörung gewesen, und ich hatte gehofft, er würde später vielleicht auch einmal den Weg in die vollzeitliche Reichgottesarbeit finden. Nun war er plötzlich nicht mehr unter uns.

Es wurde eine der schlimmsten Beerdigungen meines Lebens. Ich weiß nicht, wie ich es beschreiben soll. Jedenfalls stand ich mit vielen, vielen anderen am offenen Grab, und als dann der Sarg von sechs Männern an sechs Seilen hinuntergelassen wurde, bin ich fast zusammengebrochen. Ich fing an, laut zu weinen. Ich schämte mich, aber ich konnte mich einfach nicht mehr beherrschen. Ich hätte schreien können: »Gerhard! Gerhard!« Die Trauer war unbeschreiblich. Es war ein sehr tiefes, einschneidendes Erlebnis für mich.

Bald darauf stand ich wieder vor meinen Zuhörern im Zelt. Auf meine vielen Fragen hatte ich keine Antwort bekommen, aber mein Dienst als Evangelist ist durch jenes Erlebnis noch viel kompromissloser geworden.

Nach dem Einsatz hatte ich drei geruhsame »freie Tage«. Ich konnte all das Schwere und Schöne – zusammen mit Margrit – etwas »verdauen«, dann folgte der nächste, weit entfernte zweiwöchige Dienst.

Hermann heiratet

Wer hätte das gedacht? Hermann heiratete und bekam sogar die zweitbeste Frau weit und breit. Die beste hatte *ich* ja schon. Das war aber nur meine Meinung. Mein Bruder Hermann hatte Elisabeth im Urlaub in der Schweiz kennen gelernt und damit viele überrascht.

Bei einer der vielen Geburtstagsfeiern in unserm Elternhaus hatten die Verwandten ausgiebig über Hermanns schwierigen Stand diskutiert. Für einen Bauern war es ja ohnehin schon schwer, eine geeignete Ehefrau zu finden, aber nun waren alle Verwandten davon überzeugt, dass keine vernünftige Frau so einen »frommen« Bauern heiraten würde. Doch sie hatten sich alle geirrt. Es war ein wunderschöner Anlass für uns, unsern Aufenthalt in der Schweiz wieder einmal für ein paar Tage zu unterbrechen, um am 15. Mai 1965 an der unvergesslichen Feier teilzunehmen. Später wurden Hermann und Elisabeth fünf Kinder geschenkt, die zur großen Freude der Eltern heranwachsen durften.

Der Bau einer Missionszentrale

Während Erwin die Bibelschule besuchte und Siegfried Lange und ich ganz im Verkündigungsdienst aufgingen, entstand in Oppershausen – fast unbemerkt – unsere Missionszentrale.

Inzwischen hatte auch Siegfried Röseler seine Arbeit in der Baufirma für eine gewisse Zeit aufgegeben, um vollzeitlich für DIE BRUDERHAND zu arbeiten. Auch er wagte mit Ursel den Glaubensschritt. Denn Angestellte mit einer Gehaltszusage hatte DIE BRUDERHAND damals nicht. Siegfried Röseler war Bauführer, Einkäufer, Handlanger und Maurer – alles in einer Person. Wir standen betend hinter ihm und versuchten, da und dort ein wenig Geld für den Bau aufzutreiben. Es war eine unheimlich spannende Zeit. Nun, wir waren es ja gewohnt, täglich nur von Gottes Wundern zu leben.

Unser Ziel war es, ein zusammenhängendes Gebäude zu bauen. Zuerst sollte eine Wohnung für Familie Lange entstehen, dann eine für uns und danach – aber alles in einem Zuge – einige Gästezimmer, eine Gästeküche und ein kleiner Saal.

Für alle elektrischen Leitungen und Anlagen, für die Wasserzufuhr und auch für die Abwasserleitungen mit dem ganzen Versickerungssystem hatte ich die Verantwortung übernommen.

Wir wohnten ja damals in der Schweiz. Zwischen den Evangelisationen hatte ich nur selten einen freien Tag. Öfter fuhr ich die weite Strecke nach Norddeutschland, um auf der Baustelle zu arbeiten. Mein bester Helfer war Onkel Richard, ein älterer Schmiedemeister, der mir, wann immer ich ihn darum bat, als fleißiger Handlanger zur Seite stand. Oft haben wir bis tief in die Nächte hinein im Rohbau gearbeitet.

Leider blieb Siegfried Röseler nicht bis zur Fertigstellung des Missionshauses bei uns. Er ist später mit seiner Familie nach Kanada ausgewandert.

Unser viertes Kind

Weil wir als Familie einige Jahre in der Schweiz lebten, hat unser Jüngster auch dort das Licht der Welt erblickt.

Oh wie gut, dass wir zu dem Zeitpunkt nicht mehr in Celle wohnten. Margrit hatte die Hebamme dort in schlimmster Erinnerung. Sie fürchtete sich richtig vor ihren Belehrungen. Die Hebamme hatte ihr bei der dritten Geburt ganz gemeine Dinge gesagt und besonders auf mich geschimpft. Sie konnte gar nicht verstehen, dass Margrit »schon wieder da« war.

Aber bei Martins Geburt lief alles ganz anders. Zum ersten Mal durfte ich Margrit nicht nur zum Krankenhaus bringen, sondern auch bei der Geburt bei ihr sein (in Deutschland war das damals in der Regel noch nicht möglich). Ich hatte mich sehr sorgfältig auf das große Ereignis vorbereitet und wusste durch verschiedene Bücher genau, wie eine normale Geburt abläuft. Vom Arzt und von der Hebamme bekam ich dann auch noch ein paar gute Ratschläge und vor allem ein beruhigendes Getränk.

Doch dann kam alles ganz anders. Es dauerte ungewöhnlich lange. Die Aufregung wurde immer größer. Die Angst packte mich, als ich merkte, dass etwas nicht richtig lief, und ich erfuhr, dass sie um das Leben von Mutter und Kind kämpften. Es war die mit großem Abstand schwerste Geburt.

Für Margrit gehörten jene Stunden zu den schwersten; für mich waren sie auch schrecklich, aber andererseits waren es einige der größten Stunden in meinem Leben. Niemals sonst habe ich an einem einzigen Tag so viel über den Wert eines Menschenlebens gelernt.

Als ich schließlich mit dem Auto zu unseren drei Kindern fuhr, um ihnen die gute Nachricht vom Familienzuwachs zu überbringen, sah ich in jedem kleinen Kind am Straßenrand ein unbeschreiblich großes Wunder aus der Schöpferhand Gottes. Einmal hätte ich auf der Fahrt fast angehalten, um ein kleines Kind am Wegrand ja nicht in Gefahr zu bringen.

Wer mich kennt, weiß, wie gern ich kleine Kinder – auch fremde – auf die Arme nehme. Manchmal denke ich dabei an jenen 10. April zurück. Ja, Kinder sind eine Gabe des Herrn!

Wir hatten uns stark auf einen Jungen eingestellt und schon lange einen Namen im Hinterkopf, der uns beiden sehr gut gefiel.

Martin – das heißt: »der Kriegerische«

So sollte er heißen. Dabei dachten wir nicht unbedingt an Martin Luther. Wir wünschten uns ein Kind, das sich ganz entschieden auf die Seite Jesu stellt und *ihm* die Treue hält, egal, was kommt.

Martins Geburt ereignete sich während einer Evangelisation. Die ganze Gemeinde, in der ich gerade evangelisierte, hat damals eifrig mitgefiebert, sich aber auch mitgefreut, als ich am Abend nach der Geburt die gute Nachricht überbringen konnte.

Unsere drei Großen hatten wir für einige Tage zu der Familie gebracht, die uns während unseres ersten Familienaufenthaltes in der Schweiz schon mal aufgenommen hatte. Dort fühlten unsere drei sich wohl. Ich lebte während der Zeit allein in unserer Wohnung und konnte meinen Dienst ohne Unterbrechung weiter tun. Ich erinnere mich noch gut daran, dass ich während der ganzen Zeit nur einen Teller und einen Besteck-satz benutzt habe. Nach dem Essen wusch ich die Sachen ab und legte alles gleich wieder auf den Esstisch für die nächste Mahlzeit.

Ich freue mich ja jedes Mal, wenn eine gute Mahlzeit serviert wird, aber selbst Essen zubereiten – das ist nun wirklich nicht meine Lieblingsbeschäftigung. Wie glücklich war ich, als ich nach einigen Tagen Margrit und alle vier Kinder nach Hause holen konnte.

Das Sprachwunder

Eigentlich haben sich alle in der Familie über Martins Ankunft gefreut. Karina hatte allerdings trotzdem ein echtes Problem. Als sie uns davon erzählte, fing sie sogar an zu weinen. Sie kannte inzwischen schon eine ganze Menge Kinder, die in der Schweiz geboren waren – und die sprachen alle Schweizerdeutsch. Sie konnte sich kaum vorstellen, dass Martin, der nun ja auch in der Schweiz geboren war, uns später wirklich verstehen würde. Er würde auch nicht richtig Hochdeutsch sprechen können. Dafür waren doch all die Nachbarskinder – die ja auch in der Schweiz geboren waren – der beste Beweis.

Aber Karinas Sorgen waren unbegründet. Wir mussten zwar etwas warten; aber als er dann anfing zu reden, kam immer nur Hochdeutsch aus seinem Mund.

Papa, Mama und Tante Marta in der Schweiz

Bei Hermanns Hochzeitsfeier im Mai konnten wir wieder einmal vielen Freunden und Verwandten begegnen. Diesmal verliefen unsere Kontakte aber viel harmonischer. Manche interessierten sich richtiggehend für unsere Erlebnisse in der Schweiz.

Tante Marta sagte: »Ich habe schon mal Bilder von der Schweiz gesehen – das muss ja ein schönes Land sein! Und da wohnt ihr jetzt?«

Ich antwortete ihr: »Tante Marta, die Schweiz ist noch viel, viel schöner, als du es dir vorstellen kannst. Aber das muss man sich nicht nur auf Bildern anschauen. Das muss man erleben, das muss man richtig mit eigenen Augen sehen.«

Tante Marta meinte dann: »Ja, aber das könnte ich doch gar nicht bezahlen.«

Blitzartig kam mir eine Idee, und ich sagte ihr: »Tante Marta, jetzt fahren wir erst einmal zurück in die Schweiz, aber Anfang Juli komme ich mit Daniel allein zurück nach Oppershausen. Dann will ich zwei Wochen lang Wasser- und Abflussleitungen verlegen. Danach geht es wieder in die Schweiz. Auf der Rückfahrt habe ich Platz im Auto und nehme dich mit und zeige dir die schöne Schweiz. Du musst keinen Pfennig dafür zahlen.«

Tante Marta fühlte sich richtig geschmeichelt und sagte auf der Stelle Ja. Und genau so kam es dann auch. Ich hatte noch drei Evangelisationen, anschließend machte ich mich – diesmal mit Daniel – wieder auf die Reise in den Norden. Zwei Wochen lang war ich dann von morgens früh bis in die späten Abende auf der Baustelle. Onkel Richard, der ältere Schmiedemeister und Daniel – damals erst etwas über vier Jahre – waren fast immer an meiner Seite. Wir waren ein gutes Team und haben in den beiden Wochen viel geschafft.

In der Zeit konnte ich auch meine Eltern für eine Schweizreise begeistern. Schnell lagen die beiden Arbeitswochen hinter uns, und schon ging es wieder – ich weiß nicht zum wievielten

Mal – mit dem Auto in Richtung Süden. Oh, ich war glücklich. Neben mir saß Papa. Hinter mir saßen Mama, Tante Marta und Daniel. Meine Reisegefährten ahnten nicht, dass schon zwei Tage nach unserer Ankunft in der Schweiz eine 13-tägige Evangelisation beginnen sollte.

Dort hörte Tante Marta das erste Mal eine Predigt von mir. Das war mir wichtig, denn ich wollte ihr nicht nur die schöne Schweiz zeigen, sondern sie vor allem mit etwas noch viel Schönerem bekannt machen. Mindestens jeden zweiten Abend nahm ich meine Gäste aus Norddeutschland mit zur Evangelisation. Ebenso oft machte ich mir die Mühe, ihnen etwas von den Schönheiten des Landes zu zeigen. Unsere Fahrten dauerten immer nur ein paar Stunden, aber die Zeit reichte, um die drei jedes Mal ins Staunen zu versetzen. Die schneebedeckten Berge, die Seen, die Tunnel am Thunersee und all die Naturschönheiten lösten immer wieder große Begeisterung aus. Als »Gegenleistung« mussten die drei am Abend mit mir zur Evangelisation kommen.

Eines Abends hat es Tante Marta richtig gepackt. Auf dem Heimweg war sie ungewöhnlich still. Am andern Morgen, nach dem Frühstück, fragte sie mich: »Wilhelm, könntest du auch mal mit mir beten?« Auf diesen Augenblick hatte ich gewartet. Seit über acht Jahren hatte ich darum gebetet.

Dann saßen wir lange im Wohnzimmer zusammen, während ich ihr sehr gründlich den Heilsweg erklärte. Als wir schließlich zusammen an unserm alten Sofa knieten und Tante Marta mir Satz für Satz ein Gebet nachsprach, merkte ich, dass sich die ganze Mühe gelohnt hatte. Das alles wollte ich ihr ja acht Jahre vorher schon mal erklären, doch damals hatte ihr Mann mich mit schlimmen Beschimpfungen rausgeschmissen und vom Hof gejagt. Diesmal waren wir in unserm Zuhause, und niemand konnte uns hindern.

Dann traten die drei ihre Heimreise an. Sie hatten unvergessliche Tage in der schönen Schweiz erlebt und hatten natürlich zu Hause viel zu erzählen.

Teil 9:
Zurück in die Heimat
(1965)

Umzug in den Norden

Am 28. August 1965 machten wir uns nach zweijährigem Einsatz in der Schweiz wieder auf die Reise in den Norden. Inzwischen waren wir sechs Personen, aber mit etwas gutem Willen und Geduld – und beides hatten wir – passten wir alle sechs noch in den VW. Einige Monate vorher hatte ich mir, mit Hilfe der Spar- und Darlehenskasse, einen älteren Wohnwagen gekauft, in dem wir all unsere Habseligkeiten für den Umzug verstaut hatten.

Besonders unsere Mädchen freuten sich auf die neue Wohnung. In der Schweiz waren drei in einem Zimmer untergebracht, während Martin seinen Schlafplatz im Wohnzimmer hatte; aber im Missionswerk wartete eine 104-Quadratmeter-Wohnung auf uns mit zwei Kinderzimmern – eins für die Mädchen und eins für die Jungen.

Es war eine gewaltige, wunderschöne Umstellung. Zum ersten Mal hatte Margrit eine komplette Kücheneinrichtung mit einem größeren Kühlschrank, der sogar ein kleines Gefrierfach besaß. Nebenan gab es einen praktischen Abstellraum und gegenüber ein sehr gemütliches Esszimmer. Ebenfalls zum ersten Mal hatten wir eine Waschmaschine im Keller und auf der Südseite eine große Terrasse. Oft hatten wir den Eindruck, wir hätten eine der schönsten Wohnungen weit und breit.

Der ganze Baukomplex bestand ja aus zwei Mitarbeiterwohnungen und dem Gästetrakt, von dem ich durch meine vielen Arbeitseinsätze auf der Baustelle jeden Winkel kannte. Aber für Margrit und die Kinder tat sich nach dem Umzug eine ganz neue Welt auf.

Vier Kinder, vier Welten

Ein Sonntagsspaziergang im Herbst 1965 bleibt auch unvergesslich. Wir wohnten ja nun wieder in Deutschland und waren zu Fuß in Oppershausen unterwegs zu Oma und Opa. Dort warteten Kaffee und Kuchen schon auf uns.

Karina (5½ J.) bildete die Spitze und zeigte uns den Weg.

In der Mitte schob Margrit die Sportkarre – so nannte man damals die Vorläufer der heutigen Buggys – mit unserm Jüngsten (7 Monate), der sich hingebungsvoll mit seinem Fläschchen beschäftigte.

Daniel (knapp 4½ J.) und Christa (3 J.) hielten meine Hände und marschierten links und rechts an meiner Seite. Wir drei bildeten den Schluss der Gruppe.

Plötzlich stoppte ein Auto mit einem Paar mittleren Alters neben uns. Der Fahrer hatte die Scheibe schon runtergedreht und rief über die Straße: »Sind das alles Ihre?«

Margrit strahlte und sagte: »Ja, natürlich!«

»Alle Achtung!«, rief der Autofahrer, während sein Wagen sich schon wieder in Bewegung setzte und die beiden davonfuhren.

Ich war richtig stolz auf meine tapfere Frau.

So hatten wir es uns gewünscht. Und Gott hatte uns reich beschenkt. Ich fand Margrit dann am schönsten, wenn sie hochschwanger war. Sie selbst war immer der Meinung, eine glückliche Ehefrau, eine tüchtige Hausfrau oder gar noch eine gute Mutter zu sein, das seien die schönsten Ziele für ihr irdisches Leben. Die hat sie erreicht. Darin sah sie ihre Berufung. Darin fand sie ihre volle Erfüllung.

Kürzlich las ich einen sehr schönen Bericht:

»Eine Mutter mit drei Kindern wird von einer Bekannten, die beruflich erfolgreich und weit gereist ist, bedauert: ›Deine besten Jahre verbringst du hier im Haus mit Kindern, Küche, Wäschebergen und Dreckputzen. Wie hältst du das bloß aus?‹

Die Mutter antwortet ganz locker: ›In den besten Jahren tue ich das Beste, was es überhaupt gibt. Ich begleite drei Kinder mit aller Kraft und viel Liebe in ihr Leben.‹«

Unsere Mädchen waren nicht nur Schwestern, sondern auch richtig gute Freundinnen. Sie waren eigentlich total verschieden, und doch haben sie sehr viel Zeit miteinander verbracht und sich sehr gut verstanden.

Unsere Jungs dagegen lebten meist in verschiedenen Welten. Hauptgrund war vielleicht der größere Altersunterschied.

Martins Welt

Martin konnte sich unheimlich gut allein beschäftigen. Ich erinnere mich lebhaft an einen Nachmittag, als ich im Büro arbeitete und Martin stundenlang unter meinem Tisch mit ein paar kleinen Autos spielte. Manchmal fuhren die Dinger sogar über meine Füße.

Fast alle Kinder spielen gern im Sand, am liebsten, wenn auch noch Wasser dazukommt. Damit konnte auch Martin sich stundenlang beschäftigen.

Als ich eines Tages unser Auto wieder einmal gründlich reinigte, spielte Martin nur wenige Meter entfernt an einem Sandhaufen. Er baute eine Stunde lang eine Burg nach der anderen. Dabei sang er ununterbrochen sein Lied. Ich glaube, es hatte über zweihundert Verse. Er hatte ein bekanntes Lied etwas verändert. Weil es recht kurz war, wiederholte er es immer und immer wieder. Ich erinnere mich noch gut an das Stück:

»Ich sag ich noch einmal: Er liebt auch mich! Ich sag ich noch einmal: Er liebt auch mich! Ich sag ich noch einmal: Er liebt auch mich!« – usw. usf. und noch einmal, und noch einmal …

Es war das schönste Solo, das ich je gehört habe.

Schon früh wünschte Martin sich eine eigene Gitarre. Mit seiner Spielzeuggitarre konnte man eigentlich nicht richtig Musik machen, aber er konnte kräftig in die Saiten hauen und mit Ton und Text begeistert einen damals sehr bekannten jungen Evangeliumssänger nachahmen: »Teenager, bist du einsam, brauchst du einen Freund …«

Viele Jahre wohnten wir am Dorfrand in einer kleinen Seitenstraße. Es gab praktisch keinen Autoverkehr. Wenn Martin im ersten Schuljahr von der Schule kam, hörten wir ihn oft schon von weitem singen. Die Lieder aus der Kinderstunde begleiteten ihn auch auf dem Schulweg.

Als Margrit einmal vor einem Fest etwas aufgeregt und auch unzufrieden war mit ihrem Aussehen – ich weiß nicht mehr, ob es um die Frisur oder um das Kleid ging –, da versuchte Martin sie zu trösten mit den Worten: »Mutti, du brauchst aber nicht traurig sein; unsere Lehrerin ist noch hässlicher!«

Welch ein Trost! Solche Ermutigungen vergisst man nie mehr.

Im Winter, bei sehr schlechten Straßenverhältnissen, fuhr ich gelegentlich mit dem Zug zu den Evangelisationen. Als wir wieder einmal einen solchen Fall hatten, wollte Margrit mich mit dem Auto zum Bahnhof bringen. Alle Kinder wollten unbedingt mit. Sie passten damals noch so eben nebeneinander auf die Rückbank. Dann kam der Augenblick, wo wir uns auf dem Bahnsteig verabschieden mussten. Margrit kamen die Tränen. Mir auch. Dann schlossen sich die andern drei an. Nur Martin stand verständnislos daneben und fragte: »Warum weint ihr denn? Vati hat's doch gut. Der kann Zug fahren.«

Ich mache jetzt einen kleinen Sprung und greife etwas vor:

Das schönste persönliche Erlebnis mit Martin habe ich gemacht, als er schon elf Jahre alt war. Ich war wieder einmal von einer mehrwöchigen Reise zurückgekehrt. Wie immer gab es ein fröhliches Wiedersehen und eine freudige Begrüßung mit allen. Dann kam das Besondere, das Einmalige.

Die fünf hatten ein Geheimnis. Nur ich kannte es nicht. Martin hatte allen »befohlen«, ja nichts zu verraten. Er drängte mich wiederholt, doch unbedingt *vor* dem Essen zu meinem Büro zu gehen. Dort würde ich ein Geheimnis entdecken. Ich machte mich also auf den Weg nach oben zu meinem Büro. Martin begleitete mich ganz aufgeregt.

Die Überraschung war wirklich perfekt und meine Freude unbeschreiblich. An meiner Bürotür hatte Martin mit Klebeband ein selbstgebasteltes Plakat befestigt mit einem »Datum«, einem »Namen« und einem wunderbaren »Ereignis«. Da stand also mit großen Buchstaben das besondere »Datum«, darunter stand »Martin«, darunter das Wort »bekehrt«.

Nach einem Gottesdienst war Martin zu seiner Mutti gegangen mit der Bitte, ihm bei seiner größten Entscheidung zu helfen. Das war wieder eine der ganz großen Gebetserhörungen in unserer Familie. Was kann eine Mutter, was kann ein Vater Schöneres erleben?

Erwin heiratet

Die Bibel sagt – und die Verse hatte ich mir schon kurz nach meiner Bekehrung mit einem Buntstift markiert:

»Wer eine Ehefrau gefunden hat, der hat etwas Gutes gefunden und Wohlgefallen erlangt vom Herrn ... eine verständige Ehefrau kommt vom Herrn. ... Wem eine tüchtige Frau beschert ist, die ist viel edler als die köstlichsten Perlen. Ihres Mannes Herz darf sich auf sie verlassen, und Nahrung wird ihm nicht mangeln. Sie tut ihm Liebes und kein Leid ihr Leben lang.« Das alles steht in Sprüche 18,22, 19,14 und 31,10–12.

Unvergesslich bleibt mir der Tag, an dem Erwin uns seine Zukünftige vorstellte. Er hatte sie auf der Bibelschule kennen gelernt. Ich war immer der Meinung, dass es nach der wichtigsten Entscheidung im Leben, der Bekehrung, keine wichtigere gibt als die Wahl des richtigen Ehepartners (falls man nicht im Ledigenstand Gott dienen will).

Am 11. September 1965 gaben Erwin und Hella sich ihr Jawort, um dann gemeinsam an verschiedenen Plätzen im In- und Ausland dem Herrn zu dienen.

Irgendwann hatte ich den Eindruck, ich müsste Erwin unbedingt für eine vollzeitliche Mitarbeit im Missionswerk DIE BRUDERHAND gewinnen. Es kam auch für kurze Zeit dazu. Aber das war keine gute Idee von mir. Wir hatten so viel zusammen erlebt, wir hatten so vieles gemeinsam und waren doch so unheimlich verschieden. Unsere Wege trennten sich dann wieder, aber nur, um an unterschiedlichen Plätzen demselben Herrn zu dienen.

Erwin hat auch selbst manche Evangelisationen durchgeführt und dabei Menschen für Jesus gewonnen, aber seine Hauptbegabung lag doch im Gemeindebau. Einige Male wurde ich auch von ihm zu Evangelisationen eingeladen.

Gott schenkte ihnen fünf Kinder, durch die inzwischen eine ganze Menge im Reich Gottes bewegt wurde.

Erste richtige Evangelisation in Deutschland

Mittlerweile hatte ich schon in vielen Städten evangelisiert, und manchmal hatte ich den stillen Wunsch: »Könnte ich doch einmal in Celle evangelisieren! Da, wo ich jahrelang gearbeitet habe, wo manche meiner früheren Arbeitskollegen wohnen. Da, wo mich so viele kennen.«

Der Wunsch wurde zum Gebet. Und eines Tages kam – ohne mein Dazutun – ein Brief mit einer Einladung vom Pastor der Friedenskirche in Celle. Wir wurden uns schnell einig.

Und schon bald kam es zu meiner ersten großen Evangelisation in meiner Heimat.

Damals hörte auch Onkel Heinrich[33] das erste Mal eine Predigt von mir. Das war – auch für ihn – ein großes Erlebnis. Ich werde es nie vergessen, wie wir vor der Versammlung im Gebetsraum nebeneinander knieten und um Gottes Segen für den

Abend flehten. Es war das letzte Mal, dass ich Onkel Heinrich mit seiner so unvergleichlichen Inbrunst im Gebet erlebte. Ich war so dankbar. Ich wusste, dass Onkel Heinrich auch sonst viel für mich betete. Sicher hatte er großen Anteil an all den Segnungen in meiner Arbeit. Welch ein Staunen wird es einmal im Himmel geben, wenn Jesus die Treue seiner Knechte und Mägde belohnt.

Einige Zeit später wurde ich unverhofft ans Sterbebett von Onkel Heinrich gerufen. Er war schon länger schwerkrank, jetzt rang er mit dem Tod. Mir fehlen die Worte, um richtig auszudrücken, was ich damals empfand. Bei der Beerdigung verspürte ich einen immensen Verlust. Ein großer Freund war von uns gegangen.

Während des Einsatzes in Celle bekehrte sich auch Margrits Mutter. Sie besuchte seit einiger Zeit eine Gemeinde und hatte schon viele Predigten gehört. Aber sie hatte keine »Heilsgewissheit«[34]. Das hat ihr, aber auch Margrit, oft Not gemacht.

Und dann kam der große Abend: Sie fand Frieden in der Friedenskirche. Am Schluss der Predigt hatte ich wieder zur Entscheidung aufgerufen und zur Seelsorge eingeladen. Dann ging ich, wie immer, erwartungsvoll in den Seelsorgeraum.

Ich hatte bei der großen Menge der Besucher nicht bemerkt, dass Margrits Mutter, also meine Schwiegermutter, auch in der Kirche war.

Nun saß ich mit vielen, die sich bekehren wollten, im Seelsorgeraum und erklärte ihnen anhand der Bibel den Heilsweg.

Plötzlich ging die Tür auf. Und wer kam herein? Mamusch, wie wir sie nannten! Mit einem völlig verweinten Gesicht. Ich war so überrascht, so überwältigt. Ich sprang auf, ging auf sie zu und nahm sie in die Arme und fragte: »Mamusch, möchtest du dich bekehren?« Als sie bejahte, standen wir beide da, und dicke Tränen liefen über unsere Wangen. Das musste ich den andern im Raum natürlich erst einmal erklären. Ich glaube, alle freuten sich mit. An dem Abend wurde Mamuschs Leben völlig neu. Allein dafür hätte sich der ganze Aufwand in Celle gelohnt.

In späteren Jahren traf ich nicht selten dankbare Christen,

die mir erzählten, dass sie damals ihre größte Entscheidung getroffen hätten.

Gaben und Aufgaben

Eigentlich war ich ja von Kopf bis Fuß ein Handwerker und ganz und gar kein Intellektueller. Nach dem Umzug ins Missionshaus warteten dann auch noch viele handwerkliche Arbeiten auf mich. Zuerst waren ja nur die Wohnungen fertiggestellt, jetzt ging es mit Hochdruck an die Gästezimmer und die anderen Räume. Auch da war ich sowohl für alle elektrischen Leitungen als auch für die Kalt- und Warmwasserleitungen, für das ganze Abwassersystem und auch für die Außenanlagen zuständig. Zwischen den Evangelisationseinsätzen, die sich jetzt auch mehr und mehr auf Deutschland ausdehnten, war ich unermüdlich auf der Baustelle im Einsatz. Es war eine harte und doch so gute Zeit. Es ist einfach wunderbar, wenn man am Abend oder am Ende einer Woche richtig sehen kann, was man geschafft hat.

Wenn ich mich recht erinnere, hat Siegfried Lange nie auf der Baustelle mitgearbeitet. Seine Begabungen lagen auf einem anderen Gebiet. Erwin Eisen war im Ausland, und Siegfried Röseler hatte die Baustelle schon seit einiger Zeit verlassen. So musste ich mir immer wieder da und dort Helfer suchen. Onkel Richard, der ältere Schmiedemeister, war immer, wenn ich ihn rief, sofort zur Stelle. Natürlich wurden auch viele Arbeiten von Firmen übernommen.

Viel größer als die Sorge um die richtigen Helfer war aber damals schon die ständige Sorge um die nötigen Finanzen. Oh, wie oft haben wir dem Herrn in den Ohren gelegen und ihn um ein weiteres Wunder gebeten. Im Rückblick staune ich heute noch darüber, wie der Herr uns in all den Jahren mit allem Nötigen versorgt hat.

Während der ganzen Zeit führten wir auch unsere regelmäßigen Gottesdienste und Bibelstunden in verschiedenen Wohnzimmern weiter. Der Wunsch bei allen war natürlich riesengroß, endlich einen etwas größeren Raum für die eigenen Veranstaltungen in Betrieb nehmen zu können.

Siegmund Schmidt

Der erste Teil meiner Biografie umfasst dreißig Jahre meines Lebens, die Jahre 1936 bis 1965. Doch zwei tiefgreifende Erlebnisse des Jahres 1967 möchte ich gern mit hineinnehmen. Es geht um die Begegnung mit Siegmund Schmidt und um die Einweihung des Missionszentrums der BRUDERHAND.

Die offizielle Einweihung des ganzen Projektes hatten wir am 2. April 1967. Einige auswärtige Gäste waren schon einen Tag früher angereist. Zu diesen Gästen gehörte auch Siegmund Schmidt aus dem Siegerland, den Siegfried Lange bei einer Bibelwoche kennen gelernt hatte. Er bekleidete damals einen verantwortungsvollen Posten in einem Baugeschäft und arbeitete mit großem Einsatz auf verschiedenen Gebieten in der Gemeinde mit.

Ich weiß nicht, wie ich es erklären soll: Wir beide – Siegmund und ich – hatten uns auf Anhieb gefunden. Siegmund war nicht nur ein guter Kaufmann, sondern auch ein begnadeter Prediger, ein außerordentlich talentierter »Kinderonkel« und gleichzeitig ein vielseitig begabter Handwerker. Er hatte sofort gespürt, dass ich am Samstag – vor der eigentlichen Einweihungsfeier – noch viel zu tun hatte, und bot mir seine Hilfe an. Bald saß er neben mir auf dem Traktor, um mir bei einigen Transporten und anderen Arbeiten zu helfen.

Aus dieser zweitägigen Begegnung entwickelte sich eine Freundschaft, ja ein so einmaliges Vertrauensverhältnis, wie ich es in all den Jahrzehnten mit keinem anderen erlebt habe. Ich wüsste auch von keinem, mit dem mich solch eine theologische Übereinstimmung verbindet wie mit Siegmund.

Ganz ähnlich erlebten es auch unsere Ehefrauen, Margrit und Hanni. Und auch zwischen unseren fast gleichaltrigen Kindern (Siegmund und Hanni haben drei Söhne) ergaben sich bald echte, freundschaftliche Kontakte.

Während einer späteren Evangelisation im Siegerland verbrachten wir viele Stunden gemeinsam im Gebet und durften dann einen richtigen Siegeszug des Evangeliums erleben.

Wir haben oft zusammen gelacht, aber auch manches Mal miteinander geweint. Wir haben manche schwere Phase, aber auch herrliche Siege zusammen erlebt.

Unsere vielen Kontakte und gemeinsamen Erlebnisse führten bald dazu, dass auch Siegmund seinen Beruf aufgab, um vollzeitlich in die Reichgottesarbeit zu gehen. Seine Kinderfreizeiten und Evangelisationen, seine Bibeltage und Einzeldienste und besonders seine Freizeiten »Ferien unter Gottes Wort« haben ungewöhnlich tiefe Segensspuren hinterlassen.[35]

Einweihung der Missionszentrale

Es war ein großer Tag in der Geschichte der BRUDERHAND, als wir im April 1967 nach vielen Liedern und einer guten Predigt unser Missionszentrum im Gebet dem Herrn weihen konnten.

Das unvergleichlich Größere geschah für mich persönlich aber erst nach dem Gottesdienst auf einem ganz besonderen Spazierweg.

Zwischen dem Festgottesdienst und dem Mittagessen gab es eine längere Pause, und die nutzten manche für einen ausgedehnten Spaziergang. Ich glaube, wir waren mit vier oder fünf Männern auf dem Waldweg unterwegs. Auf der rechten Seite lag der Wald, links von uns dehnten sich die endlosen Felder aus.

Plötzlich blieb Hermann, mein Bruder, stehen und hielt uns zurück mit den Worten: »Seht einmal: Da ist ein Hirsch rübergelaufen, die Spur kann man noch deutlich sehen.«

Alle konnten die Spur auf dem Sandweg und auf dem frisch geeggten Acker erkennen.

Ein Gast aus Hamburg fragte ganz erstaunt: »Ist das wahr, gibt es hier Hirsche?«

Und Hermann antwortete: »Eigentlich selten, aber manchmal kann man hier auch Hirsche sehen und natürlich Hasen, Kaninchen, Rehe und Wildschweine!«

»Die Spur kann man noch deutlich sehen!« *Der* Satz ist bei mir richtig eingeschlagen, er hat sich festgesetzt für immer. Ich beteiligte mich dann kaum noch am Gespräch. Der Satz ließ mich einfach nicht mehr los, er hatte mich stärker getroffen und herausgefordert als die ganze Predigt zuvor. Blitzartig gingen meine Gedanken in alle möglichen Städte, Gemeinden, Häuser und Familien. Ach, was mir da alles durch den Kopf ging: die Jahre in der Schweiz, die Jahre seit meiner Bekehrung, die vielen Begegnungen in Gemeinden und vor allem in den vielen Familien, in denen ich zu Gast gewesen war. Wie war das eigentlich? Wie haben die Leute mich erlebt? Welche Spuren habe ich hinterlassen? Ich spürte plötzlich eine unheimliche Last, eine ungeheure Verantwortung.

»Die Spur kann man noch deutlich sehen!« Der Satz hat mich nie mehr verlassen. Hermann hielt die beste Kurz-Predigt, die ich je gehört habe.

Wie oft wurde ich später von Gemeindechören daran erinnert, wenn das eindrückliche Lied gesungen wurde:

»Die Zeit ist kurz, o Mensch, sei weise
und nütze jeden Augenblick.
Nur einmal machst du diese Reise.
Lass eine Segensspur zurück!«

Das schwerste Opfer

Nur wenige ahnen, mit wie viel Trennungsschmerz ein evangelistischer Dienst zu tun haben kann. Sicher, man kann sich auch als Evangelist schöne Tage machen, etwas herumreisen und sich von den Gastgebern verwöhnen lassen. Ich habe einige von der Sorte kennen gelernt. Aber solche Leute sind schnell wieder von der Bildfläche verschwunden.

Während einer Evangelisation in Dänemark wohnte ich bei einer ganz lieben Familie. Die Eltern hatten – soweit ich das beobachten konnte – eine beneidenswerte Ehe. Sie hatten, wie wir, vier Kinder. Das alles hat mich natürlich ständig an zu Hause erinnert. Alle bemühten sich, mir den Aufenthalt bei ihnen so angenehm wie möglich zu machen. Aber es gelang ihnen überhaupt nicht, denn alle sechs sprachen kein Wort Deutsch. Und ich verstand kein Dänisch. Kurz vor der Versammlung holte mich ein Dolmetscher ab. Der übersetzte nachher meinen gesamten Vortrag und auch das folgende Seelsorgegespräch und verschwand dann auf dem schnellsten Wege.

Ich glaube, die Dänen sind sehr gastfreundliche Leute. Sie trafen sich damals jeden Abend nach der Versammlung noch hier und dort in den Häusern, um gemeinsam Tee zu trinken. Es wurde fröhlich erzählt, gesungen, gelacht. Ich saß jeden Abend in der fröhlichen Runde und hätte das große Heulen kriegen können. Außer in Kopenhagen evangelisierte ich in drei weiteren Städten. Ich war also wieder einmal sehr lange unterwegs. Überall dasselbe Elend. Ich war ja kein Teenager mehr, aber ich bin vor lauter Heimweh fast krank geworden. Zu der Zeit war das Telefonieren aus dem Ausland viel zu teuer für mich. Und bis eine Antwort auf einen Brief kam, vergingen mindestens sechs Tage.

Als dann an einem Abend auch noch jemand – der die Deutschen überhaupt nicht mochte – laut brüllend die Predigt unterbrach und mich mit allerlei Schimpfworten bombardierte, fühlte ich mich tatsächlich von Gott und Menschen verlassen. Oh, wie habe ich mich nach Hause gesehnt. Seitdem weiß ich, was Heimweh ist.

Nur für vollzeitliche Mitarbeiter

Des Öfteren musste ich an Jesus oder auch an die Apostel denken, die an einigen Tagen keine Zeit hatten zum Essen und manchmal nicht zum Schlafen kamen.

Paulus schreibt in 2. Korinther 11 in den Versen 26 bis 33:

> »Ich bin oft gereist, ich bin in Gefahr gewesen durch Flüsse, in Gefahr unter Räubern, in Gefahr unter Juden, in Gefahr unter Heiden, in Gefahr in Städten, in Gefahr in Wüsten, in Gefahr auf dem Meer, in Gefahr unter falschen Brüdern; in Mühe und Arbeit, in viel Wachen, in Hunger und Durst, in viel Fasten, in Frost und Blöße; und außer all dem noch das, was täglich auf mich einstürmt, und die Sorge für alle Gemeinden. Wer ist schwach, und ich werde nicht schwach? Wer wird zu Fall gebracht, und ich brenne nicht? Wenn ich mich denn rühmen soll, will ich mich meiner Schwachheit rühmen. Gott, der Vater des Herrn Jesus, der gelobt sei in Ewigkeit, weiß, dass ich nicht lüge. In Damaskus bewachte der Statthalter des Königs Aretas die Stadt der Damaszener und wollte mich gefangen nehmen, und ich wurde in einem Korb durch ein Fenster die Mauer hinuntergelassen und entrann seinen Händen.«

Verglichen damit hatte ich eigentlich noch ein recht angenehmes Leben. Trotzdem: Ich war richtig erschrocken, als ich kürzlich in zwei älteren Kalendern blätterte und die Einsatzdaten von damals sah. Ich will hier nur mal eine kleine Kostprobe geben.

Die folgenden Daten sind aber *nur für junge vollzeitliche Mitarbeiter* gedacht, besonders für junge Evangelisten. Die anderen Leser bitte ich, sie einfach zu überspringen. Dabei hoffe ich, dass niemand Anstoß daran nimmt. Ich will damit einfach mal ein wenig Einblick geben in meinen damaligen Dienstplan:

- Evangelisation: 7.1.–19.1.1964, 13 Tage weg, dann 8 Tage zu Hause.
- Evangelisation: 28.1.–9.2.1964, 13 Tage weg, dann 7 Tage zu Hause.
- Evangelisation: 17.2.–1.3.1964, 14 Tage weg, dann 1 Tag zu Hause.
- Prediger-Konferenz: 3.3.–4.3.1964, 2 Tage weg, dann 1 Tag zu Hause.
- Nacharbeit: 6.3.1964, 1 Tag weg, dann 3 Tage zu Hause.

- Evangelisation: 10.3.–22.3.1964, 13 Tage weg, dann 3 Tage zu Hause.
- Nacharbeit: 26.3.1964, 1 Tag weg.
- Arbeit im Missionswerk in Deutschland: 27.3.–30.3.1964, 4 Tage weg.
- Evangelisation: 31.3.–12.4.1964, 13 Tage weg, dann 1 Tag zu Hause.
- Nacharbeit: 14.+19.4.1964, 2 Tage weg, dann 5 Tage zu Hause.
- Evangelisation: 21.4.–4.5.1964, 14 Tage weg, dann 1 Tag zu Hause.
- Arbeit im Missionswerk: 6.5.–13.5.1964, 8 Tage weg, 5 Tage zu Hause.
- Evangelisation: 19.5.–31.5.1964, 13 Tage weg, dann 1 Tag zu Hause.
- Nacharbeit: 2.6.1964, 1 Tag weg, dann 6 Tage zu Hause.
- Evangelisation: 9.6.–21.6.1964, 13 Tage weg, dann 5 Tage zu Hause.
- Evangelisation: 27.6.–12.7.1964, 16 Tage weg, dann 4 Tage zu Hause.
- Evangelisation: 17.7.1964, 1 Tag weg, dann 1 Tag zu Hause.
- Evangelisation: 19.7.–2.8.1964, 15 Tage weg, dann 2 Wochen Urlaub.

In siebeneinhalb Monaten war ich 157 Tage unterwegs und 70 Tage zu Hause. Natürlich hatte ich zu Hause auch viel zu tun, aber ich war dann bei der Familie, und das hat uns allen gut getan.

Das soll als Einblick genügen. Aber so setzte es sich dann fort bis Mitte Dezember. In ähnlichem Stil ging es weiter, auch im nächsten Jahr, bis wir Ende August 1965 als ganze Familie wieder aus der Schweiz nach Norddeutschland zurückkehrten. In der ganzen Zeit hatten wir aber nie den Eindruck, etwas Besonderes getan zu haben.

Ich bin so froh, dass ich sehr früh erkennen durfte, dass meine Liebe zu Jesus viel wichtiger ist als aller Dienst für ihn.

Von Oswald Chambers stammt die gewaltige Aussage:

»Mein größter Rivale in der Hingabe an Jesus ist mein Dienst für Jesus.« Daran will ich mich immer wieder erinnern.

Margrits Sicht der Dinge

Weil wir so viel voneinander getrennt waren und das Telefonieren für uns einfach zu teuer war, haben wir uns schon am Anfang unserer Ehe etwas sehr Schönes ausgedacht: Liebesbriefe, richtige Liebesbriefe – aber nicht ab und zu, sondern jeden Tag. Manchmal bin ich geradezu froh darüber, dass es damals noch keine SMS gab.

Wie oft haben meine Gastgeber über unsern regen Briefwechsel gestaunt. Wenn ich bei ihnen wohnte, konnten sie ziemlich sicher sein, dass der Briefträger jeden Tag an die Haustür oder zum Briefkasten kam. Auch ich schrieb jeden Tag einen Brief an Margrit, und jedes unserer Kinder bekam von jeder Evangelisation eine Ansichtskarte von mir. Natürlich habe ich bei der Gelegenheit auch die Neuigkeiten aus der Evangelisation mitgegeben, so dass sie zu Hause immer mit den wichtigsten Gebetsanliegen versorgt waren.

Fast alle Briefe haben wir sauber nach Datum abgeheftet, und sie stehen mir heute noch – quasi wie ein Tagebuch – zum Nachschlagen zur Verfügung.

Auch zwei Vorträge, die Margrit bei verschiedenen Frauenfrühstückstreffen gehalten hat, haben wir sorgfältig aufbewahrt. Eigentlich war Margrit eher eine schüchterne Frau. Es fiel ihr schwer, vor einer größeren Menge zu reden. Sie wäre kaum in der Lage gewesen, eine freie Rede zu halten, darum hat sie ihre Berichte auch gründlich vorbereitet und alles wortwörtlich aufgeschrieben.

Etwas daraus möchte ich an dieser Stelle wiedergeben, denn ihr Zeugnis gibt einen sehr guten Einblick in das Erleben einer Evangelistenfamilie. »Gott kann alles ändern«, steht als Überschrift auf dem ersten Blatt.

»Ist jemand in Christus, so ist er eine neue Kreatur; das Alte ist vergangen, siehe, Neues ist geworden.« Mit dem Bibelwort beginnt sie ihr Zeugnis und fährt dann fort:

Ich möchte gern etwas aus meinem Leben berichten.

Die größte Veränderung geschieht ja, wenn ein Mensch sich bekehrt und die Wiedergeburt erlebt. Mit siebzehn Jahren durfte ich diese großartige Erfahrung machen. Ich durfte mein altes Leben bei Jesus abgeben und das neue Leben, die Wiedergeburt, empfangen. Bis zu dem Zeitpunkt hatte ich total andere Pläne für mein Leben. Ich wollte glücklich sein, aber ich hatte ganz falsche Vorstellungen vom Glück.

Wie dankbar bin ich, dass Jesus so früh in mein Leben getreten ist und mir die Augen geöffnet hat für das wahre Glück in IHM. Er hat mir ein ganz neues Denken geschenkt und meinem Leben eine neue Zielrichtung gegeben.

Ich habe auch viel um den richtigen Ehepartner gebetet, und Gott hat die Gebete wunderbar erhört. Wie leicht kann man an der Stelle eine falsche Entscheidung treffen, und meist entsteht dann viel Not.

Ich war erst etwas über neunzehn Jahre alt, als wir heirateten. Matthäus 18,19 war der Leitvers für den Start in unsere Ehe. Da steht: »Wo zwei eins werden im Gebet, um was sie bitten, das soll ihnen werden.«

Dass zwei Menschen wirklich eins werden, das ist doch am besten in einer guten Ehe möglich, und das wollten wir ausprobieren. Heute darf ich freudig bezeugen, dass wir auf diesem Gebiet Wunder über Wunder erlebt haben. Gott ist so gut; er steht zu seinem Wort.

Ich habe damals ein kleines Notizheft angelegt und alle unsere Bedürfnisse und Anliegen da hineingeschrieben. Für diese Dinge haben wir dann viel gebetet – und welch eine

Ermutigung und Glaubensstärkung war es, wenn ich wieder ein Anliegen durchstreichen und ERHÖRT dahinter schreiben konnte.

Uns war damals schon klar, dass Wilhelm einmal vollzeitlich in der Reichgottesarbeit tätig sein würde, aber wie so etwas ganz konkret aussieht, wussten wir ja nicht so genau. Er hatte vorher schon oft neben seinem Beruf gepredigt, doch nach zwei Ehejahren begann der richtige evangelistische Dienst. Das bedeutete viel Trennung von der Familie. Ich denke, es ist gut, dass wir unseren Weg nicht immer fertig vorgezeichnet sehen können. Ich weiß nicht, wie ich sonst reagiert hätte.

Unsere vier Kinder bekamen wir in den ersten sechs Ehejahren, und es war wirklich nicht leicht, mit dieser ständigen Trennung zu leben. Auch die Kinder haben manchmal darunter gelitten, besonders als sie noch klein waren. Immer wenn sie sich wieder an den Vater gewöhnt hatten, hieß es erneut Abschied nehmen. Wilhelms Rhythmus war meist: zwei Wochen fort, eine Woche zu Hause. In den ersten achtzehn Ehejahren war Wilhelm fast zwölf Jahre weg. Einmal, als Wilhelm fünf Wochen hintereinander fort war und dann nach Hause kam, fing Daniel (1½ J.) an zu weinen, weil er im ersten Moment Angst hatte vor dem »fremden Onkel«. Das war aber eine Ausnahme.

In der ersten Zeit hatte ich starke Anfechtungen wegen der vielen Trennungen. Ich konnte es mir nicht gut vorstellen, dass unser Familienleben ständig so auseinander gerissen sein sollte und dass es keinen Ausweg für die Zukunft geben sollte. Andererseits wollte ich aber dem Herrn dienen und für Wilhelm eine gute Gehilfin sein. Ich stand in einem großen inneren Konflikt.

Dieser Zustand dauerte aber nicht allzu lange. Ich fand dann ein ganz bewusstes Ja zu diesem Weg, und von diesem Zeitpunkt an ging es richtig gut. Ich wusste, wenn ich meinen

Mann loslasse, damit er anderen Menschen den Weg zu Jesus zeigen kann, so ist das auch mein Dienst für den Herrn.

Der Abschied war trotzdem immer wieder schwer, und manchmal flossen auch Tränen, aber meine Einstellung war eine andere geworden – und das ist so wichtig. Es ist wichtig, dass ich Ja sage zu Gottes Plan in meinem Leben. Wie groß war dann jedes Mal die Freude bei uns, wenn wir nach einer Evangelisation hören durften, wie viele Menschen wieder zum Glauben an Jesus Christus gekommen waren.

Die Trennungen hatten auch viel Gutes. Unsere Ehe war so spannend, wir waren fast immer in den Flitterwochen.

Unsere Kinder haben voll Anteil genommen an der Arbeit ihres Vaters, sie haben ihm Briefe und Karten geschrieben und mitgebetet und sich mitgefreut über die Ergebnisse.

Wir haben viel für unsere Kinder gebetet. Aber viele andere Menschen haben es auch getan, und dafür sind wir so dankbar. Alle vier haben sich früh, also schon als Schulkinder, für Jesus entschieden. Das war für uns das größte Geschenk.

Wir haben uns sehr bemüht, unsern Kindern von klein auf die Bibel lieb zu machen. Abends lasen wir ihnen am Bett aus der Kinderbibel vor. Wir haben auch viel mit ihnen gesungen und mit ihnen zusammen gebetet. Sie wurden alle vier sehr streng erzogen, aber mit ganz viel Liebe.

Unser Vorbild ist in der Erziehung sehr wichtig. Die Kinder müssen es an uns sehen, dass es uns ernst ist mit dem, was wir sagen, und dass wir frohe Gotteskinder sind. Wie sollen sie sonst Lust bekommen an einem Leben mit Jesus?!

Rückblickend auf die Jahre möchte ich die Zeit niemals missen. Sie war nicht einfach und doch so wertvoll. Meine besten Erfahrungen mit Jesus habe ich gerade in den Jahren ge-

macht. In wie vielen Situationen, wo man das Problem gern dem Ehepartner zuschiebt oder ihn um Rat fragt, ging ich einfach ins Gebet.

Heute bin ich davon überzeugt, dass viele gar nicht richtig in ihre Berufung hineinkommen und den Segen, den Jesus ihnen zugedacht hatte, gar nicht im vollen Maße erleben können, weil sie das Opfer scheuen. Bei einem Evangelisten besteht das Opfer ja hauptsächlich in den vielen und oft auch langen Trennungszeiten. In solchen Zeiten hat Wilhelm mir jeden Tag einen Brief geschrieben und viel für mich gebetet, und das hat mir auch sehr geholfen.

Margrits Bericht ist natürlich noch einiges länger, aber ich möchte an dieser Stelle abbrechen und noch etwas aus meiner Sicht über die Kehrseite all der vielen Opfer erzählen.

Die Kehrseite all der Opfer

Auch ich litt oft sehr unter all den Trennungen. Manchmal las ich die kleinen Briefchen einige Male, schaute dann lange auf die Bildlein, die mir die Kinder geschickt hatten, und dachte an zu Hause. Manchmal liefen mir dabei die Tränen über die Wangen. Doch wenn ich dann meinen Brief schrieb und von den Bekehrungen des letzten Abends berichten konnte, verwandelte sich der Trennungsschmerz in der Regel in große Dankbarkeit.

Gott hatte mir eine Frau geschenkt, die hundertprozentig hinter mir und meinem Dienst stand. Ich hatte sogar Kinder, die meine Berufung früh verstanden hatten und für mich beteten und sich mitfreuten, wenn ich von den Gebetserhörungen erzählte.

Einmal erlebte ich, dass ich schon beim Aussteigen aus dem Auto von einem unserer Sprösslinge gefragt wurde: »Vati, haben sich auch Kinder bekehrt?«

Ich antwortete: »Ja, sieben.«

Dann rief derjenige laut: »Mutti, Mutti, hast du gehört? Sieben Kinder!«

Ich besuchte kaum einmal einen Elternabend in der Schule, denn ich war ja meist gar nicht da. Auch die Schulaufgaben überwachte, so weit das nötig war, nur Margrit. Und die vielen Sonntage verbrachten meine fünf Lieben meist ohne mich.

Doch es gab auch noch … ja, darüber möchte ich etwas erzählen:

Die andere Seite

In den ersten Jahren hatte ich meinen Dienstplan so vollgepackt, dass für Urlaub kaum noch eine Lücke übrig blieb. Dafür hatten wir sowieso kein Geld. Es war natürlich auch eine ganz andere Zeit. Das Wort Urlaub war für die meisten unserer Bekannten und Verwandten ohnehin ein Fremdwort. Meine Eltern haben in ihrem Leben nie Urlaub gemacht, bis ich sie schließlich mal für einige Zeit mit in die Schweiz nahm.

Ab 1964 ergaben sich für uns plötzlich ganz neue Möglichkeiten, die vor allem den Kindern zugute kamen.

Ein junger Prediger hatte sich ein großes, wunderbares Campingzelt gekauft. Auch Luftmatratzen, Schlafsäcke, Geschirr und diverse Gebrauchsgegenstände gehörten mit zur Ausrüstung. Er hatte alles noch nie benutzt. Wir sollten es einweihen. Er brauchte ziemliche Überredungskünste, bis wir in seinen Plan einwilligten. Ich dachte damals noch, Urlaub würden wir einmal im Himmel machen. Für diese Zeit galt: »Wirket, solange es Tag ist!« Dass in derselben Bibel auch steht: »Ruhet ein wenig!«, war mir noch gar nicht richtig aufgefallen. Schließlich machten wir uns auf die Reise und erlebten zwei wunderschöne Wochen. Der Freund hatte uns auch mit Landkarten, guten Adressen und vielen Tipps versorgt.

Wie schockiert waren wir zuerst, als wir den angepriesenen Campingplatz in Spanien angesteuert hatten und dann erfuhren, dass nichts mehr frei war. Doch wie erstaunt und glücklich waren wir dann, als unsere Kinder aus dem Auto herausguckten, das Gesicht des Platzwartes sich schlagartig veränderte und er uns mit größter Freundlichkeit einen der schönsten Plätze auf dem Gelände anbot. Er streichelte die Kinder und freute sich offensichtlich richtig an der großen Familie.

Ohne das großzügige Angebot unseres Freundes wäre die Reise ja gar nicht möglich gewesen. Gott hatte in seiner Freundlichkeit für uns gesorgt.

Ein Jahr später kauften wir uns einen gebrauchten Wohnwagen. Während der Zelt-Evangelisationen stand er hinter dem großen Zelt und diente mir als Gebetsraum und manchmal auch für seelsorgerliche Gespräche. Schließlich machten wir uns erneut auf die Reise zu unserm liebgewordenen Platz in Spanien. Ich staune heute noch, wenn ich daran denke, wie Gott uns damals da durchgeschleust hat. Kurz vor der Abreise drückte ein Schweizer Familienvater mir fünfhundert Franken in die Hand und sagte: »Das ist für euch persönlich.« So einen großen Geldschein hatte ich bis dahin noch nie gesehen. Ohne die Zuwendung hätten wir die Reise gar nicht machen können. Gott hatte wieder einmal für uns gesorgt.

Wir erlebten dann zwei herrliche Wochen mit unsern Kindern. Wir machten Ausflüge an schöne Plätze und besuchten sogar einen Stierkampf in der großen Arena von Barcelona. Es war vielleicht nicht die beste Idee. Ich will damit nur sagen, dass unsere Kinder schon damals so viel von der Welt sahen und Erlebnisse machten, von denen andere Kinder aus unserm näheren Bekannten- und Verwandtenkreis nicht einmal zu träumen wagten. Während viele andere Kinder das Meer nur von Bildern oder Erzählungen kannten, waren unsere längst mit der Ostsee, der Adria und der Costa Brava vertraut. Sie hatten manche imposanten Alpenpässe, den Gardasee, Genua, Venedig und den schiefen Turm von Pisa gesehen. Sie erlebten die Berge und das Meer und machten mit uns zusammen viele großartige Entdeckungen. In solchen Wochen holten wir alles nach, was wir im Laufe des Jahres versäumt hatten.

Normalerweise hätten wir unsere Kinder wegen der Kosten wohl nicht in eine Kinderfreizeit geschickt, aber auch auf dem Gebiet durften wir eine angenehme Außenseiterrolle einnehmen. Entweder wir bekamen einen Sonderpreis, oder wir durften unsere Kinder ganz umsonst in ein Kinderlager schicken. Das geschah einige Male, zum Beispiel in Lenk im wunderschönen Berner Oberland oder auf dem Beatenberg, einem der atemberaubendsten Plätze in der Schweiz. Morgens hielt ich eine Andacht für die erwachsenen Gäste und abends eine Predigt für alle, und für diese Dienstleistung hatten wir dann den ganzen Aufenthalt umsonst.

Mit dreißig Jahren saß ich zum ersten Mal bei einer Dienstreise in einem Flugzeug. Das war vielleicht eine Aufregung! – Die Kinder wollten unbedingt sehen, wie Vati einsteigt und dann im Flugzeug in den Wolken verschwindet. Die Reise war natürlich von der einladenden Gemeinde finanziert worden. In dem Fall gab es gar keine andere Reisemöglichkeit.

Auch für mich war jener Flug ein sehr aufregendes Ereignis. Als das Flugzeug kurz nach dem Start eine ziemlich scharfe Rechtskurve machte und dabei die Tragfläche auf meiner Seite sich weit nach unten neigte und ich den Eindruck hatte, dass die Häuser immer näher kamen, dachte ich einige Sekunden, jetzt sei mein Ende gekommen. Ich kam richtig in Angst und betete um mein Leben. Als sich dann die Tragfläche wieder hob und wir ganz normal in die gewünschte Richtung weiterflogen, realisierte ich erst, dass sich da etwas ganz Normales abgespielt hatte.

Meine Schrecksekunden hatten mit einer bestimmten Vorgeschichte zu tun. Einige extreme »Christen«, die mit meinen Predigten nicht einverstanden waren, hatten mich einige Male am Telefon beschimpft und zur Umkehr aufgerufen. Sie hatten angeblich eine Offenbarung von Gott und einen Auftrag bekommen, mich zu warnen. Als wir schon beim Packen waren, rief einer von ihnen noch einmal an und sagte: »Wenn du nicht Buße tust und deine Meinung änderst, wird der Herr dich wegnehmen.«

Nun saß ich zum ersten Mal in einem Flugzeug und sah die Erde immer näher kommen. Der Gedanke an die Drohung brachte mich tatsächlich einige Sekunden richtig in Panik.

Aber Gott hatte mit der Gerichtsdrohung offensichtlich nichts zu tun.

Ähnliche Mahnungen und Verwünschungen erlebte ich später noch einige Male, aber sie konnten mich gar nicht mehr beunruhigen. Inzwischen hatte ich in der Bibel eine Verheißung entdeckt, die mich schützte wie eine uneinnehmbare Burg.

In Sprüche 26,2 steht: »Wie ein Vogel dahinfliegt und eine Schwalbe enteilt, so ist ein unverdienter Fluch: er trifft nicht ein.«

Eines Tages wurde ich gefragt, ob ich nicht einmal Lust hätte, einen Urlaub auf Korsika, der »Insel der Schönheit«, zu verbringen. Ein junger Mann, der während seiner Bibelschulzeit ein Praktikum bei mir im Zelt gemacht hatte und nun in einem christlichen Freizeitunternehmen arbeitete, hatte sich als Vermittler eingeschaltet.

Bald darauf saßen wir – nicht nur ich, sondern alle sechs – in einem Flugzeug auf der Reise nach Korsika. Welch ein Erlebnis, als wir die Alpen überquerten, Mailand und Genua von oben sahen und schließlich in Calvi landeten. Oft wurden wir gefragt, wie wir uns solche Reisen leisten können. Normalerweise hätten wir viele, viele Jahre dafür sparen müssen, aber in unserm Fall lief das ganz anders: Wir hatten alle sechs unsere Flugtickets, wir bekamen ein schönes Appartement und drei Wochen lang Vollpension. Und das alles, ohne einen Pfennig dafür zahlen zu müssen.

Vorher hatten wir die Bedingungen festgelegt: Zwei Wochen lang war ich weitgehend für die geistliche Betreuung der vielen Gäste zuständig, in der dritten Woche hatte ich frei. Während der ersten zwei Wochen hatte ich morgens eine Andacht zu halten, tagsüber ergaben sich immer wieder seelsorgerliche Gespräche, und abends hielt ich eine weitgehend evangelistische Predigt.

Nachdem ich gemerkt hatte, dass eine ganze Anzahl der Gäste noch gar nicht bekehrt war, stellte ich mich hauptsächlich auf diese Gruppe ein. Natürlich hatte ich auch etwas Urlaub, aber während Margrit und die Kinder schon die ersten Wochen so richtig genossen, verbrachte ich viel Zeit mit Seelsorgegesprächen und meinen Vorbereitungen und natürlich im Gebet. Karina, Daniel und Christa waren damals schon in der Lage, mit Gitarrenbegleitung meine Predigten mit den passenden Liedern zu umrahmen. So erlebten wir als ganze Familie unvergessliche Wochen mit vielen ganz konkreten Gebetserhörungen.

Ich erinnere mich noch gut an einen Gast aus Süddeutschland, der keinem Deutschen traute, der nördlich des Mains wohnte. Den Preußen traute er alles Mögliche, aber kaum etwas Gutes zu. Nach einigen Tagen hatten auch wir uns gefunden und wurden dann richtig enge Freunde. Am letzten Abend gab er ein öffentliches Zeugnis, das alle tief berührte.

Das Schönste an der Freizeit war aber, dass elf Personen in den zwei Wochen eine ganz klare Entscheidung für Jesus trafen. Welch ein Freizeiterlebnis, als sie an einem Abend in einer Reihe vor der Abendversammlung standen und von ihrer Bekehrung erzählten!

In der dritten Woche gab es den ersehnten Schichtwechsel. Ein neuer Freizeitleiter wurde vorgestellt, und viele neue Gäste wurden begrüßt. Den meisten waren wir gar nicht bekannt, so dass wir einmal richtig untertauchen konnten. Nun war auch ich ganz für die Familie da und erlebte mit meinen fünf Lieben eine der schönsten Urlaubswochen meines Lebens.

Die schönste Reise

Unsere Familie kam mir immer vor wie ein wunderschöner Garten mit den allerschönsten Blumen. Nirgends war ich lieber als da. Oh, wie viele Länder habe ich gesehen, wie viele wunderbare Reisen habe ich gemacht; doch die schönste Reise war immer die »Heimreise«.

Heute staune ich selbst darüber, wie wir das ausgehalten haben, wie wir die vielen Trennungszeiten heil überlebt haben. Meist war ich ja in andern Häusern, in andern Familien, zum Teil im Ausland.

Aber wir wussten ja beide, dass diese Opfer mit zu unserer Berufung gehörten, und Gott hat uns reich dafür belohnt.

Ein Brief von Karina

Zu einem runden Geburtstag schrieb Karina mir einen vielsagenden Brief. Weil sie alle Geburtstagsgäste ein bisschen mit in unsere Familiengeschichte hineinnehmen wollte, las sie den Brief der ganzen Festgesellschaft vor. Für mich waren es bewegende Augenblicke, zu hören, wie die eigene Tochter unsere besondere Familiensituation beschreibt. Mit ihrem Einverständnis gebe ich ihren Brief hier wieder.

Lieber Vati,

Dein Geburtstag war für mich Anlass, mir mal Zeit zu nehmen zum Nachdenken über Dich und über das, was Du mir als Vater bedeutest.

Dabei ist mir bewusst geworden, dass ich ganz schön froh und Gott sehr dankbar bin, dass gerade Du mein Vater bist. Das meine ich wirklich.

Unsere Vater-Tochter-Beziehung hat ja im Lauf meines Lebens ganz unterschiedliche Phasen durchlaufen. An unsere erste gemeinsame Zeit kann ich mich natürlich nicht mehr erinnern. Ich weiß nur aus Erzählungen und glaube auf Fotos zu sehen, wie glücklich und stolz Du auf Deine kleine Tochter warst.

Aber – oh – wie sehr war Dir bewusst, dass der Mensch böse ist von Jugend auf, und wie eifrig hast Du mich erzogen. »Gib uns Kinder für den Himmel!« – das war Dein Gebet, zu dessen Erhörung Du Dein Möglichstes beitragen wolltest.

Ich habe Dich als sehr (manchmal zu) streng in Erinnerung – aber dabei doch sehr liebevoll. Da gab es zum Beispiel diese

»Dressurnummer«: »Karina hört von einer Sekunde zur andern auf zu weinen, wenn ich's ihr nur sage«, die bei Besuchern immer viel Beifall gefunden hat. Da konnte ich gerade noch herzzerreißend schluchzen über irgendeine empfundene Ungerechtigkeit – ein Wort, vielleicht sogar ein Blick von Dir genügte, und ich war lieb und still.

Ungehorsam war bei uns nicht erlaubt und wurde bestraft, aber ich habe Dich dabei eigentlich nie als ungerecht empfunden. Wenn Du mal zu hart oder vorschnell reagiert hast, warst Du nämlich auch bereit, uns Kinder um Vergebung zu bitten. Und es gab nie eine Disziplinierung ohne anschließende Versöhnung. Deiner Liebe konnten wir uns immer gewiss sein, die war bei Fehlverhalten genauso unumstößlich da, wie wenn wir »lieb« waren. Da hast Du uns sehr überzeugend und eindrücklich vorgelebt, wie Gott seine Kinder bedingungslos annimmt und liebt.

Wenn ich an unsere Zeit in der Schweiz zurückdenke, dann fällt mir meine damalige grenzenlose Bewunderung für Dich ein. Ich war unheimlich stolz darauf, Deine Tochter (»s'Töchterli vom Herrn Pahls«) zu sein. Ich wollte so sein wie Du, mögen, was Du magst, und dasselbe verabscheuen wie Du. Du aßest gerne Rollmops, also war das auch mein Lieblingsessen. Du hattest Jesus lieber als alles auf der Welt – ich auch. Manchmal sagten Leute neuerdings, ich sähe Mutti ähnlich. Das mochte ich gar nicht hören. Ich wollte Dir ähnlich sehen.

Als wir dann wieder in Oppershausen wohnten, warst Du ja ganz schön oft nicht da. Ich staune heute noch darüber, wie Ihr beide, Mutti und Du, das so gut hingekriegt habt. Einmal für Euch beide, aber auch für uns Kinder. Ich glaube nicht, dass Deine viele Abwesenheit uns geschadet hat. Wir waren immer so verbunden mit Dir, haben jeden Tag für Dich und um viele Bekehrungen gebetet. Und was für ein Ereignis war es jedes Mal, wenn dann unsere Postkarten kamen! Ich glau-

be, Du hast fast jedes Mal, wenn Du weg warst, jedem von uns eine Karte geschickt. Die haben wir gesammelt wie kostbare Schätze.

Und wenn Du dann wiederkamst nach zwei Wochen oder so, das war ein Fest. Irgendwann kam dann immer Dein heiß ersehnter Anruf von unterwegs: »In spätestens zwei Stunden bin ich da.« Da fingen wir dann schon an, unsere Nasen am Fenster platt zu drücken. Jeder wollte der Erste sein, der Dich erspäht, wollte Dir zuerst entgegenrennen und in Deine Arme springen. Und wenn Du dann da warst, oh wie schön war es, wenn Du Zeit für uns hattest, zum Beispiel um Geschichten von früher zu erzählen. Und wie gern wurde ich hinterher von Dir ins Bett gebracht. Dein »Breit aus die Flügel beide …« liebe ich heute noch und singe es abends meinen Kindern vor.

Es gab Zeiten, da hatten wir zwei ja ganz schön Stress miteinander. Ich war 15 und in T. verliebt. Du wolltest mich vor der »bösen Welt« bewahren, und Du wolltest eine Familie, die ein Zeugnis für Jesus ist; wir alle sollten mit Deinen Predigten übereinstimmen. Da war Zoff am Abendbrottisch angesagt. Und wir beide haben ganz schön aneinander gelitten. Damals hätte ich mir Dich anders gewünscht. Es wäre schön gewesen, wenn Du mehr Vertrauen zu mir gehabt hättest und mehr Verständnis. Aber Du hattest Glück (oder Deine Gebete wurden erhört): Du hast mich wiedergewonnen.

Es folgten Jahre, da waren wir beide ein eingeschworenes Team in Gemeinde und Jugendgruppe. Da habe ich mich total mit Dir und Deinen Glaubensüberzeugungen identifiziert. Du warst Evangelist – ich war Evangelistin. Glühende Retterliebe! Und erinnerst Du Dich noch an unsere vielen intensiven theologischen Gespräche im Anschluss an das Abendessen? Das fand ich immer herrlich, noch so in Ruhe zusammenzusitzen und darüber nachzudenken, warum wohl überhaupt der Baum der Versuchung im Garten Eden stand oder was mit den Toten direkt nach dem Tod passiert. Sind die dann schon im Himmel, oder wo sind die dann? Oder was es mit dem »Tausendjährigen Reich« auf sich haben könnte oder, oder, oder …

Seitdem ist sehr viel Zeit vergangen. Ich sehe heute manches etwas anders als Du. Wir leben in recht verschiedenen Lebenswelten und auch ziemlich weit voneinander entfernt. Aber ich freue mich jedes Mal, wenn wir uns sehen oder hören können. Wir nehmen Anteil aneinander in den verschiedenen Lebenssituationen. Wir haben ja beide in den letzten Jahren nicht nur Schönes erlebt. Es ist gut zu wissen, dass Du täglich für mich betest, und zu erfahren, dass Du gerne Rat und Unterstützung gibst, wenn ich das brauche – Dich aber nie aufdrängst. Es wäre schön, wenn das noch lange so bleiben könnte.

Deine Kaschi

Lebt er noch?

Es hätte auch ganz anders ausgehen können, damals, als ich nach dem schweren Sturz unverletzt aus der Hecke kroch. Aber Gott hatte noch viele Jahre für mich vorgesehen! …

Im Jakobusbrief, Kapitel 4, heißt es in den Versen 14 und 15:

> »[Ihr] wisst nicht, was morgen sein wird. Was ist euer Leben? Ein Rauch seid ihr, der eine kleine Zeit bleibt und dann verschwindet. Dagegen solltet ihr sagen: Wenn der Herr will, werden wir leben und dies oder das tun.«

Ich weiß, dass jeder Tag ein Geschenk war. Und wenn Gott mir weitere Tage schenkt, wird es sicherlich noch ein weiteres Buch geben zu all den vielen Fragen, die in diesem vorliegenden Band noch nicht beantwortet wurden. Zum Beispiel:

Wie war das doch damals?

- Als sich die Türen für Evangelisationen in Deutschland öffneten.
- Als ich in Frankreich, Österreich, Paraguay, Brasilien, Südafrika, Namibia, Kanada, Russland, Kirgisien, Kasachstan, Rumänien und in Polen evangelisierte.
- Als wir unsere Verantwortung für die Außenmission entdeckten.
- Als wir mitten in der Nacht im Urwald Paraguays mit unserm Auto auf einen abgestellten, unbeleuchteten Lastwagen krachten und stundenlang in stockdunkler Nacht auf Hilfe warteten.
- Als wir mit 300 Teilnehmern nach Israel reisten und sich viele auf dem Schiff zu Jesus bekehrten.
- Als ich hinter Gittern saß und fast nicht zum Predigen kam.
- Als wir in Kirgisien vor der Polizei fliehen mussten.
- Als uns zwei gekochte Schafsaugen serviert wurden.
- Als über 2000 Zuhörer wegen einer Bombendrohung aus der Halle fliehen mussten.
- Als wir Tag und Nacht mit Telefonterror und furchtbaren Drohungen in Atem gehalten wurden.
- Als ich unter Polizeischutz ins Zelt geleitet werden musste.
- Als wir eine Evangelisation in Bern auf dreieinhalb Wochen verlängerten und schließlich jeden Abend über 6000 Besucher kamen.
- Als wir eine Evangelisation in Zürich um einige Abende verlängerten und schließlich über 7000 Besucher pro Abend kamen und sich an einem Abend 160 Personen bekehrten.
- Als in unserm Ort eine blühende Gemeinde entstand.
- Als ich neun Wochen ununterbrochen evangelisierte und – mit einer einzigen Ausnahme – jeden Tag predigte, manchmal zwei Mal, manchmal drei Mal, und viele ihr Leben Jesus weihten.
- Als ich entdeckte, dass Gott große Aufgaben am liebsten kleinen Leuten anvertraut.

- Als ich meine krebskranke Frau – um täglich bei ihr sein zu können – mehrmals, im Auto liegend, zu Evangelisationen mitnahm.
- Als Margrit starb ...

Mein großer Wunsch

Das folgende Lied, das Hildor Janz so gern sang, schrieb ich mitten in einer zweiwöchigen Evangelisation. Es drückt das aus, was ich jeden Abend auf der Bühne empfinde.

Steh doch endlich einmal still,
weil Gott mit dir reden will,
und hör auf, so zu tun, als wärst du recht.
Das Versteckspiel lohnt sich nicht,
denk' doch mal an das Gericht,
wehe dir, wenn Gott dann ewig dich verstößt.

Heute ruft dich der Herr,
widerstehe ihm nicht mehr.
Sage ja, sage jetzt von Herzen ja.
Nie wirst du es bereu'n,
ewig wirst du dich erfreu'n.
Sag nicht nein. Sage ja, sage ja!

Sieh, was Jesus für dich tat,
als am Kreuz er für dich starb,
auch für dich hat er dort zu Gott gefleht.
Bleibst du länger draußen steh'n,
wird die Gnadenzeit vergeh'n,
einmal heißt es dann für dich: Es ist zu spät.

Heute ruft dich der Herr,
widerstehe ihm nicht mehr.
Sage ja, sage jetzt von Herzen ja.
Nie wirst du es bereu'n,

ewig wirst du dich erfreu'n.
Sag nicht nein. Sage ja, sage ja!

Seine Liebe gilt auch dir,
denn sein Leben gab er für
deine Schuld, die gescheh'n bei Tag und Nacht.
Fasse seine Hand doch jetzt,
die er dir entgegenstreckt,
auch für dich gilt dann das Wort: »Es ist vollbracht!«

Heute ruft dich der Herr,
widerstehe ihm nicht mehr.
Sage ja, sage jetzt von Herzen ja.
Nie wirst du es bereu'n,
ewig wirst du dich erfreu'n.
Sag nicht nein. Sage ja, sage ja!

Anmerkungen

1 Unsere Kreisstadt Celle liegt zwölf Kilometer von Oppershausen entfernt.

2 Für alle, die meinen Heimatort einmal auf der Landkarte suchen wollen: Heute gehört Oppershausen zur Gemeinde Wienhausen. Es liegt etwas östlich von Celle zwischen Hannover und Hamburg.

3 Außer Gerda sind inzwischen zwei weitere meiner Geschwister bereits in der Ewigkeit. Meta starb 1975 an Krebs. Gerhard hatte mit 22 Jahren einen tödlichen Motorradunfall.

4 »Ich danke dir dafür, dass ich so wunderbar gemacht bin; wunderbar sind deine Werke; das erkennt meine Seele. Es war dir mein Gebein nicht verborgen, als ich im Verborgenen gemacht wurde, als ich gebildet wurde unten in der Erde. Deine Augen sahen mich, als ich noch nicht bereitet war, und alle Tage waren in dein Buch geschrieben, die noch werden sollten und von denen keiner da war. Aber wie schwer sind für mich, Gott, deine Gedanken! Wie ist ihre Summe so groß! Wollte ich sie zählen, so wären sie mehr als der Sand: Am Ende bin ich noch immer bei dir« (Psalm 139,14–18).

5 Die Karre hatte eine Spezialkupplung. Man konnte sie auch hinters Motorrad hängen.

6 Hans König.

7 »Das erwartet Sie!«

8 Familie Thölke hatte auch einen Bauernhof am andern Ende unseres Dorfes.

9 Siehe Seite 22: »Knechte und Mägde«.

10 Heinrich Mohwinkel, ein älterer Bauer. Er war einer der eifrigsten Kirchgänger und gleichzeitig Leiter der kleinen Gemeinschaft. Manchmal übernahm er auch die Predigt.

11 Damals war ich ein Vierteljahr bekehrt.

12 Evangeliumssänger beim Janz-Team, Lörrach.

[13] September 1979 bis November 1983.

[14] … wie ein Schornstein oder wie ein Kamin.

[15] Zigarettenstummel.

[16] Damals war ich ein Dreivierteljahr bekehrt.

[17] Ich sollte möglichst ledig bleiben und »nur« das Reich Gottes im Auge haben.

[18] Erhard Röseler – er hatte meine ältere Schwester geheiratet – war der Bruder von Siegfried Röseler. Beide waren mit ihren Eltern durch die Kriegswirren in unser Dorf gekommen.

[19] Missionswerk DIE BRUDERHAND e.V.
Am Hofe 2, D-29342 Wienhausen
Tel. 05149/9891–0
E-Mail: bruderhand@bruderhand.de
Internet: www.bruderhand.de

[20] Siegfried Lange ist 1973 aus dem Missionswerk ausgeschieden und mit seiner Familie in die Schweiz gezogen, wo er sich noch viele Jahre intensiv seinem Gebetsdienst widmete. Er starb 1991.

[21] Siehe in Teil 9: »Siegmund Schmidt«.

[22] Bis heute Zentrum der BRUDERHAND.

[23] STH, Staatsunabhängige Theologische Hochschule Basel, früher FETA, Freie Evangelisch-Theologische Akademie Basel.

[24] Nash begleitete Charles Finney bei vielen Einsätzen und verbrachte seine Zeit hauptsächlich in der Fürbitte.

[25] In Deutschland bleibt heute – bei denen, die sich Kinder wünschen – jede siebte Ehe kinderlos. In 50 % der Fälle liegt es am Mann, bei den anderen 50 % an der Frau.

[26] Siehe Kassette: »Ein total neues Leben«, BRUDERHAND oder Hänssler Verlag.

[27] Damals telefonierte ich nur am ersten und am letzten Tag, weil das Telefonieren so teuer war. Aber ich schrieb täglich einen Brief. Margrit auch. Das haben wir immer beibehalten.

[28] Später erzählte mir Herbert, dass diese Frau – die es zwar gut mit ihm meinte – immer penetrant auf ihn einredete und ihn nötigte, endlich ein anderes Leben zu beginnen. Damit hatte sie nicht unbedingt seine Lust gefördert, an einer evangelistischen Veranstaltung teilzunehmen. Sein Bedarf war gedeckt, zumal sie schon einmal einen jungen Prediger zu ihm geschickt hatte. Seitdem hatte er sich vehement jeder Einladung widersetzt.

[29] Dieser Text ist auch als »Verteilschrift Nr. 002« im Missionswerk DIE BRUDERHAND zu haben.
[30] Siehe Seite 37–40: »Ein Junge für alles«.
[31] In der Schweiz sagt man Schriftdeutsch, selten Hochdeutsch.
[32] Gerhard lebte von 1942–1964.
[33] Heinrich Mohwinkel, siehe Teil 4: »Onkel Heinrich und seine ›Versammlung‹« und »Mein erstes öffentliches Gebet«.
[34] So nennt man die felsenfeste Überzeugung, dass alle Sünden vergeben sind und man von Gott angenommen ist.
[35] Siegmund Schmidt war von Dezember 1967 bis April 1976 Mitglied und von Januar 1970 bis April 1976 auch im Vorstand des Missionswerks DIE BRUDERHAND.